図解でわかる

14歳から知る 影響と連鎖の全世界史

インフォビジュアル研究所／大角修・著

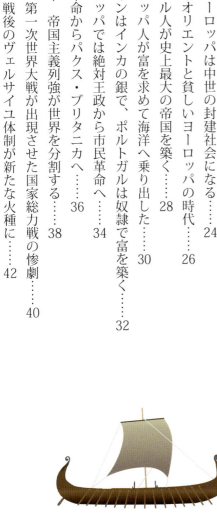

図解でわかる14歳から知る影響と連鎖の全世界史［もくじ］

はじめに　ユーラシア大陸で展開する民族と文明の興亡とその連鎖
そこから見える世界史の構造……2

【第1部】世界史の見取り図

①およそ5万年前、人類はグレートジャーニーを開始した……6
②各地に定住した人々は、個別の言語を基礎に様々な民族を形成した……8
③人類は約1万年前に農耕を始め、定住を開始した……10
④前５０００年～前１０００年　ユーラシアの文明と都市国家の興亡……12
⑤前１０００年～前１００年　ユーラシアの帝国が人類普遍の思想を生み出す……14
⑥前３００年～４００年頃　ユーラシア大陸の巨大帝国を貿易路が結ぶ……16
⑦東西の2大帝国の興隆のわけとその崩壊のきっかけは大きく違う……18
⑧前２２０年～４００年頃　遊牧騎馬民族がユーラシアを席巻した……20
⑨6世紀～8世紀頃　東では唐が勃興し、西ではイスラム帝国が出現……22
⑩9世紀～12世紀頃　西ヨーロッパは中世の封建社会になる……24
⑪9世紀～12世紀　豊かなオリエントと貧しいヨーロッパの時代……26
⑫12世紀～14世紀　モンゴル人が史上最大の帝国を築く……28
⑬15世紀～16世紀　ヨーロッパ人が富を求めて海洋へ乗り出した……30
⑭16世紀～18世紀　スペインはインカの銀で、ポルトガルは奴隷で富を築く……32
⑮17世紀～18世紀　ヨーロッパでは絶対王政から市民革命へ……34
⑯18世紀～19世紀　産業革命からパクス・ブリタニカへ……36
⑰19世紀後半～20世紀前半　帝国主義列強が世界を分割する……38
⑱１９１４～１９１８年　第一次世界大戦が出現させた国家総力戦の惨劇……40
⑲１９１８～１９３８年　戦後のヴェルサイユ体制が新たな火種に……42

⑳１９３１～１９４５年　第二次世界大戦が起こされた……44
㉑１９４５年～21世紀　アメリカの時代をへて、世界の枠組みが変わる……46

【第2部】もっと知る世界史

①［地球の気候変動と人々］繰り返される寒冷と温暖の気候変動　人間の築いた文明は翻弄され、しかし生き続けた……48
②［農業革命］農耕は人類にとっていいことだった？　こんなに問題があるのに、なぜ始めたのだろう……50
③［家畜と人間の歴史］農耕の始まりと、動物の家畜化はローマ時代までで、ほぼ終わっていた……52
④［国家の誕生と暴力］人類はとめどない暴力を止めるため暴力を国王に移譲し国家を作った……54
⑤［文字の誕生］世界最初の文字は税金のため　共通文字アルファベットは契約書のため……56
⑥［人類と法律］人々は社会秩序の維持のために法による統治を望み、法律をつくってきた……58
⑦［紙の世界史］ボロ布から紙を作っていたが木材から紙が作られるようになった……60
⑧［人類と世界宗教１］アショーカ王の帝国が仏教を世界宗教とした……62
⑨［人類と世界宗教２］ローマ帝国がキリスト教を世界宗教とした……64
⑩［人類と世界宗教３］イスラム教は世界宗教となり今日、世界人口の約30％を占めている……66
⑪［騎馬遊牧民の世界史］ユーラシアの中央では遊牧騎馬民族の連合国が興亡した……68
⑫［武器・戦争の人類史］鉾と盾、止まることのない攻防は科学技術によって、その果てすら見えない……70
⑬［病と感染症の人類史］細菌との戦いは人類の勝利かと思われたが……74
⑭［交易の世界史］東から西に物が流れる交易の流れは18世紀に逆転した……76
⑮［船の歴史］風に乗って６０００年、動力船の歴史はまだ２００年……78
⑯［鉄道の世界史］鉄道は巨大投資事業　野望と希望が結んだ鉄路のネットワーク……80
⑰［石油産業の近代史］世界の巨大金融資本の原型が石油産業の誕生によって作られた……82
⑱［お金の歴史］金貨から紙幣へ、そしてデジタルへ姿を変える……84
⑲［国際金融の歴史］中世ヨーロッパの両替商から始まり、銀行が戦争によって発展した……86
⑳［科学・機械の世界史］人類はこの世界の仕組みを理解し、技術と道具を作り続けた……88
おわりに　地球の限界は超えられるのか……92
参考文献……93　索引……95

はじめに

ユーラシア大陸で展開する民族と文明の興亡とその連鎖そこから見える世界史の構造

もし未来の人々が、地球を見下ろす宇宙ステーションから、しかも時間を巻き戻す装置を使って人類の歴史の授業を行っていたら……。そんな想像をしてみましょう。

未来の人々の目を引くのは、北半球の多くを占めるユーラシア大陸でしょう。そして、この大陸には、明確に異なった地域があることです。

大陸のほぼ東端から西の端まで、広大な乾燥・ステップ地帯で覆われています。

この草原の下に3つの地域があります。

一つは大陸の東端の温暖で豊かな地帯、それは西のインド亜大陸まで続きます。二つ目は真ん中にある広大な乾燥地帯の広がり。三つ目が温暖な地中海と、肥沃な三日月地帯が結ばれた地帯です。この地中海地帯の北側に、寒冷で瘠せた土地と深い森に覆われた辺境が見えます。

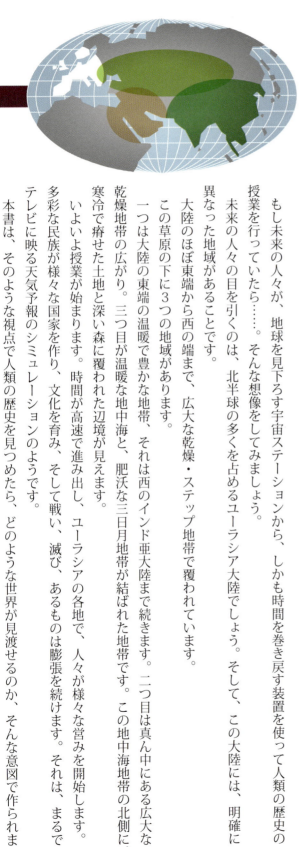

いよいよ授業が始まります。時間が高速で進み出し、ユーラシアの各地で、人々が様々な営みを開始します。多彩な民族が様々な国家を作り、文化を育み、そして戦い、滅び、あるものは膨張を続けます。それは、まるでテレビに映る天気予報のシミュレーションのようです。

本書は、そのような視点で人類の歴史を見つめたら、どのような世界が見渡せるのか、そんな意図で作られま

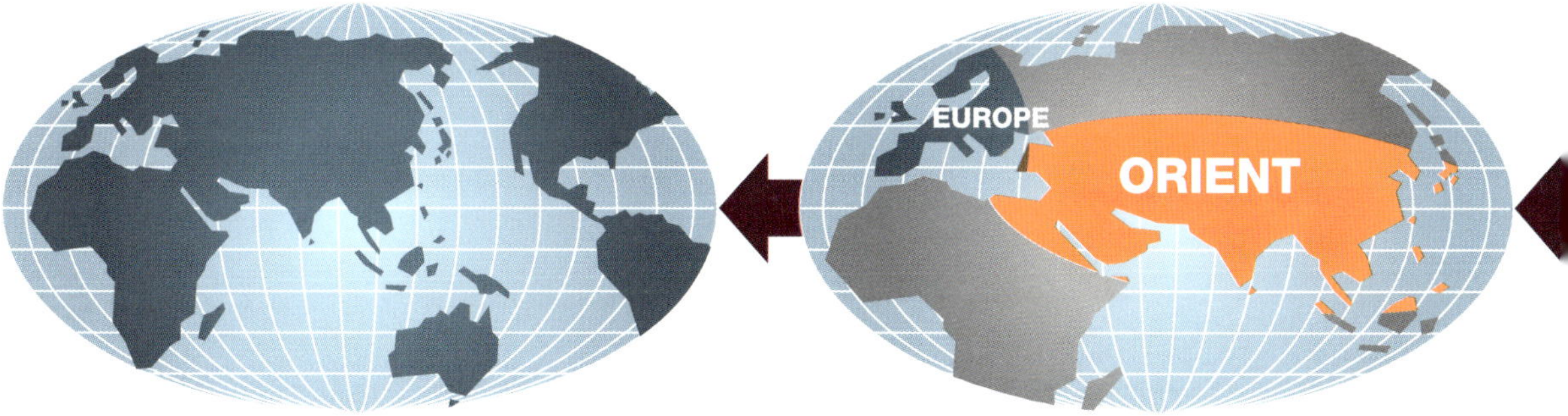

した。

人類が農耕を始め、小さなコミュニティを形成してから、1万年の時が経っています。その間、各地域に巨大な帝国が誕生し、成長し、衰退し、新しい帝国が生まれる。このダイナミックな動きはいっときも止まることなく、現在まで連鎖し続けているのです。

この1万年の歴史の過程で、私たちはそこに、いくつかの大きな転換点があったことを知ります。

まず知ることは、極めて長い時間、世界は4つの地域から成っていたことです。まず、温暖で豊かな中国、東南アジア、インド。次に西の地中海とメソポタミア。この2つに挟まれた乾燥地帯。そして、その北に広がる騎馬遊牧民の広大な草原地帯です。

圧倒的に豊かな東から、物資の不足した地中海地帯へ、物が運ばれ、貨幣が西から東へと運ばれます。中間の乾燥地帯の民族がこの交易の中継をし、北にいる騎馬民族が、その交易の富を奪い、あるいは、その豊かな国々への侵略を繰り広げる。この構造の中で世界史は動き続けます。

この構造に大きな変化が訪れるまでに、実に8000年以上の時間が必要でした。この変化を生み出したのが、それまで世界史の中で辺境の貧しい民だったヨーロッパの人々です。彼らは、それまでの東高・西低の富と文化の格差をひっくり返しました。最初は圧倒的な武力で、次に科学力で。さらには経済力によって、わずか200年足らずで世界の構造を逆転させたのです。現在の私たちは、この構造の中で生きています。

この世界史の変化の中に、もう1つの世界史があります。文字が、数学が、法律が、宗教が、人類の歴史を動かします。紙や火薬の誕生は、帝国の力のバランスを崩しました。そして、遅れてきたヨーロッパの人々が手にした近代科学技術、そして金融の力が、ユーラシア大陸を越え、全地球レベルでの構造変化を可能にしました。このように、ある分野にしぼって、その歩みをたどると、別の視点で世界史を俯瞰できるのです。

そのため本書は、2部構成をとっています。第1部は、世界史を俯瞰して、その変化の連鎖を知るためのものです。第2部は、その変化と連鎖の要因となった主要な分野をとりあげ、それぞれの世界史を用意しました。この2つの世界史の間を縦横に行き来して、私たち人類1万年の歴史を楽しんでいただければ幸いです。

世界史の見取り図 1

およそ5万年前、人類はグレートジャーニーを開始した

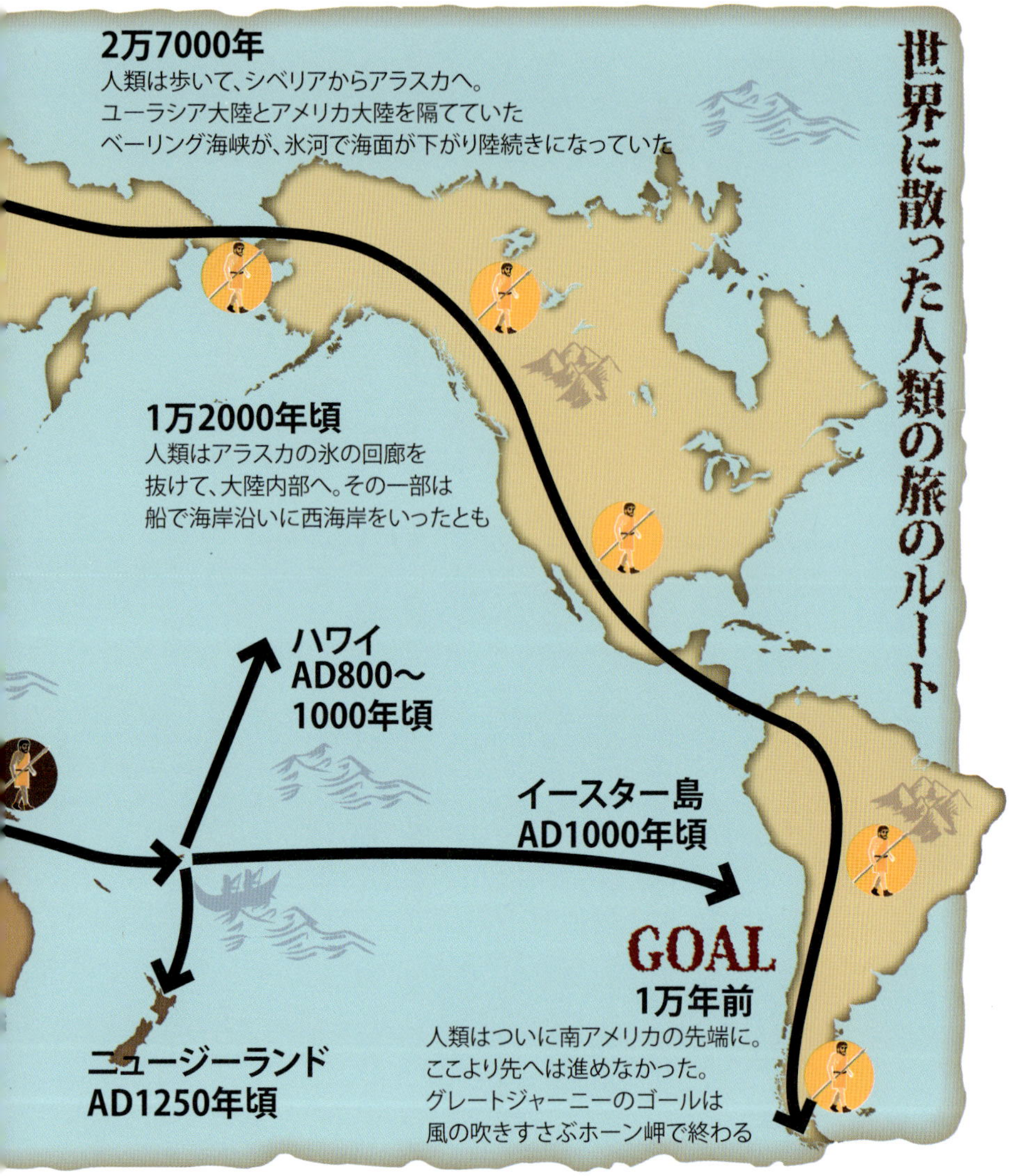
世界に散った人類の旅のルート
2万7000年
人類は歩いて、シベリアからアラスカへ。
ユーラシア大陸とアメリカ大陸を隔てていた
ベーリング海峡が、氷河で海面が下がり陸続きになっていた
1万2000年頃
人類はアラスカの氷の回廊を
抜けて、大陸内部へ。その一部は
船で海岸沿いに西海岸をいったとも
ハワイ
AD800～
1000年頃
イースター島
AD1000年頃
ニュージーランド
AD1250年頃
GOAL
1万年前
人類はついに南アメリカの先端に。
ここより先へは進めなかった。
グレートジャーニーのゴールは
風の吹きすさぶホーン岬で終わる

それはまさに偉大な旅であった

人類の祖先は数百万年前にアフリカで誕生し、いったんアジア、ヨーロッパ各地に分散しました。その一族が中国の北京原人（50～70万年くらい前）、インドネシアのジャワ原人（150万年～100万年前）などです。それら原人とよばれる化石人類は、全て絶滅してしまいました。

その後、現生人類に近いネアンデルタール人が20万年くらい前に出現し、アフリカを出てヨーロッパからアジアにまで広がりましたが、3万年くらい前に絶滅しました。上図のようにアフリカを出てユーラシア大陸の全域、オーストラリアと太平洋の島々、そして南アメリカ大陸の南端にまで生息域を拡大することができたのは25万年前くらいに現れたホモ・サピエンス、すなわち現生人類のみです。

私たちは、世界に散らばり様々な場所に定住して長い時間をかけて、人種を形作った

世界の4大人種

モンゴロイド
中国、日本、韓国、東南アジアなど

コーカソイド
ヨーロッパ、インド、中東、北アフリカなど

ネグロイド
サハラ砂漠以南のアフリカ

オーストラロイド
太平洋の島々、ニューギニア

人種とは DNA・血統・身体特徴など、生物学上の差異による

そしてもう一つ、私たちは「民族」というグループを形成している

民族とは 言葉・生活習慣・文化など、社会的な差異による

同じ人種でも、
民族が異なると
会話もできない

この民族について次で詳しくみてみよう

人類はマンモスなどの
大型動物を追って北上した
グレートジャーニー
START
5万年前
私たち人類は、アフリカの故郷
を離れて壮大な旅に出た!!
約20万年前の
ミトコンドリア・イブが
人類の祖先
人類のDNAの母方を
たどると、アフリカの一
人の女性にたどり着く。
人類共通の故郷はアフ
リカだった

その拡散の原点、すなわち全人類の共通の祖先として想定されているのが20万年くらい前のミトコンドリア・イブという１人の女性です。ミトコンドリアは細胞内にあって主に生体のエネルギー伝達に関わる小器官です。そのＤＮＡは生殖による遺伝とは関係なく分裂・増殖します。したがって、母のミトコンドリアＤＮＡはそのまま子に伝えられ、突然変異による以外に変化しません。そこで、いろいろな民族のミトコンドリアＤＮＡを調べて系統樹をつくると、約20万年前に合一することが理論上確かめられました。そのころアフリカにいた一つの人種から現在の人種が枝分かれしてきたというわけです。その原点の人種の女性をミトコンドリア・イブとよびます。

そこから世界中に拡散したのは、何らかの事情で、それまで暮らしていた土地を離れなければならなくなったからでしょうが、それにしても、時には果てしない雪原や海洋の向こうに、子孫を残すに足る人数が集団で移動していったのは、なぜなのか。その動機は今も不明です。それを未知の世界への冒険とするなら、まさにグレートジャーニー、すなわち偉大な旅でした。

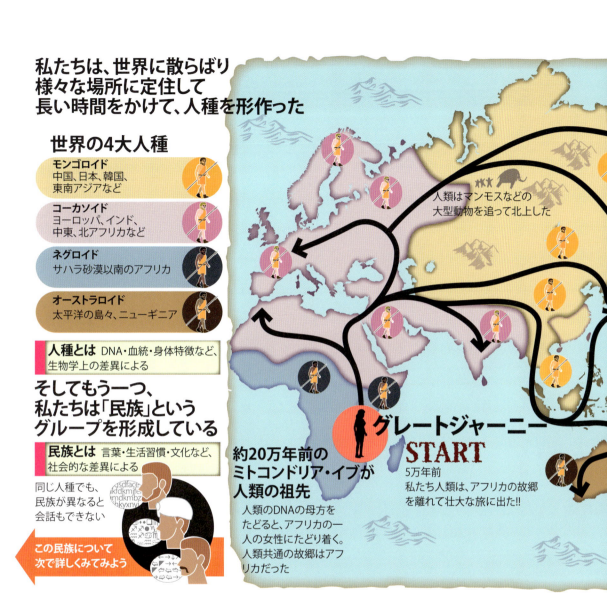

世界史の見取り図 2

各地に定住した人々は、個別の言語を基礎に様々な民族を形成した

言語が民族を生んだ

人類がアフリカから出てユーラシアに進出したとき、そこには先にネアンデルタール人がいました。ネアンデルタール人は20万年くらい前に人類と共通の先祖から分化しました。脳の容積は人類と同等で、体格は優れ、身体能力は人類より高かったようですが、3万年ほど前に絶滅しました。その大きな理由は人類（ホモサピエンス）との競争に敗れたことで、のどの構造から微妙な発音ができず、言語をもたなかったためではないかと考えられています。

人類は集団で狩りをしたり戦ったりするとき、言語で意思を伝えてまとまった集団戦法をとることができました。

それに、人は言語によって文化を獲得しました。たとえば石器を作るとき、言語がなければ、その石材を選ぶのも困難です。矢じりに適した黒曜石は、産地から遠く離れた地域でも多く発掘されますが、その黒曜石を手に入れるときには「黒曜石がほしい」といった意思を言葉で伝え、細工方法も言葉で伝えられたことでしょう。

さらに、自分たちはライオンの子孫であるといった民族の始原を語る物語も生まれ、いろいろな民族がそれぞれの文化を言語によって伝えました。まさに言語こそが人間を人間にし、さまざまな民族を形成したのです。

ところが、言語がどのように獲得されたのかについてはさまざまな説があり、いまだに謎です。仲間に声で何かを伝えることは犬や猿など動物全体に見られますが、その声を文節化して仲間に共通の規則で組み立てること、すなわち一定の文法によって長く語ることは動物にはできません。文法はひとつのまとまった言語体系で、それがなければ、複雑なことは伝えられないし、論理的に思考することもできません。

いろいろな民族の言語を分類した結果、独自の語彙と文法をもつ言語体系は、図のように世界のいくつかの地域で生まれ、広まったことがわかっています。

ウラル語族

ユーラシア大陸の北方・中央アジアの遊牧民の言葉が中心。トルコ語、ウイグル語、モンゴル語、韓国語も含まれる。日本語もこのグループ

エスキモー・アレウト語族

南北アメリカ大陸の語族　北アメリカの語族。アメリカ先住民族の言語で、アラスカ、カナダ、グリーンランド、アリューシャン列島などに分布する、イヌイット語など

南アジア語族・オーストロネシア語族

東南アジア、ニューギニアなどの語族。ベトナム語、カンボジア語など

シナ・チベット語族

世界で最大人口の言語である中国語。チベット高原で話されていたチベット語とビルマ語の関連も深い。ミャンマーの少数民族のカレン語もこのグループ

インド・ヨーロッパ語族

黒海の北岸をルーツとする言語。前2000年頃から中央アジア、インド、東西ヨーロッパへと拡散していった。ヨーロッパ諸民族の主要言語

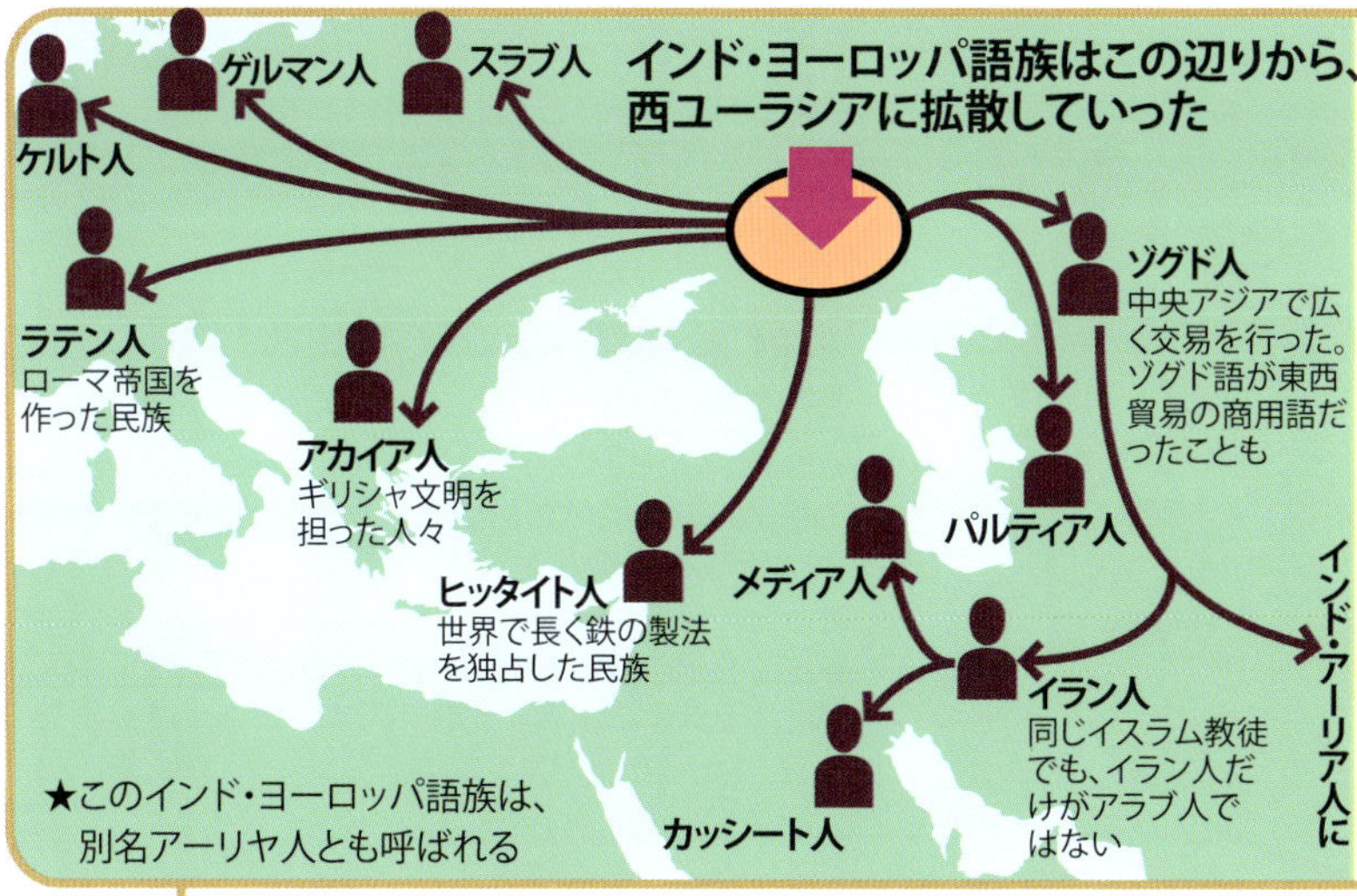

インド・ヨーロッパ語族はこの辺りから、西ユーラシアに拡散していった
ケルト人
ゲルマン人
スラブ人
ラテン人
ローマ帝国を作った民族
アカイア人
ギリシャ文明を担った人々
ヒッタイト人
世界で長く鉄の製法を独占した民族
メディア人
パルティア人
ソグド人
中央アジアで広く交易を行った。ソグド語が東西貿易の商用語だったことも
イラン人
同じイスラム教徒でも、イラン人だけがアラブ人ではない
カッシート人
インド・アーリア人に
★このインド・ヨーロッパ語族は、別名アーリヤ人とも呼ばれる

アメリカ・インディアン語族

北アメリカ、中央アメリカ、南アメリカの先住民の言語。主要なものとして、チェロキー語、ナバホ語、中央アメリカのマヤ文明を作った、ナワトル語、アステイカ=タノ語族、南アメリカではインカ帝国のケチュア語など

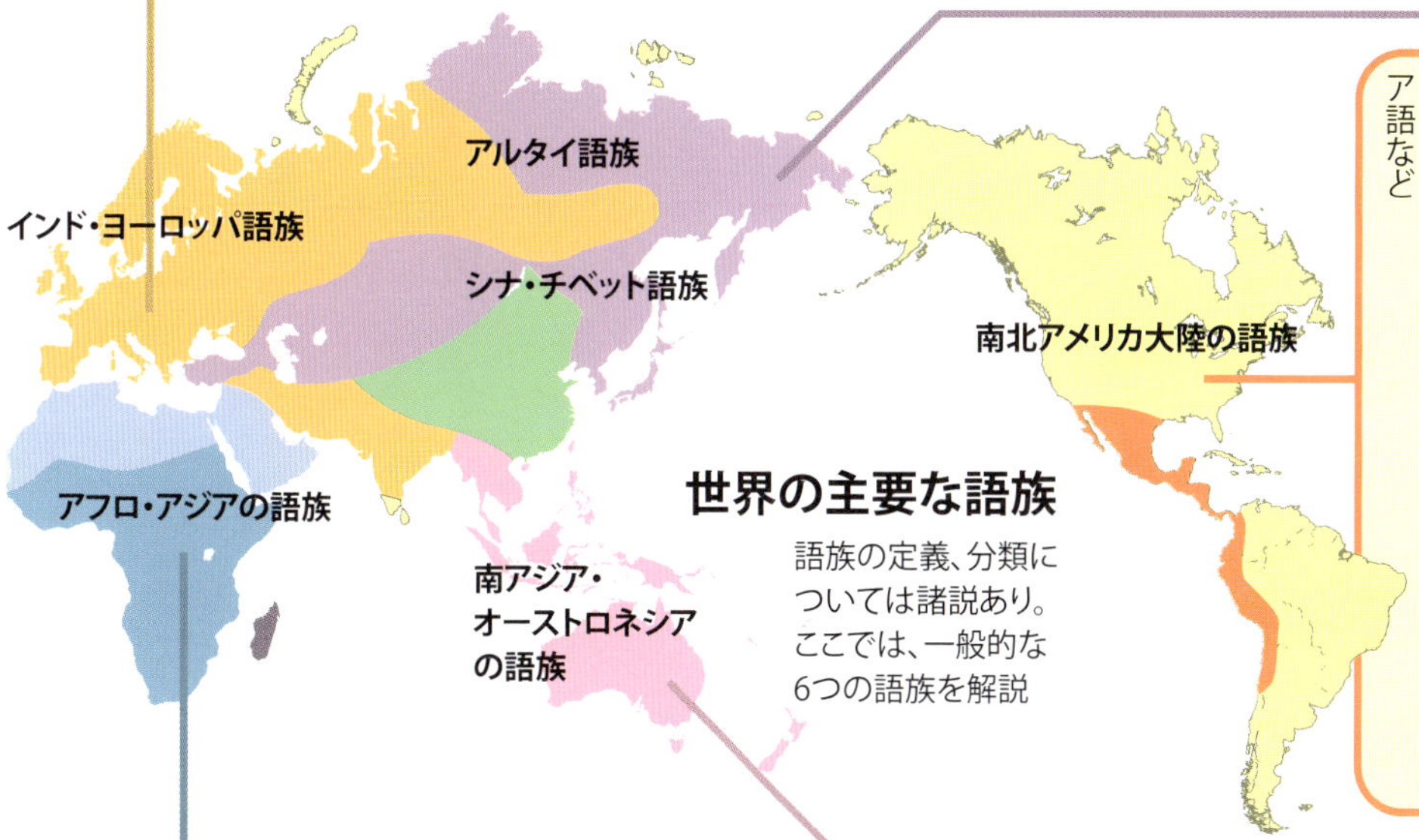

世界の主要な語族
語族の定義、分類については諸説あり。ここでは、一般的な6つの語族を解説
インド・ヨーロッパ語族
アルタイ語族
シナ・チベット語族
アフロ・アジアの語族
南アジア・オーストロネシアの語族
南北アメリカ大陸の語族

マレー半島からインドネシア、南太平洋に広く分布している。マレー語、ジャワ語、ポリネシア語、サモア語、マオリ語など太平洋に点在する島々の言葉として使われ、その民族は世界で最も広い地域に広がる人々でもある

アフロ・アジア語族

主として中近東、アフリカ北部を中心とする言語。アラビア語、ヘブライ語、ベルベル語、エジプト語、エチオピア語、チャド語も含まれる

その中のアラビア語の主要な担い手セム語族は、中東のアラビアを始めイスラム世界を担う主要民族

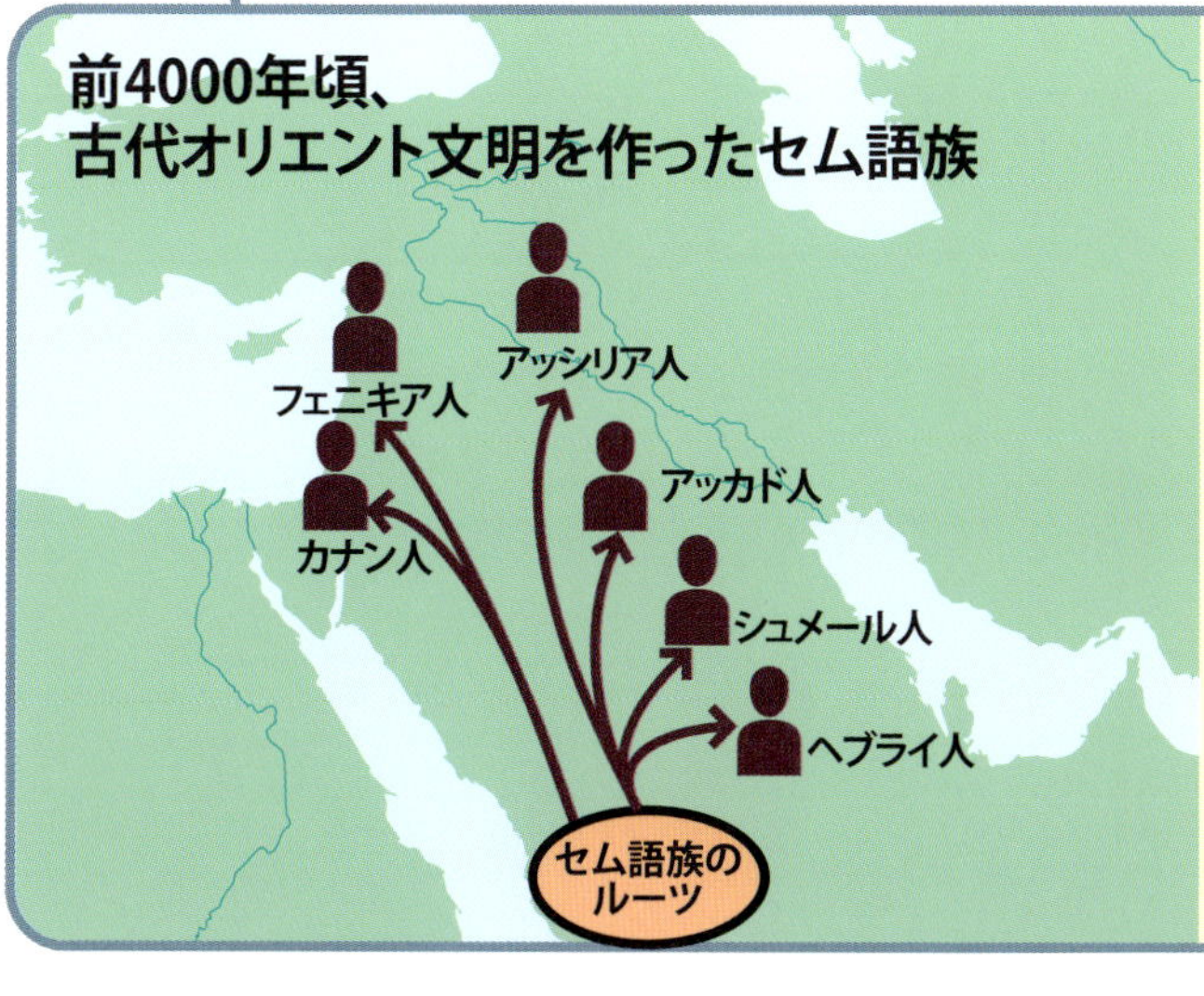

前4000年頃、古代オリエント文明を作ったセム語族
フェニキア人
アッシリア人
カナン人
アッカド人
シュメール人
ヘブライ人
セム語族のルーツ

世界史の見取り図 3

人類は約1万年前に農耕を始め、定住を開始した

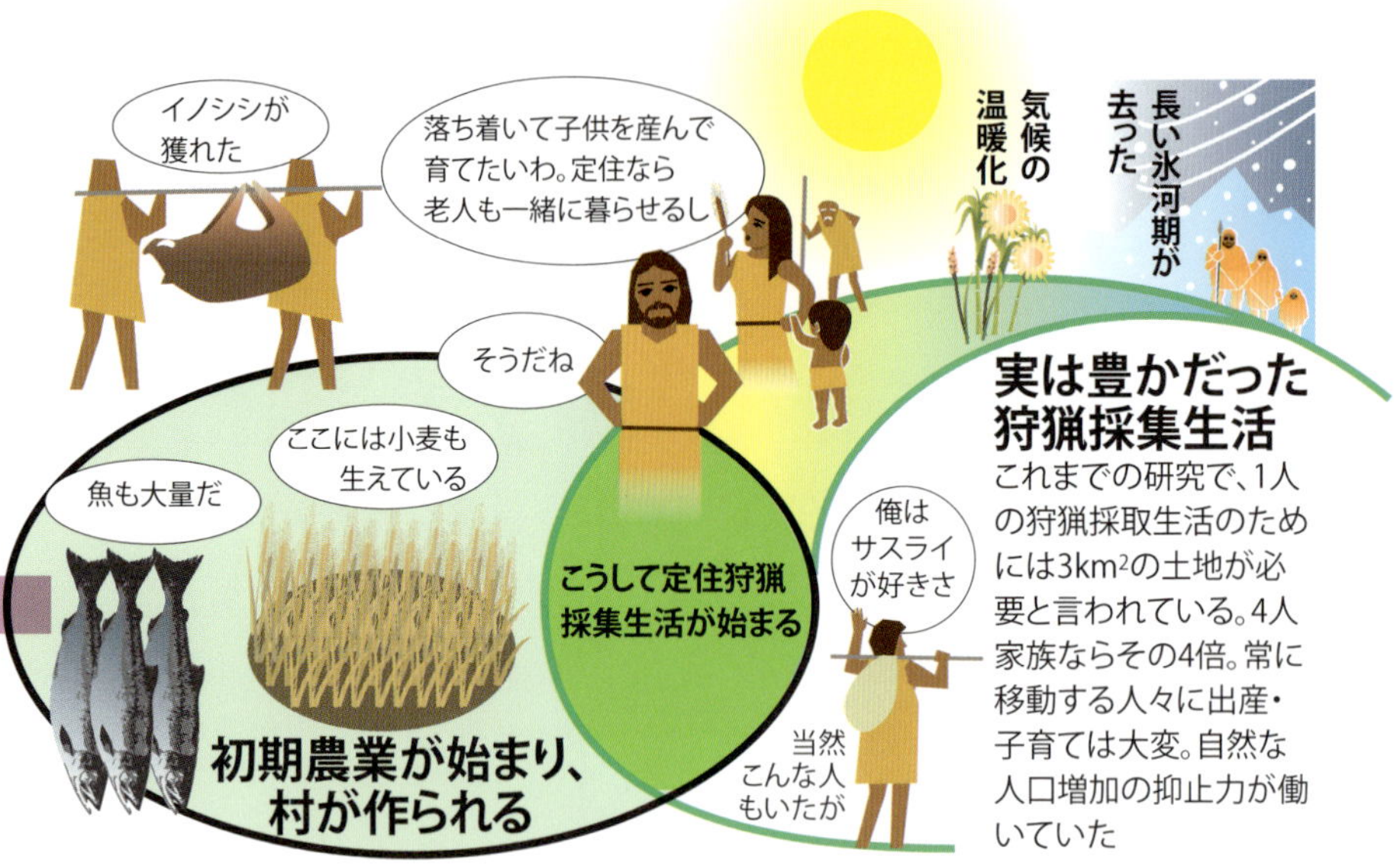

長い氷河期が去った
気候の温暖化
イノシシが獲れた
落ち着いて子供を産んで育てたいわ。定住なら老人も一緒に暮らせるし
そうだね
ここには小麦も生えている
魚も大量だ
こうして定住狩猟採集生活が始まる
初期農業が始まり、村が作られる
俺はサスライが好きさ
当然こんな人もいたが
実は豊かだった狩猟採集生活
これまでの研究で、1人の狩猟採取生活のためには3km²の土地が必要と言われている。4人家族ならその4倍。常に移動する人々に出産・子育ては大変。自然な人口増加の抑止力が働いていた

農耕が新たな危機を生んだ

人間の食性は雑食性ですが、植物は苦手です。植物の葉や茎を消化することはほとんどできません。わずかに新芽や果実、根茎を採集して食料とするほかにないのですが、果実の多くは林冠部にあって人の手は届きません。人が暮らせるのは、明るい林縁部やドングリが落ちる温帯の森などに限られていたでしょう。動物性の食料は鳥や獣、魚、昆虫などです。現在もアフリカの乾燥地帯に人口6万人ほどが残る狩猟採集民サンは、数十人の集落をつくりますが、数日から1か月程度で移動を繰り返すことによって周辺の食料を食べ尽くすことを防いでいます。

日本の縄文時代の遺跡には最大数百人が暮らしたと推定される三内丸山遺跡（青森県）があります。狩猟採集の経済ではその程度が最大規模だったと考えられます。ただし、縄文時代にアワやヒエなどの栽培が始まっており、原初的な農耕と狩猟採集が複合していました。

熱帯ではバナナとタロイモ（サトイモ）が1万年くらい前には栽培作物となり、その栽培を最古の農耕とする説もあります。しかし、そこに大文明は生まれません。大文明とは巨大な神殿が天下に示す神や王のもとに大きな人口をひとつにまとめる国家を形成したもので、代表的には左上図の六大文明があります。その食料は貯蔵できる穀物によって支えられました。

穀物はイネ科の植物の実です。イネ科の植物は草原を覆いつくすほど繁茂《はんも》して実も非常に多いのですが、小さすぎるので自然界では小鳥かネズミのえさになるくらいです。しかも野生種の実は自然落粒して大量には採集できません。

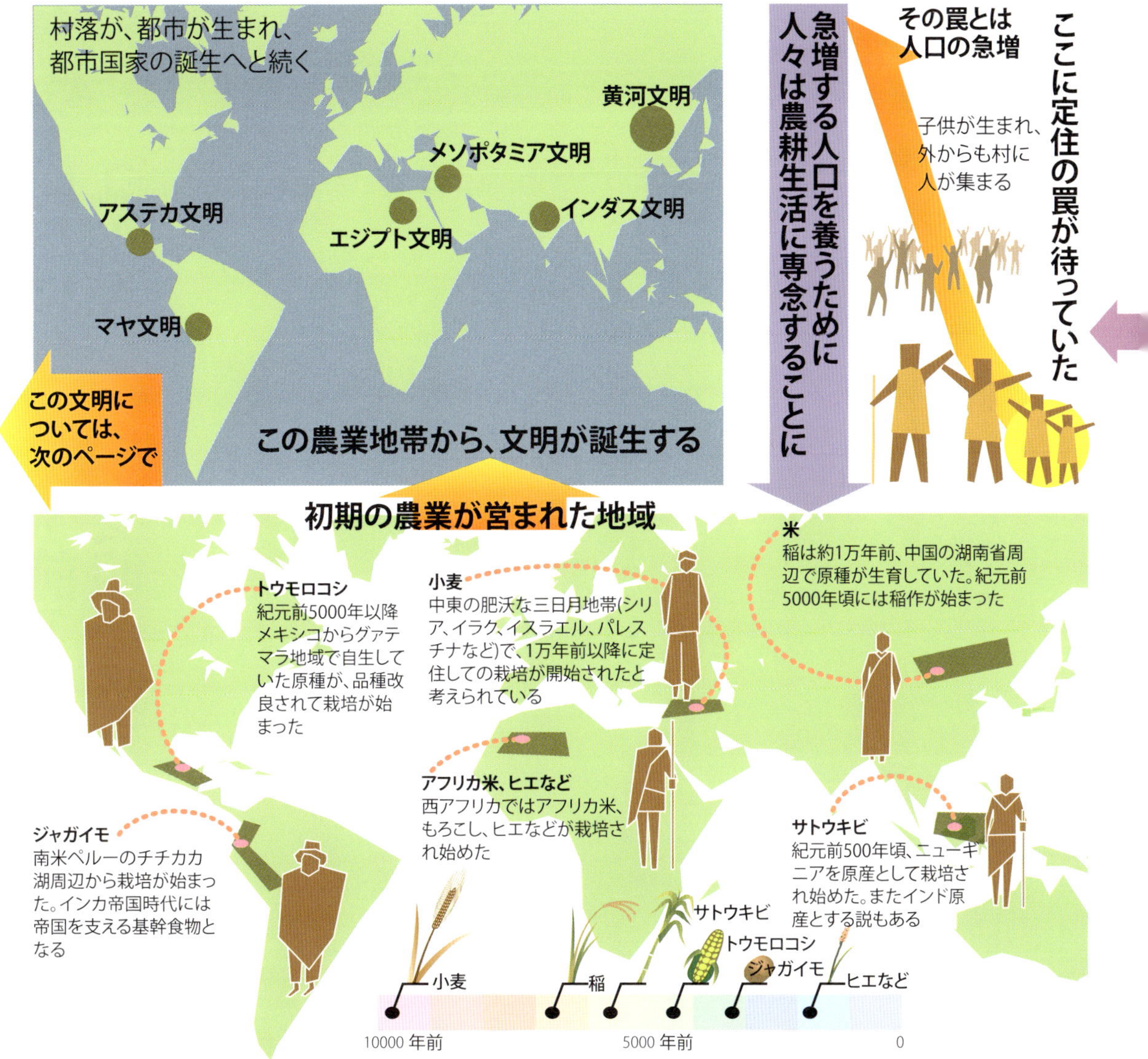
ここに定住の罠が待っていた
その罠とは
人口の急増
子供が生まれ、
外からも村に
人が集まる
急増する人口を養うために
人々は農耕生活に専念することに
村落が、都市が生まれ、
都市国家の誕生へと続く
黄河文明
メソポタミア文明
インダス文明
エジプト文明
アステカ文明
マヤ文明
この文明については、次のページで
この農業地帯から、文明が誕生する
初期の農業が営まれた地域
米
稲は約1万年前、中国の湖南省周辺で原種が生育していた。紀元前5000年頃には稲作が始まった
小麦
中東の肥沃な三日月地帯(シリア、イラク、イスラエル、パレスチナなど)で、1万年前以降に定住しての栽培が開始されたと考えられている
トウモロコシ
紀元前5000年以降メキシコからグァテマラ地域で自生していた原種が、品種改良されて栽培が始まった
アフリカ米、ヒエなど
西アフリカではアフリカ米、もろこし、ヒエなどが栽培され始めた
ジャガイモ
南米ペルーのチチカカ湖周辺から栽培が始まった。インカ帝国時代には帝国を支える基幹食物となる
サトウキビ
紀元前500年頃、ニューギニアを原産として栽培され始めた。またインド原産とする説もある
小麦
稲
サトウキビ
トウモロコシ
ジャガイモ
ヒエなど
10000 年前
5000 年前
0

穀物を食料として利用するには、播種《はしゅ》すれば一斉に発芽して同じ時期に熟し、自然落粒しないなど、作物として改良される必要がありました。しかし、農耕はしばしば不作にみまわれます。穀物によって多くの人口を養えるようになるほど、不作の年の危機は大きく、しばしば飢饉《ききん》にみまわれます。そうなれば戦争を起こして食料を奪いあうようになるのも自然のなりゆきです。そのほか、農耕や牧畜は左記のような困難をもたらしたのでした。

人類は農耕を始めて、新たな困難を背負った

● 集落同士の争いが激しくなる

農耕のための土地の境界や、用水の権利をめぐり、周辺の集落同士の争いが恒常化してしまう

● 労働力の増加

狩猟採集民の1日の労働時間は、3〜4時間程度。ところが畑に縛られた農民は多くの時間を畑仕事に取られてしまう

● 家畜を飼うことで疫病が発生

動物と人間が過密に生活すると、動物の感染症が人間を襲い、不衛生な環境が感染症を拡大させる

農業革命の光と陰 P50へ
家畜と人間の歴史 P52へ
感染症の歴史 P74へ

世界史の見取り図 4

前5000年～前1000年 ユーラシアの文明と都市国家の興亡

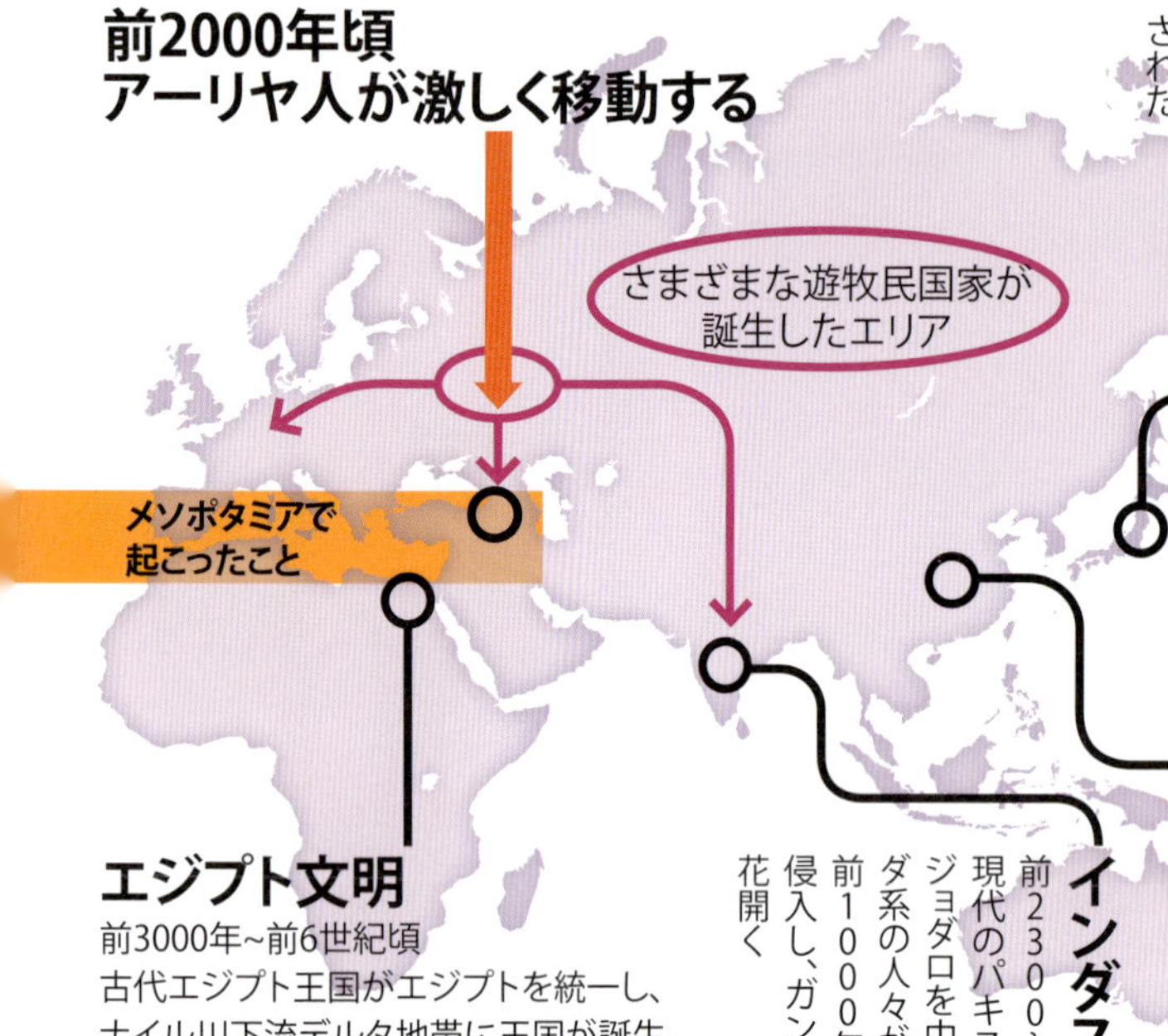

前2000年頃
アーリヤ人が激しく移動する
さまざまな遊牧民国家が誕生したエリア
メソポタミアで起こったこと

日本は縄文時代

三内丸山遺跡の発見で、前3000年頃の定住狩猟採集民の巨大集落の存在が知られ、高度な縄文文化の存在が確認された

黄河文明

前5000年頃より黄河流域に、雑穀栽培と牧畜を行う人々が定住し、それが都市国家へと拡大する。亀甲文字をもつ都市国家殷が成立し、ついで周が成立した

インダス文明

前2300～前2000年
現代のパキスタンのハラッパー、モヘンジョダロを中心にインド先住のドラビダ系の人々が高度な都市文明を築いた。前1000年頃、ここにアーリヤ人が侵入し、ガンジス川流域に稲作文化が花開く

エジプト文明

前3000年~前6世紀頃
古代エジプト王国がエジプトを統一し、ナイル川下流デルタ地帯に王国が誕生。以来2,500年にわたって繁栄した。王の権威の象徴としてピラミッドが建設された

初期王朝時代	前3000年頃
古代王朝時代	前2700~前2200年頃 ピラミッドが建設される
中王国時代	前2200~前1800年頃
新王国時代	前1600~前1100年頃

都市と民族の興亡

11ページに図示した世界の古代文明は農耕によって穀物（おもに小麦）を確保できたところから生まれました。それらの文明は皆、大河の流域に発展しました。まだ原初的な段階の農耕は、大河の氾濫原、すなわち定期的に起こる洪水によって養分が補充される地域に大きく依存していたからです。

そこは傾斜が緩やかな平坦な土地で、灌《かん》漑《がい》も比較的容易でした。また、舟運による物資の運搬も容易な土地だったのです。

中国北部の黄河文明について見れば、紀元前5000年頃から黄河の中・下流域で農耕がおこなわれ、治水や灌漑を指揮する政治権力の集中から都市が発達しました。さらに中国南部の長江流域など、複数の場所で同時発生的に文明が発生したことを示

1 前3000年頃
最古の都市国家シュメール人の都市国家ウルが誕生

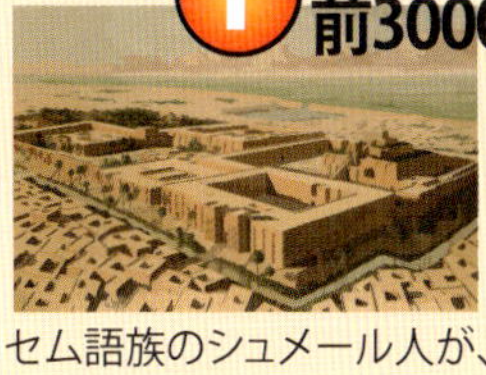

セム語族のシュメール人が、ティグリス川、ユーフラテス川に挟まれた肥沃な三日月地帯に世界最初の都市国家を建設した。その広さは前5世紀当時のアテネに匹敵し、人口も1万人を数えていたという

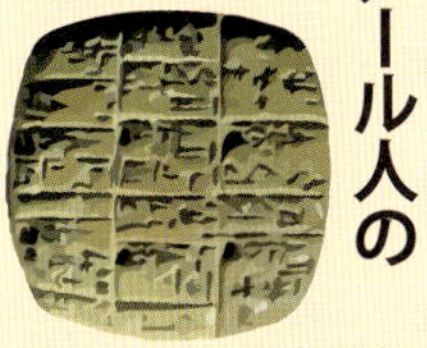

シュメール人は、都市国家間の穀物取引や、国家の徴税のために最古の楔形文字を持ち、主に穀物税の計算に使われていた

前2400年頃、アッカド人がシュメールを征服する

2 アッカド帝国誕生

サルゴン王
強力な軍事力で周辺メソポタミアを征服する

もっと知りたい P70

古バビロニアに滅ぼされる

3 前1900年頃

古代バビロニア
ハムラビ王の時代に全盛期を迎える。彼はそれまでの習慣法を集大成した、ハンムラビ法典を定めた

4 前1600年頃
黒海の右岸北部の遊牧騎馬民族のヒッタイトが、メソポタミアに侵入する

ヒッタイトの戦車兵

ヒッタイトはこの時代で唯一、鉄の製法を持った民族だった。この鉄の製法は国家機密とされていた。またたくまにオリエントの強国となり、エジプトを圧迫する存在となった

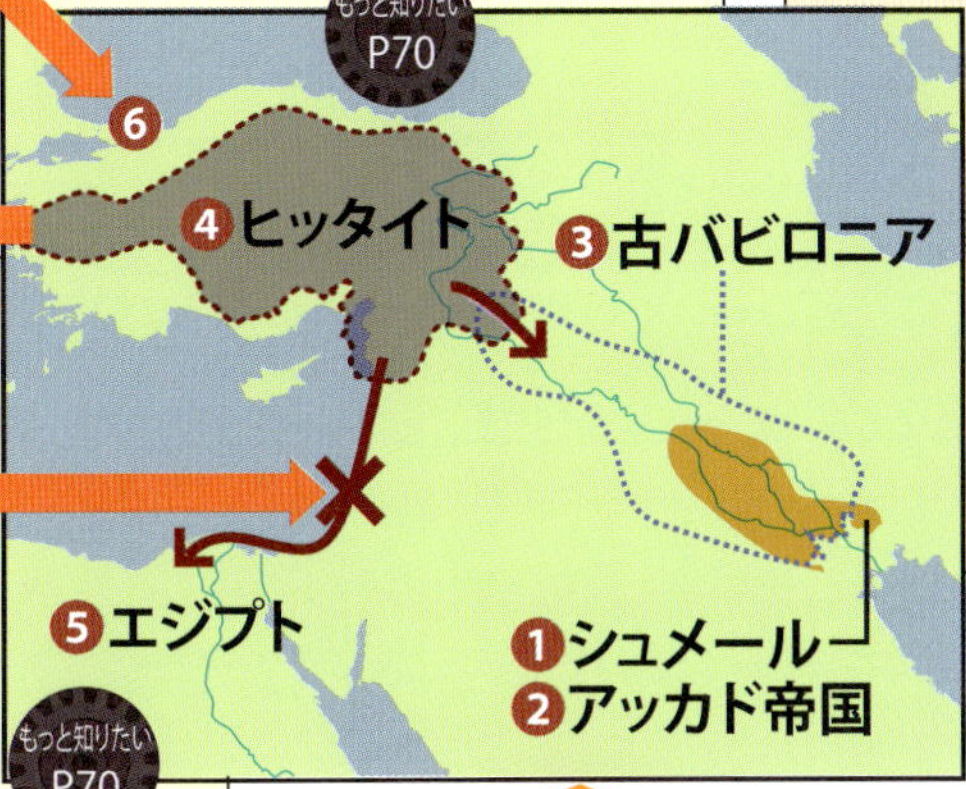

もっと知りたい
P70
6
4 ヒッタイト
3 古バビロニア
5 エジプト
1 シュメール
2 アッカド帝国
もっと知りたい
P70

5 前1286年
カデシュの大開戦

ダマスカス近郊でこの両雄は激突した

エジプトのラメセス2世が、対ヒッタイト戦を仕掛ける。この戦いが史上初の記録された戦闘だった。この戦いは、馬のひく戦車が戦場に登場したことでも記録される

そして、前1200年の地中海の戦乱が、この地域の状況を一変させた

6

リビア系の「海の民」と呼ばれる少数民族連合軍が、地中海を席巻する

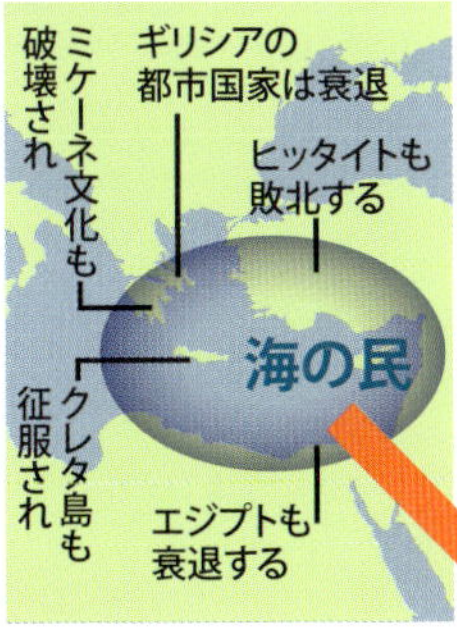

ギリシアの都市国家は衰退
ミケーネ文化も破壊され
ヒッタイトも敗北する
海の民
クレタ島も征服され
エジプトも衰退する

鉄
鉄
ヒッタイト敗北
鉄の製造法
鉄
鉄
青銅器文明

ヒッタイトが独占する鉄の製造法が、周辺に広まった

これをきっかけに、メソポタミア、東地中海一帯はローマ帝国の時代へ繋がっていく

す遺跡が発見されています。文明は現在の国家がもつ国土のような広域の面ではなく、各地にポツポツと分散して発展した都城を中核とする一種の都市国家によって育まれたのでした。

　しかし、豊かな都市国家は周辺の都市国家や遊牧民族などの侵略にさらされ、それが歴史の変動をもたらしました。たとえば上図のメソポタミア（現在のイラク、クウェートあたり）ではティグリス川とユーフラテス川の流れる地域に紀元前3000年頃、シュメール人が都市国家を築きました。ところが、アッカド語という言葉を話す人々、すなわちアッカド人に征服されます。さらにバビロニアが征服して大帝国のバビロニアを建設しました。

　その後、世界史上の画期的な出来事が起こる。遊牧民族のヒッタイトが鉄器を発明し、それを武器にして攻め込んできたのです。

　それまでの青銅器と違って、鉄製の武器は鋭く、馬の操りにも長《た》けたヒッタイト人はたちまちメソポタミアを征服しました。これを機に鉄器は武器や農具として各地に広まり、人類史を変革したのでした。

世界史の見取り図 5

前1000年〜前100年 ユーラシアの帝国が人類普遍の思想を生み出す

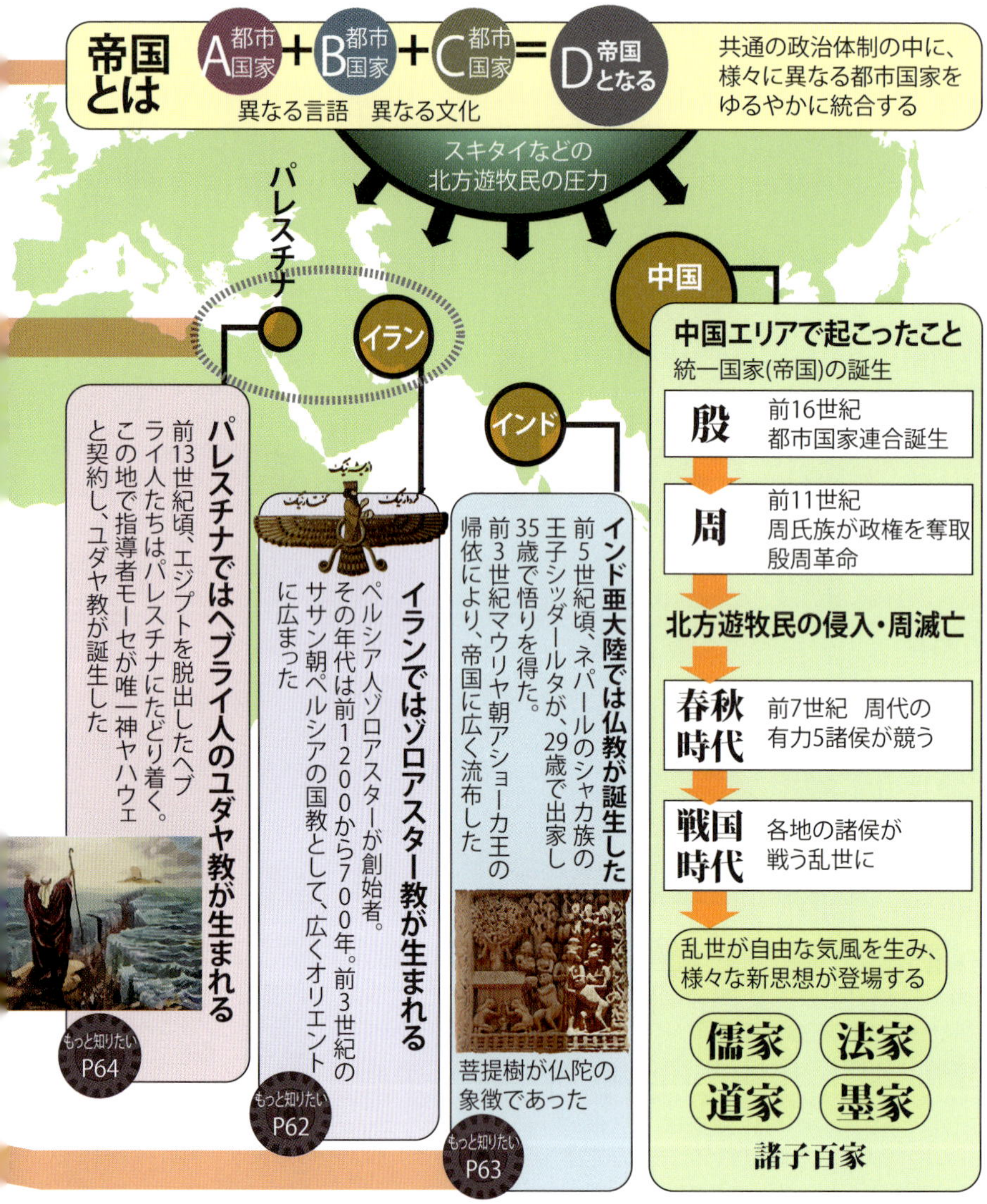

帝国とは
A 都市国家 ＋ B 都市国家 ＋ C 都市国家 ＝ D 帝国となる
異なる言語　異なる文化
共通の政治体制の中に、
様々に異なる都市国家を
ゆるやかに統合する
スキタイなどの
北方遊牧民の圧力
パレスチナ
イラン
インド
中国
中国エリアで起こったこと
統一国家(帝国)の誕生
殷 前16世紀 都市国家連合誕生
周 前11世紀 周氏族が政権を奪取 殷周革命
北方遊牧民の侵入・周滅亡
春秋時代 前7世紀　周代の有力5諸侯が競う
戦国時代 各地の諸侯が戦う乱世に
乱世が自由な気風を生み、
様々な新思想が登場する
儒家
法家
道家
墨家
諸子百家
インド亜大陸では仏教が誕生した
前5世紀頃、ネパールのシャカ族の王子シッダールタが、29歳で出家し35歳で悟りを得た。
前3世紀マウリヤ朝アショーカ王の帰依により、帝国に広く流布した
菩提樹が仏陀の象徴であった
もっと知りたい P63
イランではゾロアスター教が生まれる
ペルシア人ゾロアスターが創始者。
その年代は前1200から700年。前3世紀のササン朝ペルシアの国教として、広くオリエントに広まった
もっと知りたい P62
パレスチナではヘブライ人のユダヤ教が生まれる
前13世紀頃、エジプトを脱出したヘブライ人たちはパレスチナにたどり着く。
この地で指導者モーセが唯一神ヤハウェと契約し、ユダヤ教が誕生した
もっと知りたい P64

統一原理の発見

世界でも古く文明が興った地域である中国では、春秋戦国時代に諸子百家と総称される多数の学者・宗教家が現れました。儒家・法家・道家・墨家などです。国家をどう治めるべきか。王はどのような人徳をもつべきなのか。臣下は王にどのように仕えるのか。親に対する子の孝とは何か。どうすれば国を豊かにし、敵に打ち勝つことができるのか。天命とは何か。このようなことが考究されて書物にまとめられました。それが日本を含めて、東アジアにおけるものの考え方の基本をつくりました。

インドでは釈迦によって仏教が開かれました。そして紀元前3世紀にインドを統一したアショーカ王がブッダのダルマ（法）による統治を宣言したことがブッダの教えは諸民族の神々を超える原理としてアジア

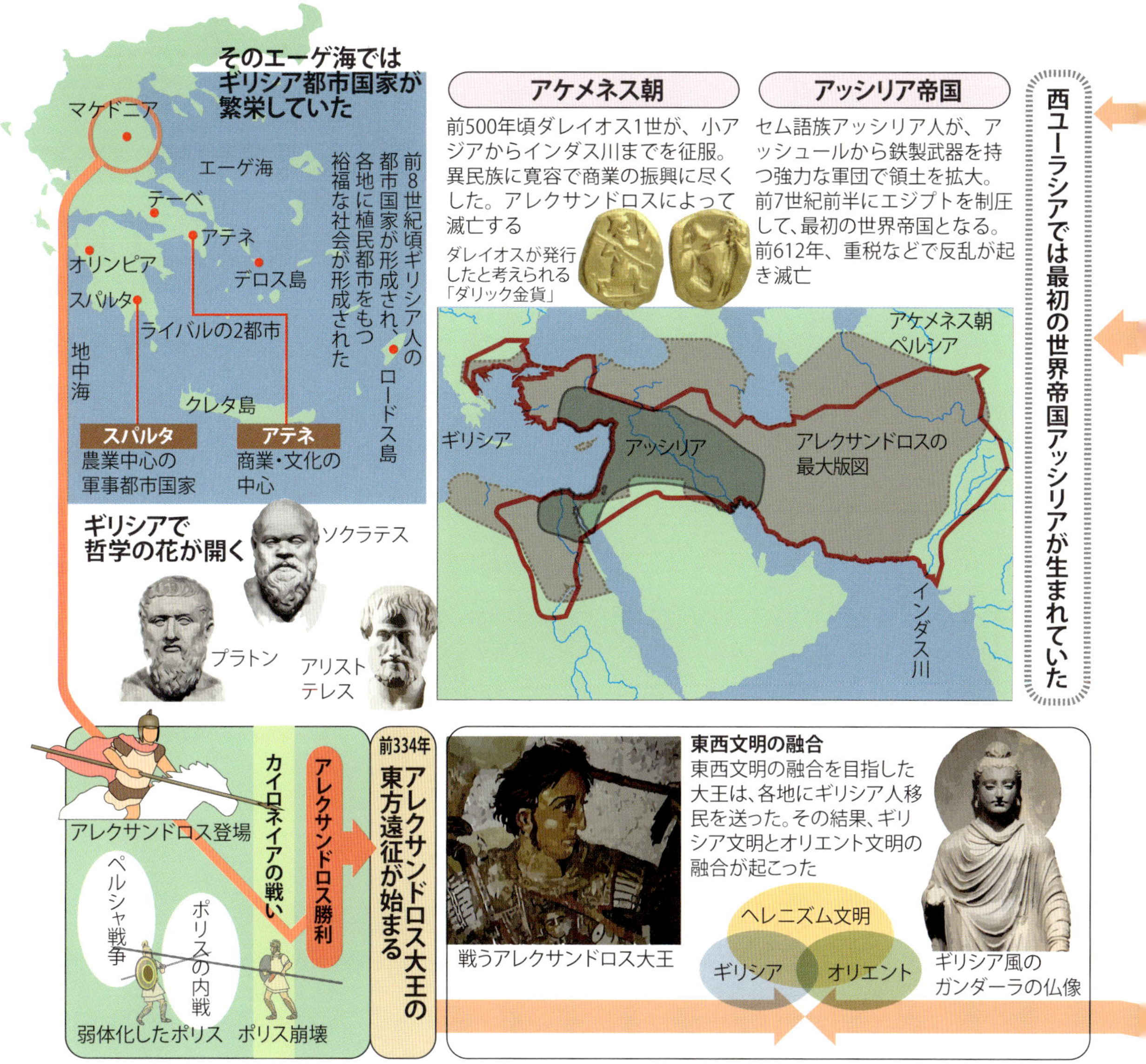
西ユーラシアでは最初の世界帝国アッシリアが生まれていた
そのエーゲ海ではギリシア都市国家が繁栄していた
マケドニア
エーゲ海
テーベ
アテネ
オリンピア
デロス島
スパルタ
ライバルの2都市
地中海
クレタ島
ロードス島
前8世紀頃ギリシア人の都市国家が形成され、各地に植民都市をもつ裕福な社会が形成された
スパルタ
農業中心の軍事都市国家
アテネ
商業・文化の中心
ギリシアで哲学の花が開く
ソクラテス
プラトン
アリストテレス
アケメネス朝
前500年頃ダレイオス1世が、小アジアからインダス川までを征服。異民族に寛容で商業の振興に尽くした。アレクサンドロスによって滅亡する
ダレイオスが発行したと考えられる「ダリック金貨」
アッシリア帝国
セム語族アッシリア人が、アッシュールから鉄製武器を持つ強力な軍団で領土を拡大。前7世紀前半にエジプトを制圧して、最初の世界帝国となる。前612年、重税などで反乱が起き滅亡
アケメネス朝ペルシア
ギリシア
アッシリア
アレクサンドロスの最大版図
インダス川
アレクサンドロス登場
ペルシャ戦争
ポリスの内戦
弱体化したポリス
ポリス崩壊
カイロネイアの戦い
アレクサンドロス勝利
前334年
アレクサンドロス大王の東方遠征が始まる
戦うアレクサンドロス大王
東西文明の融合
東西文明の融合を目指した大王は、各地にギリシア人移民を送った。その結果、ギリシア文明とオリエント文明の融合が起こった
ヘレニズム文明
ギリシア
オリエント
ギリシア風のガンダーラの仏像

各地に広まるきっかけになりました。

西アジアのアッシリアは、セム系民族のアッシリア人がアッシュールを都にメソポタミアを征服して成立しました。その帝王は民族神のアッシュール神と同体で、戦闘馬車で駆ける勇猛な姿で遺跡の壁のレリーフに描かれています。しかし、民族神アッシュールを戴《いただ》く帝国は武力で苛酷に支配し、反乱を招いて短期に終わりました。その後、ペルシア人のアケメネス王家が帝国を建て、ゾロアスター教を国教として、その栄光を帝都ペルセポリスの大神殿に示しました。

その後、ギリシアの王アレクサンドロスが大帝国を築き、各地に帝王の名によってアレクサンドリアとよぶ都市を建設しました。ギリシアでは民族の父祖を伝説の英雄ヘレーンとし、太陽も月も星々の運行も神々の物語として語られて、いわゆるギリシア神話を生み出します。そのとき、厳然としてゆるがない法則が発見され、ソクラテス、プラトンの哲学、アリストテレスの科学、写実的な彫刻などが生まれました。それはアレクサンドロス大王が広く諸民族を征服することによって広まりました。

世界史の見取り図 6

前300年〜400年頃 ユーラシア大陸の巨大帝国を貿易路が結ぶ

秦帝国 前221年〜210年

前210年
始皇帝死亡
↓
反乱が起こる

劉邦が中国を統一
前202　漢帝国誕生

前漢 前206年〜8年

武帝の時代が全盛
↓
第七代皇帝武帝
匈奴と戦い西域を領有した
↓
重税による反乱で弱体化

光武帝により漢再興
25年　後漢成立

後漢 25年〜220年

光武帝
儒教の教えを政治に適用した
↓
西域との交易通じて、ローマ、地中海とも交渉が生まれ、その交易路は東西交流の幹線道路となる
↓
黄巾の乱で国力は衰微

魏・呉・蜀の
地方政権の時代に

混乱の三国時代へ

前248年頃〜224年
パルティア帝国

カスピ海南部のペルシア系遊牧民が、強力な騎馬軍団によってインダスからメソポタミアまでを支配する帝国を作った。隣のクシャーナ朝と抗争を続けながら、東西交易で繁栄した

交易に使われたパルティアのコイン

大帝国の出現

ユーラシア Eurasia はユーロ Euro とアジア Asia を合わせた英語です。

この地域以外にも1万数千年前の遺跡が存在する南アメリカ大陸のアンデス文明などがあり、アフリカ大陸のサハラ砂漠以南でも数千年前にさかのぼる文明の遺跡がありますが、15〜16世紀のヨーロッパ人の南北アメリカ大陸への進出以前の世界史はもっぱらユーラシア大陸とサハラ以北のアフリカ大陸での出来事によって記述されています。

そのユーラシア大陸では、日本の弥生時代にあたる2300前くらいからの数百年間に複数の大帝国が出現しました。それを地域別に大きく見れば、東アジアの中華帝国、インドからアフガニスタンあたりにかけてのインド亜大陸の帝国、西アジアの帝

3世紀頃のユーラシアに展開した帝国と民族

ローマ帝国が勃興している

前8世紀頃 → ラテン系民族が小さな都市国家ローマにいた

前6世紀頃
共和制ローマ誕生 → 貴族の元老院と平民との合議制が実現

前3世紀
イタリア半島を統一する

前264年~前146年
ポエニ戦争 → ライバル都市カルタゴとの戦争に勝利、地中海の制海権を取る

地中海の貿易を独占し、西ユーラシアの大帝国へと成長する

224年~651年
ササン朝ペルシア

アルダシール1世がパルティアを滅ぼして建国。交易の富は美しいペルシア様式の美術品を生み出した。そのガラス器は遠く日本にも伝わり、正倉院に納められている

優美なペルシアの水差し

1世紀頃~3世紀前半
クシャーナ朝の繁栄

交易に使われたカニシカ王の金貨

イラン系の人々が1世紀頃南下し、アフガニスタンをパルティアから奪い、北インド・ガンダーラでクシャーナ朝を建国。中国とローマとの交易の中継で繁栄した

国、そしてヨーロッパの帝国です。

東アジアの中国を中華とよぶのは後述の冊封《さくほう》体制という仕組みによるもので、歴代の王朝で踏襲され、現代の中華人民共和国という国名にもつながっています。その冊封体制が形成されてきたのが上図の秦・漢の時代でした。

インドのクシャーナ朝はインド亜大陸の北西部、現在のパキスタンからアフガニスタンにかけてのガンダーラ地方に生まれた王朝です。そこはインドと中央アジアの交易ルートをつなぐ位置にあります。西方のヘレニズム文化（ギリシア）の影響を受け、ギリシア彫刻風のガンダーラ美術が開花しました。

西アジアのパルティア帝国は中央アジアの遊牧民族が現代のイランあたりに建てた王朝です。

その後、ササン朝ペルシアが勃興。この帝国はアケメネス朝ペルシアの再興を掲げました。また、始祖はゾロアスター教の神官であり、ゾロアスター教を国教としました。

そのころ、地中海地方に版図を広げたのが古代ローマ帝国でした。

世界史の見取り図 7

東西の2大帝国の興隆のわけとその崩壊のきっかけは大きく違う

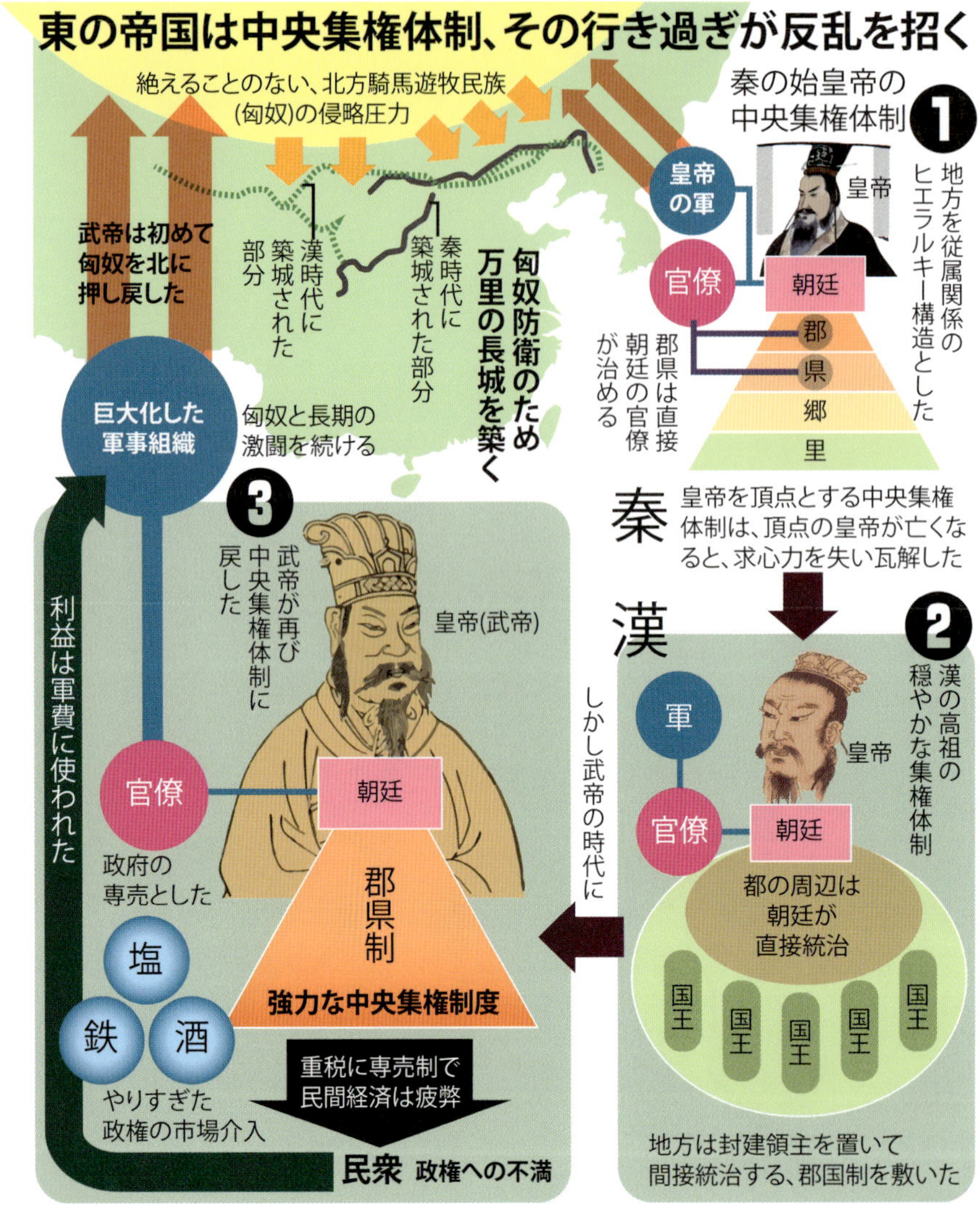

東の帝国は中央集権体制、その行き過ぎが反乱を招く
絶えることのない、北方騎馬遊牧民族(匈奴)の侵略圧力
武帝は初めて匈奴を北に押し戻した
漢時代に築城された部分
秦時代に築城された部分
匈奴防衛のため万里の長城を築く
秦の始皇帝の中央集権体制
1
皇帝の軍
官僚
皇帝
朝廷
郡
県
郷
里
地方を従属関係のヒエラルキー構造とした
郡県は直接朝廷の官僚が治める
巨大化した軍事組織
匈奴と長期の激闘を続ける
秦
漢
皇帝を頂点とする中央集権体制は、頂点の皇帝が亡くなると、求心力を失い瓦解した
3
武帝が再び中央集権体制に戻した
皇帝(武帝)
官僚
朝廷
郡県制
強力な中央集権制度
政府の専売とした
塩
鉄
酒
やりすぎた政権の市場介入
重税に専売制で民間経済は疲弊
民衆 政権への不満
利益は軍費に使われた
しかし武帝の時代に
2
漢の高祖の穏やかな集権体制
軍
官僚
皇帝
朝廷
都の周辺は朝廷が直接統治
国王
国王
国王
国王
国王
地方は封建領主を置いて間接統治する、郡国制を敷いた

帝国の隆盛と衰退

中国では紀元前8世紀から500年以上にわたって、いろいろな国が分立して争い、興亡を繰り返しました。そして紀元前3世紀、黄河の上流、今の陝西《せんせい》省あたりにあった秦国が韓、魏などの国々を次々に滅ぼし、紀元前221年、ついに中国を統一しました。中国で最初の統一王朝、秦の誕生です。その皇帝を始皇帝といいます。その権力がいかに大きなものだったかは陝西省西安《シーアン》の近くに発見された始皇帝陵によって明らかです。広大な陵域の地下に実寸大の屈強な武士俑《よう》約8000体のほか、戦闘馬車や馬が整然と隊列を組んで埋められ、あたかも進軍を続けているかのようです。

　その絶大な力によって始皇帝は文字と度量衡（秤《はかり》の単位）を統一し、全国を郡県に区分して治めました。しかし、秦の帝国は

西のローマ帝国は貴族と軍隊が組んだ領土拡大事業が行きづまる

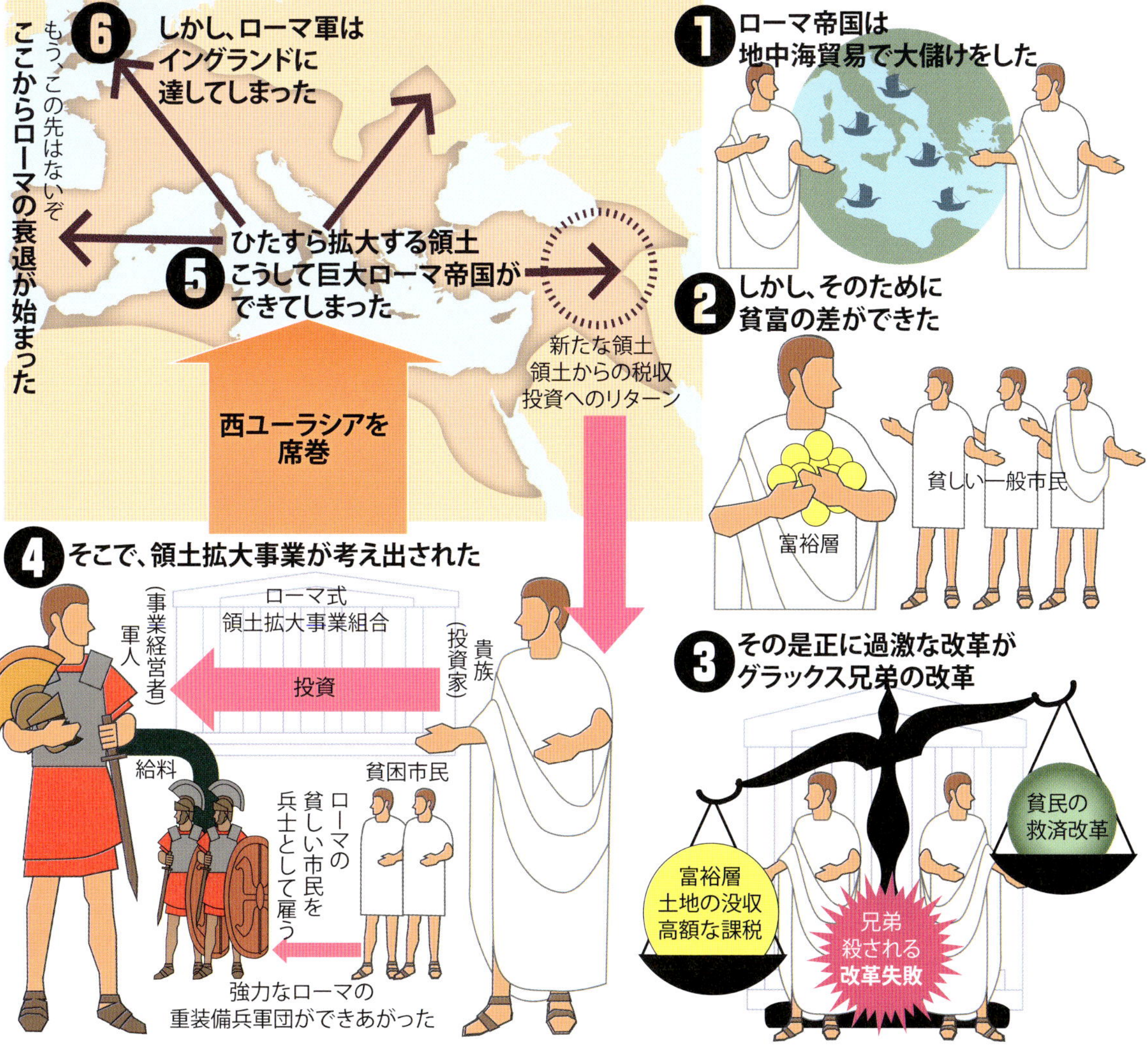
1 ローマ帝国は地中海貿易で大儲けをした
2 しかし、そのために貧富の差ができた
富裕層
貧しい一般市民
3 その是正に過激な改革がグラックス兄弟の改革
富裕層 土地の没収 高額な課税
貧民の救済改革
兄弟 殺される 改革失敗
4 そこで、領土拡大事業が考え出された
ローマ式 領土拡大事業組合
軍人（事業経営者）
貴族（投資家）
投資
給料
貧困市民
ローマの貧しい市民を兵士として雇う
強力なローマの重装備兵軍団ができあがった
新たな領土 領土からの税収 投資へのリターン
西ユーラシアを席巻
5 ひたすら拡大する領土 こうして巨大ローマ帝国ができてしまった
6 しかし、ローマ軍はイングランドに達してしまった
もう、この先はないぞ
ここからローマの衰退が始まった

わずか15年で滅亡し、漢に変わります。その統治があまりに苛酷だったからだと言われますが、始皇帝が力わざで創始した制度はその後の王朝に引き継がれ、中国における国家の基盤となりました。漢は秦の制度をより穏やかに適用した中央集権国家で、およそ400年も続きます。

いっぽう、ユーラシアの西端ではローマ帝国が地中海世界から拡大してヨーロッパのほぼ全域を版図に収めました。もとは自作農による軍隊によって版図を拡大し、自作農をローマ市民とする共和制をとりました。そして征服民をとりこんで広大な領域と多民族を統治する帝国が実現すると、貴族による共和制・元老院制から帝政へと移行しますが、内紛は絶えなかったのです。

また、領域が他民族の土地に拡大するにつれて元来のローマ市民は減少しました。統治を支える軍隊も異民族の傭兵《ようへい》に依存するようになります。その傭兵でも一定期間の兵役を終えれば市民権を与えられました。そうしてローマ市民が増えていくと、その特権的な地位は低下しました。同時に貧富の差が拡大し、帝国は弱体化していったのでした。

世界史の
見取り図
8

前220年～400年頃
遊牧騎馬民族がユーラシアを席巻した

匈奴《きょうど》が引き起こした中国の大混乱

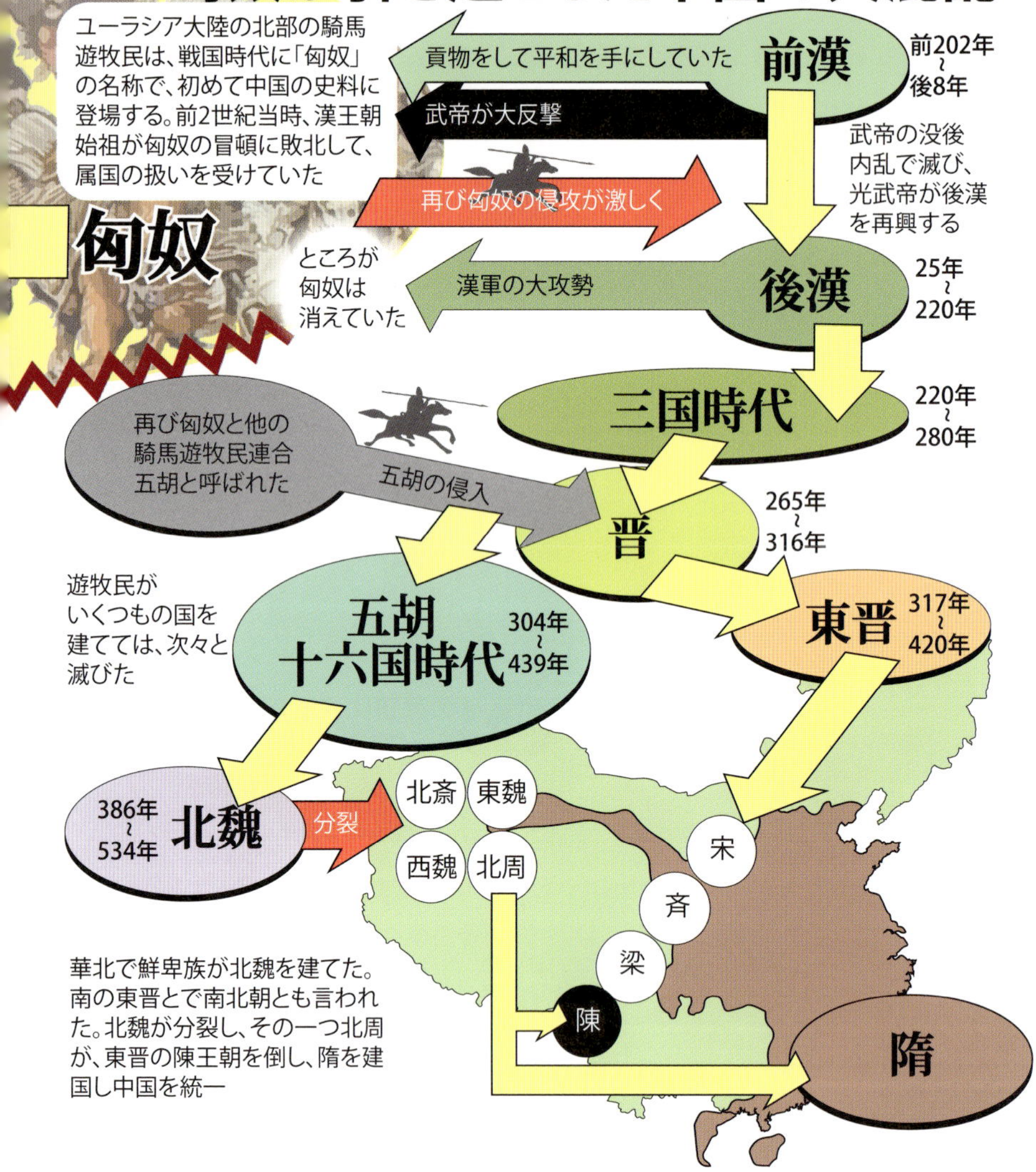

ユーラシア大陸の北部の騎馬遊牧民は、戦国時代に「匈奴」の名称で、初めて中国の史料に登場する。前2世紀当時、漢王朝始祖が匈奴の冒頓に敗北して、属国の扱いを受けていた
匈奴
貢物をして平和を手にしていた
前漢
前202年～後8年
武帝が大反撃
再び匈奴の侵攻が激しく
武帝の没後内乱で滅び、光武帝が後漢を再興する
ところが匈奴は消えていた
漢軍の大攻勢
後漢
25年～220年
三国時代
220年～280年
再び匈奴と他の騎馬遊牧民連合五胡と呼ばれた
五胡の侵入
晋
265年～316年
遊牧民がいくつもの国を建てては、次々と滅びた
五胡十六国時代
304年～439年
東晋
317年～420年
北魏
386年～534年
分裂
北斉
東魏
西魏
北周
宋
斉
梁
陳
隋
華北で鮮卑族が北魏を建てた。南の東晋とで南北朝とも言われた。北魏が分裂し、その一つ北周が、東晋の陳王朝を倒し、隋を建国し中国を統一

草原からの脅威

漢王朝末期の西暦184年、太平道という道教の一派が大規模な農民暴動を起こしました。一揆の目印に黄色の頭巾をつけたことから黄巾《こうきん》の乱といいます。この乱をきっかけに漢は衰え、魏、蜀、呉の三国が鼎立《ていりつ》する時代になります。

中国には天子（皇帝）に徳がなければ天が命を改めて交替させるという革命の思想があり、農民の暴動によって王朝が滅亡する歴史を繰り返してきました。ゆえに為政者は農民の動向を警戒しました。

もうひとつ、常に脅威となったのが遊牧民でした。8000km以上も続く万里の長城も遊牧民の侵入を防ぐためで、最初は秦の始皇帝によって建設されました。

中国やローマ帝国の軍隊は農民から徴兵した歩兵を主体としたのに対し、遊牧民の

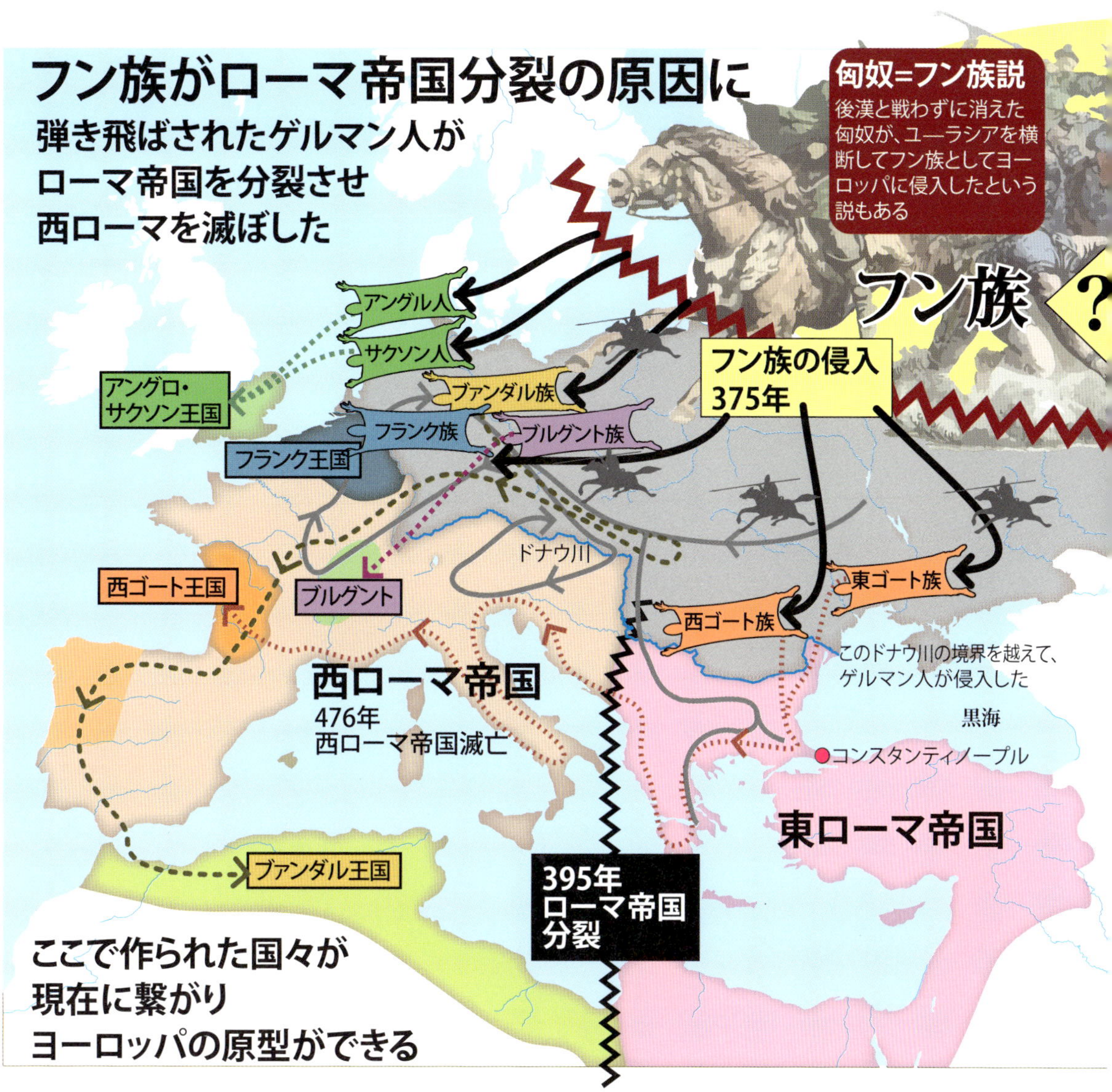

騎馬軍団の戦法は全く違ったものでした。モンゴルの草原あたりから勢力を拡大した匈《きょう》奴《ど》は、騎馬のまま矢を放つ短い弓をもち、単《ぜん》于《う》とよばれる族長（王）を先頭に攻め込んできます。

しかも、それは部族の掟によって厳しく統率された軍団でした。また、年に3回、シャーマンのような呪術師のもとで大祭を催し、民族の結束を保っていました。

しかし、後漢は大軍団を送って匈奴に対する圧力を強めました。そのなかで匈奴は分裂して内紛も激化し、他の遊牧民からの攻撃も受けて東アジアでは滅亡しました。その漢も滅びて三国時代になりますが、その後、ふたたび遊牧民の侵入が活発化し、五胡十六国の分裂時代になりました。

いっぽう、ヨーロッパには東方から遊牧民のフン族が侵入しました。それは中央アジアの草原を移動してきた匈奴ではないかと言われています。

当時のヨーロッパは全体にローマ帝国の版図でしたが、フン族に襲われたゲルマン系のゴート族やフランク族などが西方に逃げ、現在の民族分布の原型がつくられました。

世界史の見取り図 9

6世紀～8世紀頃 東では唐が勃興し、西ではイスラム帝国が出現

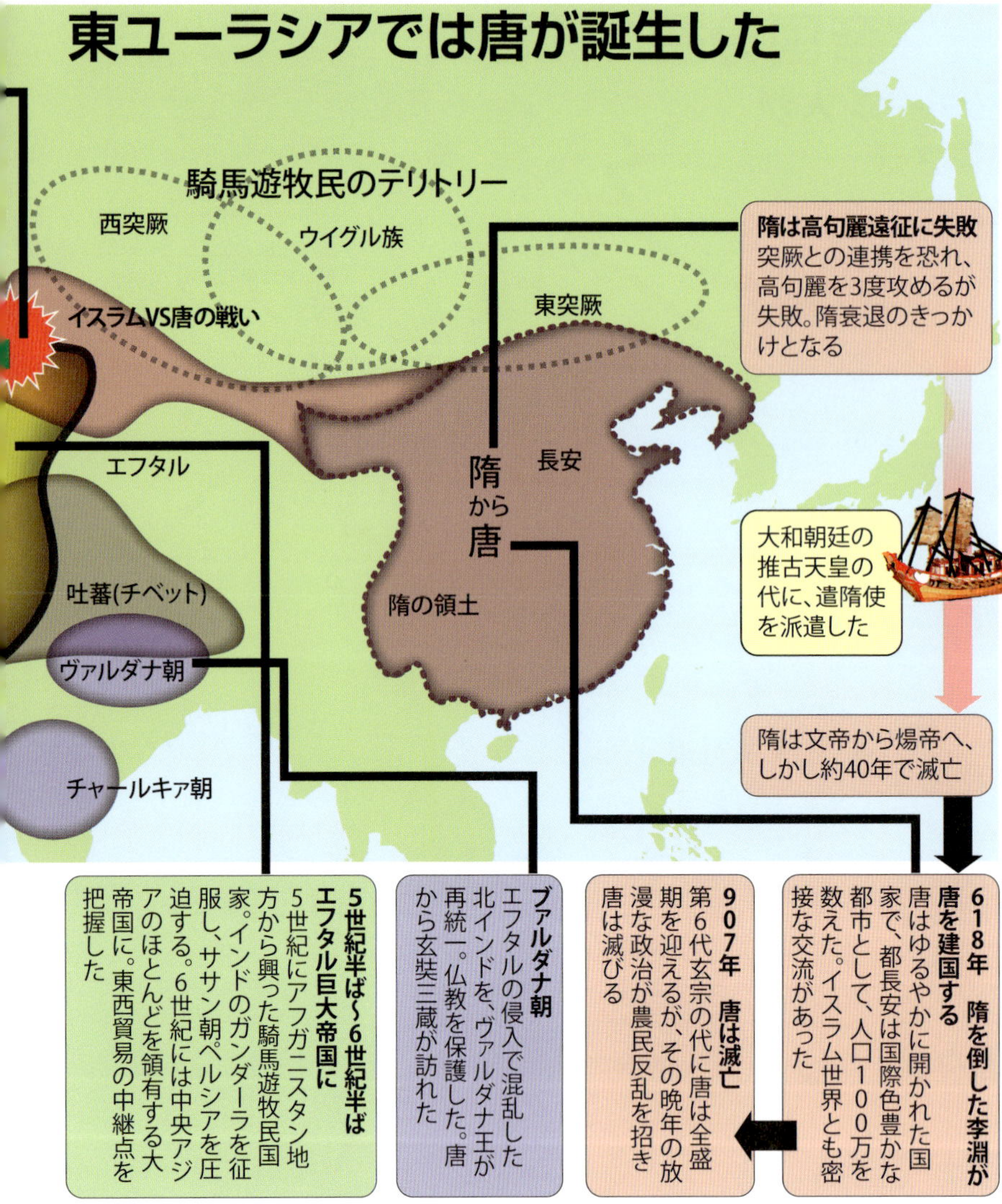

東ユーラシアでは唐が誕生した
騎馬遊牧民のテリトリー
西突厥
ウイグル族
東突厥
イスラムVS唐の戦い
エフタル
吐蕃(チベット)
ヴァルダナ朝
チャールキァ朝
隋から唐
長安
隋の領土
隋は高句麗遠征に失敗
突厥との連携を恐れ、高句麗を3度攻めるが失敗。隋衰退のきっかけとなる
大和朝廷の推古天皇の代に、遣隋使を派遣した
隋は文帝から煬帝へ、しかし約40年で滅亡

618年　隋を倒した李淵が唐を建国する
唐はゆるやかに開かれた国家で、都長安は国際色豊かな都市として、人口100万を数えた。イスラム世界とも密接な交流があった

907年　唐は滅亡
第6代玄宗の代に唐は全盛期を迎えるが、その晩年の放漫な政治が農民反乱を招き唐は滅びる

ヴァルダナ朝
エフタルの侵入で混乱した北インドを、ヴァルダナ王が再統一。仏教を保護した。唐から玄奘三蔵が訪れた

5世紀半ば～6世紀半ばエフタル巨大帝国に
5世紀にアフガニスタン地方から興った騎馬遊牧民国家。インドのガンダーラを征服し、ササン朝ペルシアを圧迫する。6世紀には中央アジアのほとんどを領有する大帝国に。東西貿易の中継点を把握した

繁栄と激動の世紀

中国では五胡十六国の分裂時代を経て4～6世紀に北部を鮮卑《せんぴ》系遊牧民の拓跋《たくばつ》部族が支配して北魏を建て、南部に漢民族の宋（のち斉）の王朝ができました。それを漢民族の隋が581年に統一しましたが、37年で滅びて唐に変わります。この時代に国家体制の基本になる律令が完成しました。

　唐は長安（現在の西安）を都にして版図を中国の全域から西域に広げて栄え、およそ300年間存続します。日本では飛鳥・奈良・平安時代にあたり、遣唐使によってその文化を採り入れました。唐の時代には漢詩、禅宗など中国独自の文化が育まれ、陸路のシルクロードや海上航路での交易が発展し、国際色も豊かでした。

　その交易路にあたる諸都市を支配した遊牧民エフタルは大帝国を興します。また、

西ではイスラム帝国とフランク王国が登場

ローマ教皇
教会の権威
王権を与える
財政支援
封建国家の王
臣下の国王

この中世ヨーロッパの仕組み、詳しくは次のページで

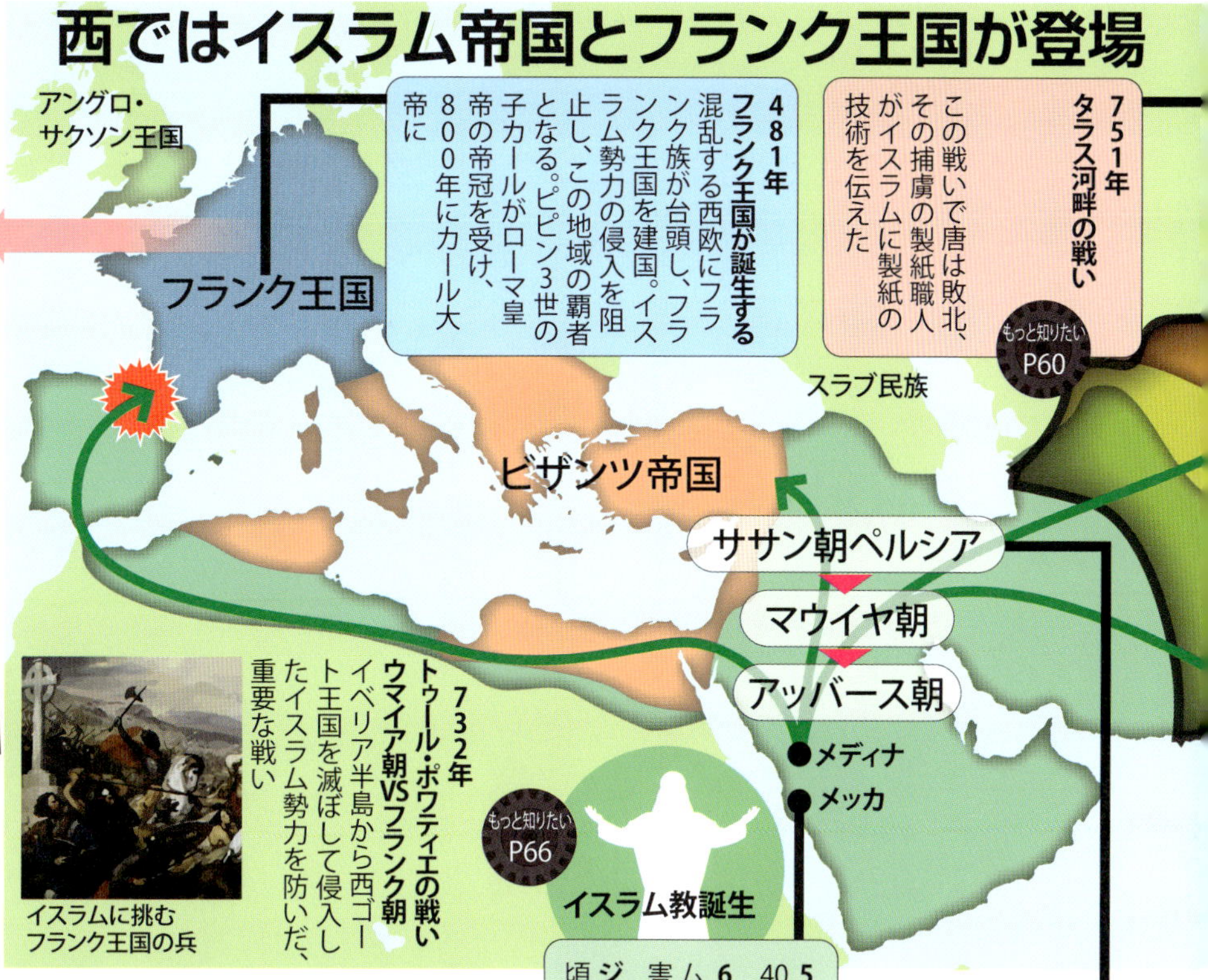
アングロ・サクソン王国
フランク王国
スラブ民族
ビザンツ帝国
ササン朝ペルシア
マウイヤ朝
アッバース朝
メディナ
メッカ
イスラム教誕生

751年 タラス河畔の戦い

この戦いで唐は敗北、その捕虜の製紙職人がイスラムに製紙の技術を伝えた

もっと知りたい P60

481年 フランク王国が誕生する

混乱する西欧にフランク族が台頭し、フランク王国を建国。イスラム勢力の侵入を阻止し、この地域の覇者となる。ピピン3世の子カールがローマ皇帝の帝冠を受け、800年にカール大帝に

732年 トゥール・ポワティエの戦い ウマイア朝VSフランク朝

イベリア半島から西ゴート王国を滅ぼして侵入したイスラム勢力を防いだ、重要な戦い

イスラムに挑むフランク王国の兵

もっと知りたい P66

ササン朝ペルシアの疲弊

200年間のビザンツ帝国との戦いで、東西の貿易ルートが途絶。アラビア半島のメッカが繁栄し、ササン朝ペルシアは衰退していた

570年頃 ムハンマド誕生

40歳頃、神の啓示を受ける

622年ヒジュラ（聖遷）

ムハンマド神の啓示を布教。迫害でメッカからメディナに避難

ジハード（聖戦）を開始。630年頃、アラビア半島を統一

661年〜750年 ウマイヤ朝の時代

ムハンマドの死後の後継争いの後、ウマイヤ家がウマイヤ朝を建てる。この争いで敗れた人々がシーア派を名乗り、イスラム教が2派に分裂する。ウマイヤ朝はイベリア半島、サマルカンドまで領土を拡大

750年〜1250年頃分裂

シーア派が蜂起し、ムハンマドの叔父アル・アッバースの子孫が政権をとり、アッバース朝が成立。7代カリフ、マームーンから繁栄しバグダードで、イスラム文化が花ひらく

首都バグダードの繁栄

チベット高原（西藏）に興った吐蕃《とばん》では独自のチベット仏教が発展し、のちにモンゴル帝国にも大きな影響を与えます。

ヨーロッパでは東ローマ帝国がキリスト教の正教を軸に豪華なビザンツ文化を発展させ、かつてのローマ帝国の後継者としての地位を保ち続けました。

旧西ローマ帝国のイタリア半島では小公国が分立し、現在のドイツ、フランスあたりにゲルマン系フランク人の大国フランク王国が生まれました。公国とは君主と認められた貴族の国で、ヨーロッパでは名目的にはローマ皇帝によって認可されるものでした。それは西ローマ帝国の滅亡後も東ローマ帝国、あるいはローマ教皇を戴《いただ》く形でヨーロッパ諸王国に引き継がれました。

ユーラシア世界を激変させたのがイスラム教の誕生です。ムハンマドは40歳のころ、突然に神アッラーの啓示を受けました。その言葉を記したのがイスラム教の聖典コーランです。

ムハンマドは、もとはアラビアの商人でした。唯一神アッラーの名によって異民族との取引でも通用する商業倫理と信頼をもたらし、その帝国は急速に拡大しました。

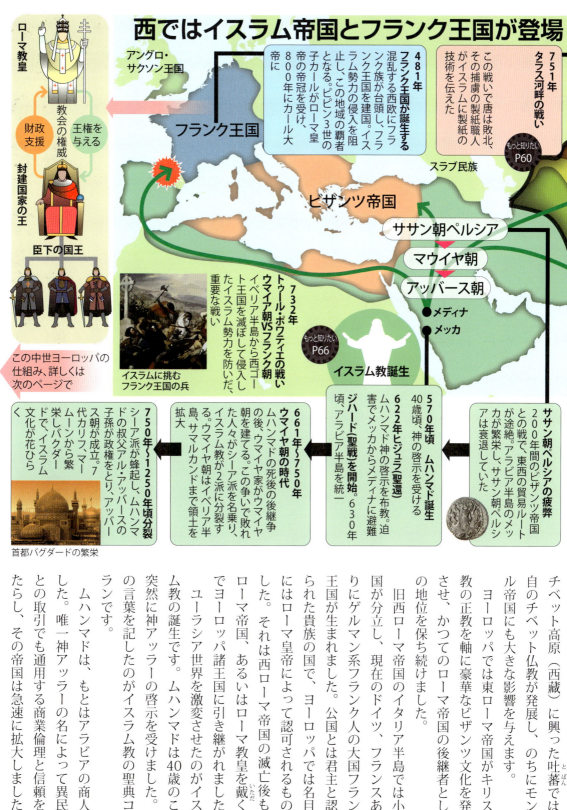

世界史の見取り図 10

9世紀～12世紀頃 西ヨーロッパは中世の封建社会になる

騎士たちの時代

騎士といえば5世紀の終わり頃にブリテン（イギリスの一部）のアーサー王が進攻してきたサクソン人を撃退したという物語で有名です。その配下の12人の円卓の騎士はイエス・キリストの最後の晩餐《ばんさん》で食卓を囲んだ十二使徒にちなんだ数です。騎士たちはキリスト教徒であり、盾や紋章に十字架を付けて戦いました。

さて、世界史の「中世」といえば、ヨーロッパのひとつの時代で、西ローマ帝国が衰亡期の5世紀頃から16世紀頃に中央集権の絶対王政が始まるまでの約１０００年間をいいます。地理的にはほぼ西ローマ帝国の版図内です。

その時代のヨーロッパにはフランス王国、ハンガリー王国、神聖ローマ帝国、イングランド王国などの王国が生まれましたが、アーサー王と円卓の騎士団のように、各地の領主が騎士（ナイト）の称号を得て王に忠誠を誓う体制でした。

中世は多元的な分散型の社会でしたが、ヨーロッパでは国王と諸侯の上にローマ教皇を一元的に戴《いただ》き、それぞれの領内にも神の栄光を示す教会が建立されました。ローマ帝国は亡びても、国教としたキリスト教はヨーロッパ全体に残されたのです。

中世に十字架を掲げた騎士たちが戦った大きな出来事がふたつあります。ひとつはローマ帝国の領域だったイベリア半島（今のスペイン・ポルトガルあたり）に版図を広げたイスラム帝国からの失地回復運動です。それは8世紀から15世紀にかけて行われました。もうひとつが十字軍の遠征です。大規模な遠征はアイルランドや北欧の騎士団も加わって11世紀末からの約２００年間に8～9次にわたります。東方のイスラム帝国に圧迫された東ローマ帝国の救援、聖地エルサレムの回復などを名分とし、キリスト教圏では英雄的な戦いとして伝えられますが、実際には領土的野心に満ちた侵略の面が強く、イスラム圏では残虐な外寇《がいこう》として記憶されることになりました。

この騎士たちが、宗教的情熱と領土的野心のもと十字軍としてイスラム世界に侵入した

日本中世の封建制も似た構造だった

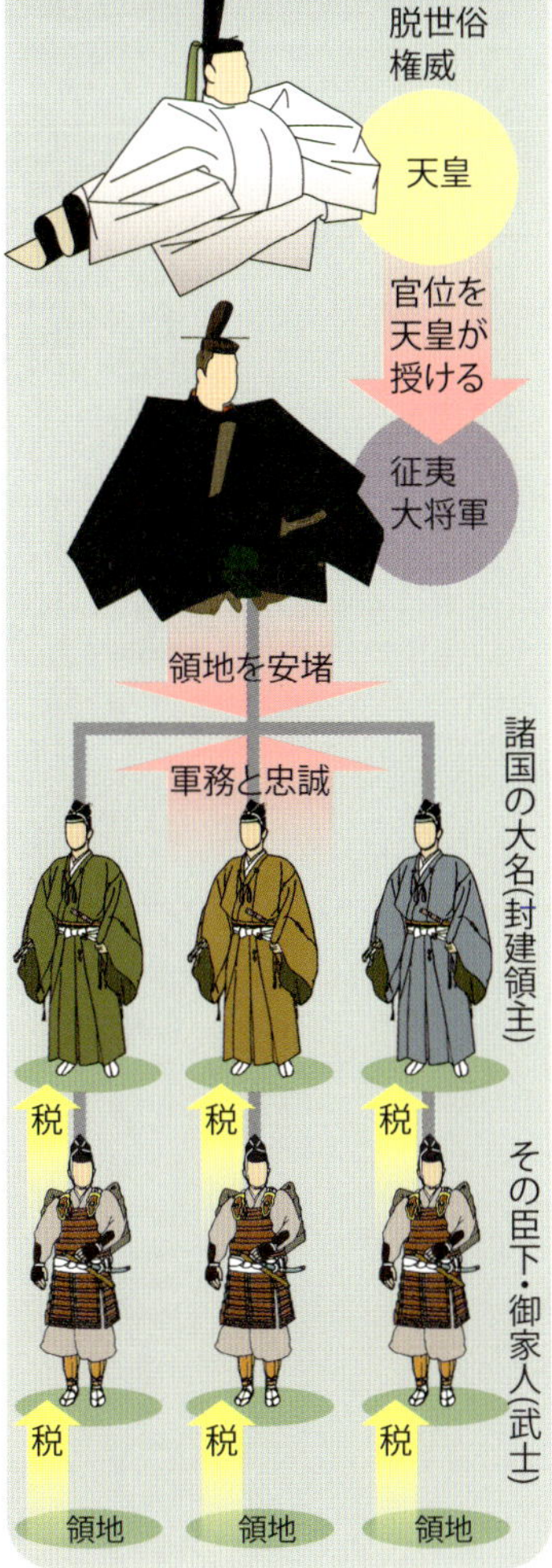

中世ヨーロッパの封建制の仕組み

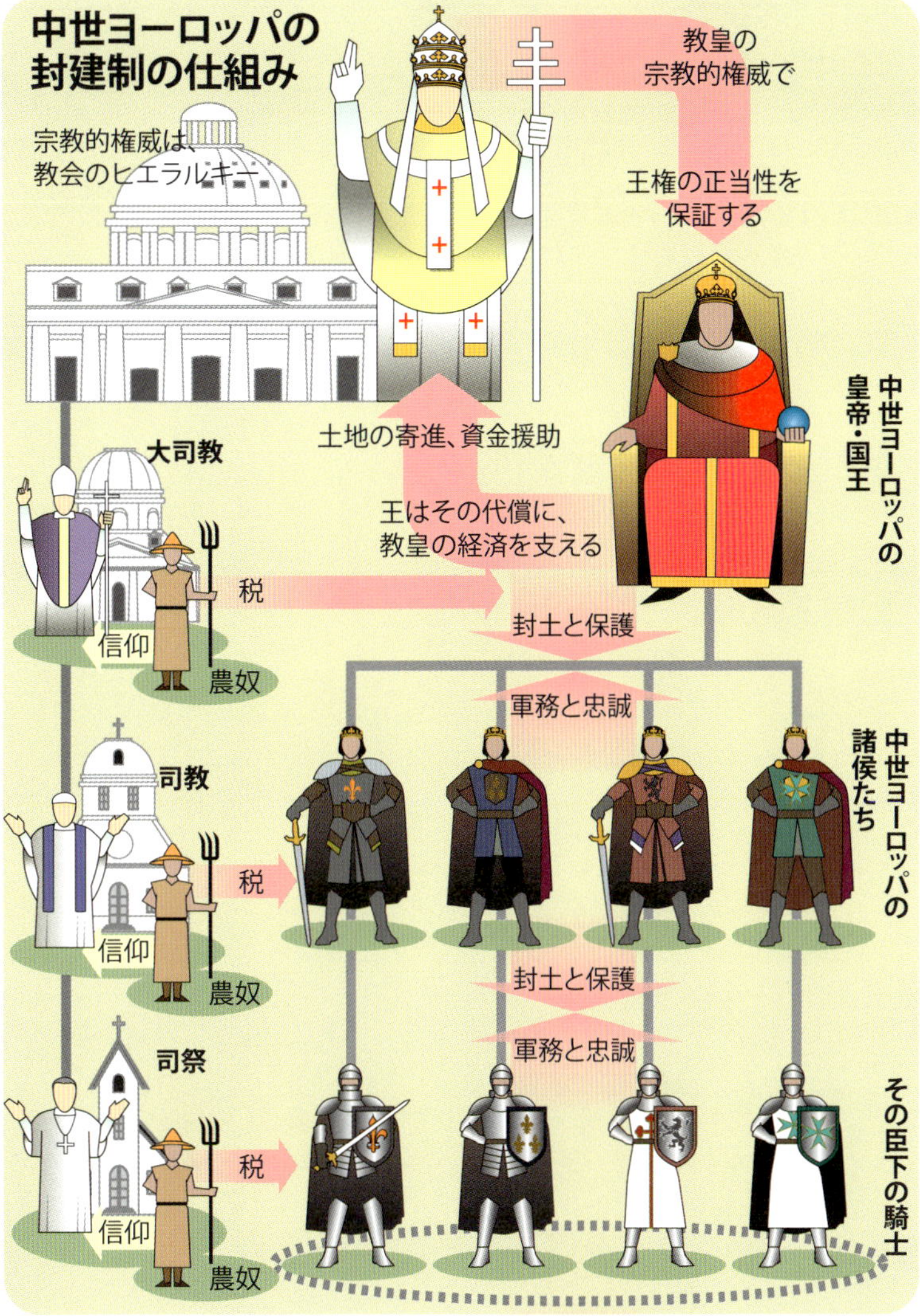

騎士という戦闘の専門家が活躍した

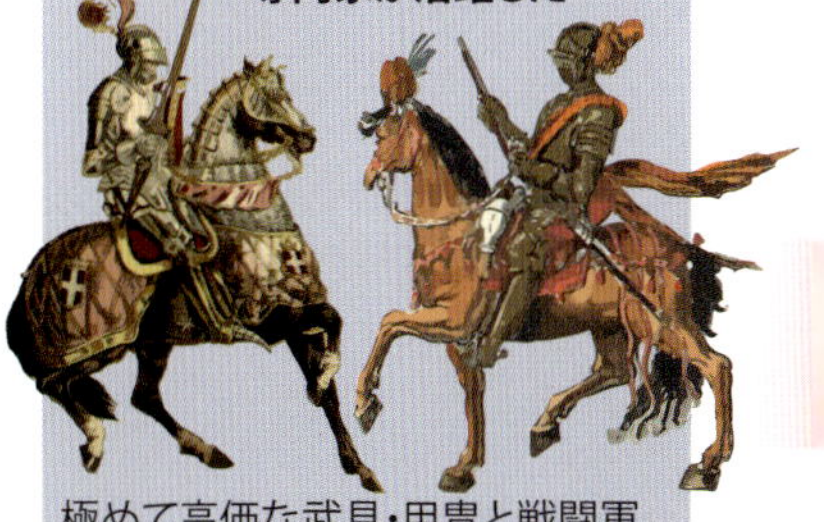

極めて高価な武具・甲冑と戦闘軍馬で武装した騎士。王・諸侯の家臣に忠誠を誓い、そのゲルマンの慣習とキリスト教的騎士道精神は、中世貴族の理想とされた。イスラム教との戦いは、騎士道の最高の義務と捉えられた

封建時代の地方分権

ヨーロッパ中世の騎士のように各地の領主が王によって領有権を認められ、分割して治める体制を封建制といいます。ヨーロッパ中世の封建制では多くの民衆は農奴《のうど》として領主に隷属して移動の自由もありません。暗黒の時代とされたこともありますが、マリア信仰や多くの騎士物語の元が生まれるなど、豊かな時代ともされます。

日本の中世（鎌倉・室町時代）でも各地の武士が将軍に忠誠を誓い、そのかわりに所領を安堵《あんど》されましたが、日本では江戸時代の幕藩体制が典型的な封建制の社会でした。諸大名は領国内で自治を行い、それぞれに産業を育てます。それが各地の名産になっていきました。

世界史の見取り図 11

9世紀〜12世紀 豊かなオリエントと貧しいヨーロッパの時代

産業とイスラム諸科学の発展

中国では9世紀に大きな内乱が続いて907年に唐王朝が滅亡し、五代十国とよばれる分裂時代になり、それを960年に統一した宋王朝の時代が新たな発展期となります。とりわけ宰相の王安石《おうあんせき》（1021〜1086年）が官僚組織を改革を進めるとともに農民・商人を保護して産業を発展させ、陶磁器の青磁や絹織物などが盛んに輸出されるようになりました。その発展を示すものが、日本で大量に発掘される宋銭です。宋で鋳造された銭は東・東南アジアで世界通貨となり、日本国内でも通貨として使われました。また、この王朝の皇帝のもとで禅宗が発展し、日本に伝わりました。

同じころ、インドでは北西部のラージプート族の王国や南西部のチョーラ朝などが栄えました。

この時期のユーラシアでもっとも繁栄したのはムハンマド以来の神の使徒たちの長カリフを戴《いただ》くイスラム帝国アッバース朝でした。その都バグダードは『千夜一夜物語』に語られているように商人が行き交いました。さらにカリフによって「知恵の館」という名の図書館が開設され、学者たちが医学・天文学・数学などの諸科学を研究しました。アリストテレス、プラトンの哲学やヒポクラテスの医学などの古代ギリシアの文献もアラビア語に翻訳され、東西の学問がバグダードに集積されたのです。

イスラムの諸科学は北アフリカのイスラム圏を通ってイベリア半島にも伝えられました。14世紀にイタリアで始まるルネサンス（文芸復興）で理想化されたギリシアの文芸と科学も、いったんアラビア語に翻訳されたものの再輸入だったのです。

10世紀ころのヨーロッパとオリエントの経済規模を比較してみた

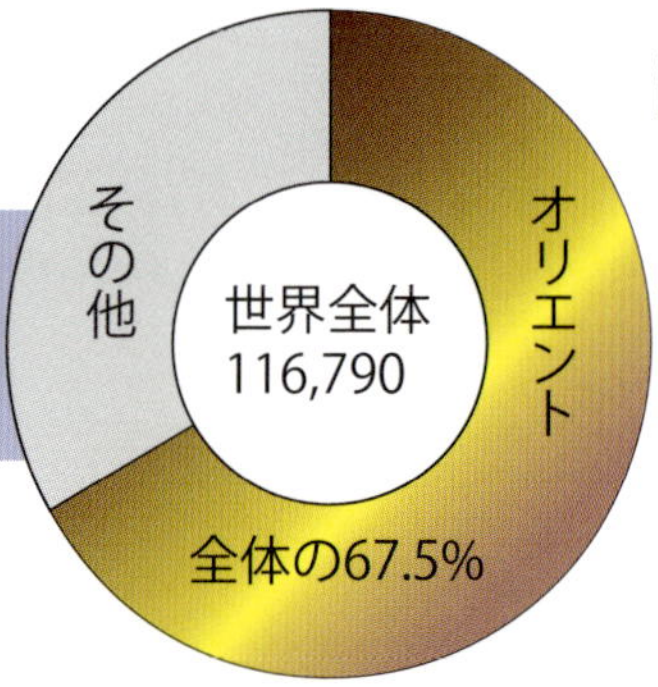
オリエント
その他
世界全体
116,790
全体の67.5%

唐から五代十国、そして宋へ 北宗の時代、経済が大きく発展する

王安石
宋の政治・経済改革を行い、民生を安定させた
日本
この時代、日本は平安時代。平穏で豊かな文化が花開く
宋
世界初の紙幣「交子」
北宋時代に四川の経済界は、既に為替手形、紙幣を発行していた

この時代、ヨーロッパには異民族が侵入する

ノルマン人が交易路を独占する

ノルマン人はヴァイキングとも呼ばれた

もっと知りたい P79

スカンディナビア地方にいたノルマン人は、優れた造船技術と航海術でヨーロッパに侵入した。海賊的な商業貿易の拠点を地中海まで伸ばし、イスラムとの交易も独占した

ノルマン人の交易

輸入：毛織物、ガラス

輸出：木材、毛皮、琥珀、奴隷

銀貨

ノルマン人の交易によって、イスラム圏の通貨ディルハム銀貨が北ヨーロッパに流入した

この時代 世界の富の70%近くがオリエントにあった

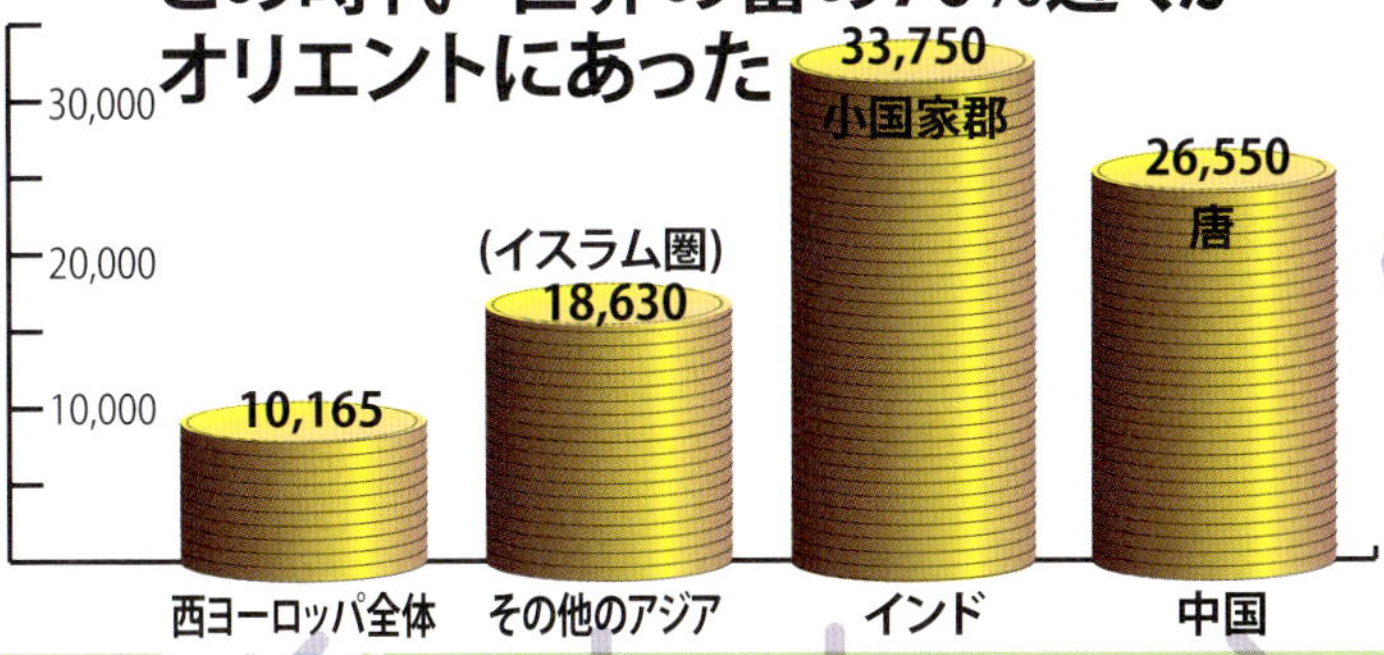

30,000
20,000
10,000
10,165
(イスラム圏)
18,630
33,750
小国家郡
26,550
唐
西ヨーロッパ全体
その他のアジア
インド
中国

ノルマン人
フランク王国
東ローマ帝国
アッバース朝
インド

インド

ゼロの概念を編み出した高度なインド数学

現在のインドのラジャスタンを中心に栄えた、ラージプート族の王朝。世界遺産のカジュラホの仏教石窟寺院を造ったチャンデーラ朝など、多くの王朝が繁栄。

下はメワール朝のウダイプール宮殿

ラジープート諸王朝

東西交易の要衝を抑えた、ヒンドゥー教国

東ローマ帝国が最盛期を迎える

コンスタンティノス7世の治世で、東ローマ帝国は全盛期となる。後にビザンチン文化のルネッサンスと呼ばれる

アッバース朝バグダードの繁栄

当時のバグダードは150万の人口を持ち、世界貿易の中心だった。『千夜一夜物語』が生まれたのもこの都市。アラビア文化の華の時代

世界の文化の中心はオリエントだった

ゼロの概念 インド数学の発達

イスラム文化圏（アッバース朝）

ギリシア文明の文献

翻訳

知恵の館

7代カリフのマームーンの時代に、東西学問の研究機関「知恵の館」が開設された。ギリシア哲学、自然科学の文献が収集され、アラビア語への翻訳事業が盛んに行われた

P89へ

- 天文学
- 錬金術
- アラビア数字
- 化学技術
- 製紙技術

俺たちは戦争ばかりでこの知恵がない

ページ右上のグラフは『経済統計で見る世界経済2000年史』を参考にしました

世界史の見取り図 12

12世紀～14世紀 モンゴル人が史上最大の帝国を築く

大モンゴル帝国の出現

12世紀、北方遊牧民の女真《じょしん》が宋の北部を奪い、そこに金王朝を建てました。南部に残った宋を南宋といいます。

そのころ、中央アジアから西アジアにかけては強大なイスラム国群がありました。中央アジアのカラ・キタイ、西北インドのゴール朝、西アジアのホラズム・シャー朝、黒海南岸あたりからアナトリア半島にかけてのセルジューク朝などです。

そのアナトリア半島西部からバルカン半島にかけてはキリスト教東方教会のビザンツ帝国があり、当時は正統なローマ帝国とされました。ユダヤ・キリスト・イスラム3教の聖地エルサレムは、今のイラクあたりからクルド人のサラディーンが進攻して占領し、北アフリカにかけて広がるアイユーブ朝を建てました。そこに西ヨーロッパから進攻したのが十字軍です。

こうした状況のときに遊牧民の族長チンギス（1167～1227年）がモンゴルの諸部族を統一し、騎馬軍団を率いて東ヨーロッパに至る広範な地域を征服しました。モンゴルの帝王は、大族長という意味でハンとよばれます。征服事業はチンギスの死後も続き、13世紀にはユーラシア大陸の大半を版図に収める大モンゴル帝国が出現しました。人類史上最大の空前絶後の帝国です。

第5代クビライ・ハン（1215～1294年）は国号を「大元」と定め、都をモンゴル平原のカラコルムから大都（現在の北京）にうつしました。そして、中国の官制を採り入れた行政組織、チベット文字をもとにモンゴル語を表記する縦書き文字の制定、通貨の統一などの多くの改革をおこないます。また朝鮮半島の高麗を支配して1274年に日本に進攻、さらに南宋を滅ぼしたあとの1281年には南宋軍も加えて進攻しました。いわゆる元寇（文永・弘安の役）です。元軍は東南アジアのベトナムも攻撃しましたが、その拡大策はクビライの死によって終わりました。

また、フビライの即位を機にモンゴル帝国は左図のように分割され、ゆるやかに連合するようになりました。ハン国とはチンギスの子孫が皇帝になった国です。

このモンゴル帝国は、東アジアの元ではチベット仏教を国教として道教・儒教の漢民族の地を統治し、他のハン国はイスラム教を受け継ぎました。インドのムガール朝もモンゴル系のイスラム王朝です。東ヨーロッパではロシアを支配し、その苛政《かせい》が「タタール（モンゴル）のくびき」とよばれますが、ユーラシアの大半が帝国の版図になったことで東西の交易が発展しました。

ユーラシア大陸の12世紀から14世紀頃の力の構造

イスラム・北方ノルマン勢力の圧力とその圧力に反発する西ヨーロッパ

中世ヨーロッパ世界

膨張力

反発力

イスラムの圧力

十字軍遠征

失敗

ローマ教皇の権威の失墜
封建領主の弱体化

繁栄するイスラム勢力
セルジューク朝

1096〜99年
第1回十字軍遠征
エルサレム奪還
エルサレム王国建国

1187年、英雄サラディーンがエルサレムを占領。この奪還に十字軍が遠征した

第2回十字軍遠征　失敗

1189~1192年
第3回十字軍遠征
両軍は講和する

第4回以降は混乱のなか自滅していく

トルコ系遊牧騎馬民族

北方遊牧騎馬民族の強大な膨張圧力

1206年
チンギス=ハン
ユーラシアを駆ける

1227年
チンギス=ハン死亡

これ以降、オゴタイ、グユク、モンケ、クビライと歴代皇帝のユーラシア征服が続く

第5代皇帝クビライ
第4代皇帝モンケの急死で、次弟のクビライが皇帝に。雲南、チベットを制圧して中国の華北を統治する

1271年
国号を元とした

モンゴル帝国

1241年
モンゴル帝国ドイツ・ポーランド軍を破る

1266~1301 ハイドウの乱
クビライの即位を契機に、各地の一族がハン（君主）を自称し独立を試みる。

この結果、5つの国に分立した

日本侵略は失敗

1274年　文永の役
1281年　弘安の役
鎌倉武士に撃退される

1347年
ペスト
ヨーロッパを襲う
ヨーロッパ全体で3500万人、地中海全体では7000万人が死亡したと推計されている

マルコ・ポーロ
1271年にヴェネツィアを出発し、17年間　元で暮らし帰国した。彼の著書『東方見聞録』が、次の大航海時代のきっかけになる

タタールの平和
このモンゴル帝国5分立の時代、ユーラシアは政治的に平穏な時期を迎えヨーロッパ人の探検旅行が実現する

このモンゴルの国々は
イスラム・ロシア勢力の中に吸収され、土着化していく

チャガタイ・ハン国	イスラム化	ティムール朝に吸収
キプチャク・ハン国	イスラム化	16世紀にモスクワ大公国に吸収
イル・ハン国	イスラム化	ティムール朝に吸収し、のちのインドムガール朝につながる
オゴタイ・ハン国		第4代モンケによって元に吸収される

そして、舞台はヨーロッパの反撃の時代に

世界史の
見取り図
13

15世紀〜16世紀 ヨーロッパ人が富を求めて海洋へ乗り出した

地球が丸いということを、私が証明しよう
豊かさの全盛を誇るオリエントの帝国
西ヨーロッパを圧迫するオスマン帝国
小アジアのトルコ系の人々が、1299年に建国。1453年にビザンツ帝国を滅ぼしてしまう。第10代スルタン、スレイマン1世の在位(1520-66年)で全盛を迎えていた
オスマン帝国
アウラングゼーブ
ムガル帝国第6代皇帝の時代(1658-1707)、帝国は全盛を迎える
ムガル帝国
中華帝国
乾隆帝
明から清へと政権は交代。清は18世紀に全盛に
ユーラシアの内陸へ進出できない人々は大西洋の先に希望を託して船出した
マゼラン
1480?~1521年
西周りの世界周航の途中で、マゼランはフィリピンで死亡する
イベリア半島をイスラム教徒から奪還(レコンキスタ)して元気なキリスト教徒が大航海時代を作った
最初はポルトガル
エンリケ航海王子がスポンサーとなり船団をインド洋へ
少し遅れてスペインが進出
イザベラ女王がスポンサーとなりコロンブスの船団を送り出した

ヨーロッパ人の世界進出の始まり

ヨーロッパから見ると、アジアは豊かで煌《きら》びやかな世界でした。その世界観に大きな影響を与えた書物がイタリアのヴェネツィアの商人マルコ・ポーロ（1254〜1324年）の旅行体験談『世界の記述』（東方見聞録）です。マルコ・ポーロはシルクロードの諸都市を経て元の都の大都（現北京）や江南の交易都市杭州に行きました。そこで東海に黄金の国ジパングがあることを知ります。現代中国語で日本を「リーベン」と発音しますが、元代の読み方もそれに近く、マルコ・ポーロは「ジパング」と聞いたのです。また、南アジアのインド、スリランカ、東南アジアの島々は胡椒、シナモンなどの香料や香木の産地で、多くの船舶が行き交い、非常に裕福な王国があることを伝えました。また、アラビアのイス

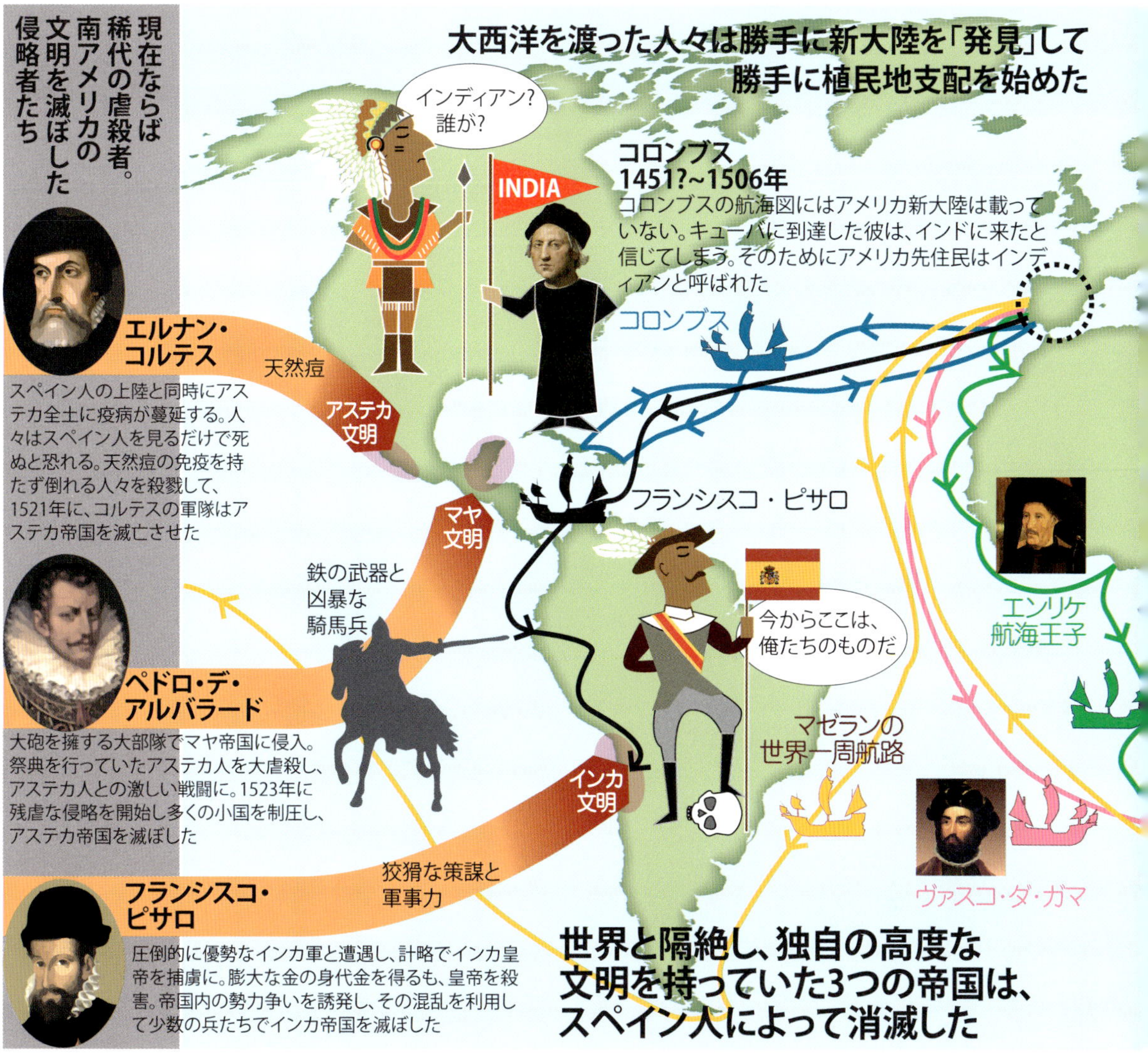
現在ならば稀代の虐殺者。南アメリカの文明を滅ぼした侵略者たち
大西洋を渡った人々は勝手に新大陸を「発見」して
勝手に植民地支配を始めた
インディアン？誰が？
INDIA
コロンブス
1451?~1506年
コロンブスの航海図にはアメリカ新大陸は載っていない。キューバに到達した彼は、インドに来たと信じてしまう。そのためにアメリカ先住民はインディアンと呼ばれた
コロンブス
エルナン・コルテス
天然痘
アステカ文明
スペイン人の上陸と同時にアステカ全土に疫病が蔓延する。人々はスペイン人を見るだけで死ぬと恐れる。天然痘の免疫を持たず倒れる人々を殺戮して、1521年に、コルテスの軍隊はアステカ帝国を滅亡させた
フランシスコ・ピサロ
マヤ文明
鉄の武器と凶暴な騎馬兵
今からここは、俺たちのものだ
エンリケ航海王子
ペドロ・デ・アルバラード
大砲を擁する大部隊でマヤ帝国に侵入。祭典を行っていたアステカ人を大虐殺し、アステカ人との激しい戦闘に。1523年に残虐な侵略を開始し多くの小国を制圧し、アステカ帝国を滅ぼした
マゼランの世界一周航路
インカ文明
狡猾な策謀と軍事力
ヴァスコ・ダ・ガマ
フランシスコ・ピサロ
圧倒的に優勢なインカ軍と遭遇し、計略でインカ皇帝を捕虜に。膨大な金の身代金を得るも、皇帝を殺害。帝国内の勢力争いを誘発し、その混乱を利用して少数の兵たちでインカ帝国を滅ぼした
世界と隔絶し、独自の高度な文明を持っていた3つの帝国は、スペイン人によって消滅した

ラム学者で冒険家のイブン・バットゥータ（1304〜1368年）が西アジアのみならず中国から東ヨーロッパ、アフリカにまたがる広い地域を旅して旅行記を著しました。その地域はほぼイスラム圏で、イブン・バットゥータはイスラム圏の共通語アラビア語で旅をすることができたそうです。いわばパクス・イスラミカといえる世界秩序が生まれていたのでした。

胡椒などの香料もイスラム商人によって運ばれ、産地から遠いヨーロッパでは非常に高価でした。その通商路の陸路は強大なオスマン帝国におさえられていたので、イベリア半島のポルトガルとスペインがインドへの海路を求めて帆船で乗り出しました。その結果、ヨーロッパ人が見いだしたのが、南北アメリカ大陸とカリブ海の島々でした。スペインは鉄砲を武器とする軍隊とともに進出し、南アメリカでインカ文明と出会い、蓄積された黄金を奪うとともに植民地化しました。また、マゼランが南アメリカ大陸の南端を回って東南アジアに至る航路を発見し、海洋進出が本格化。世界史で「大航海時代」とよばれる時代が到来しました。

世界史の見取り図 14

16世紀～18世紀 スペインはインカの銀で、ポルトガルは奴隷で富を築く

スペインの莫大な銀貨が世界貿易の基軸通貨に

スペインはフェリペ2世のときに最盛期を迎える。その当時ポトシ銀山は平均22万kgの銀を生産し、この銀はガレー船で直接スペインから、フェリペ2世の本拠地アントワープへ運ばれた。その一方、太平洋を越えてフィリピン、マカオに運ばれ中国物産と取引された。

フェリペ2世
(在位1556~98年)

ハプスブルグ家のカール5世の子で、スペインのほか神聖ローマ帝国、ネーデルランド、イタリアの領主。レパントの海戦でオスマン帝国を破った

不潔な環境で多くの人が伝染病になった。そんな人は容赦なく海に捨てられた。全体の15%が輸送途中で亡くなった

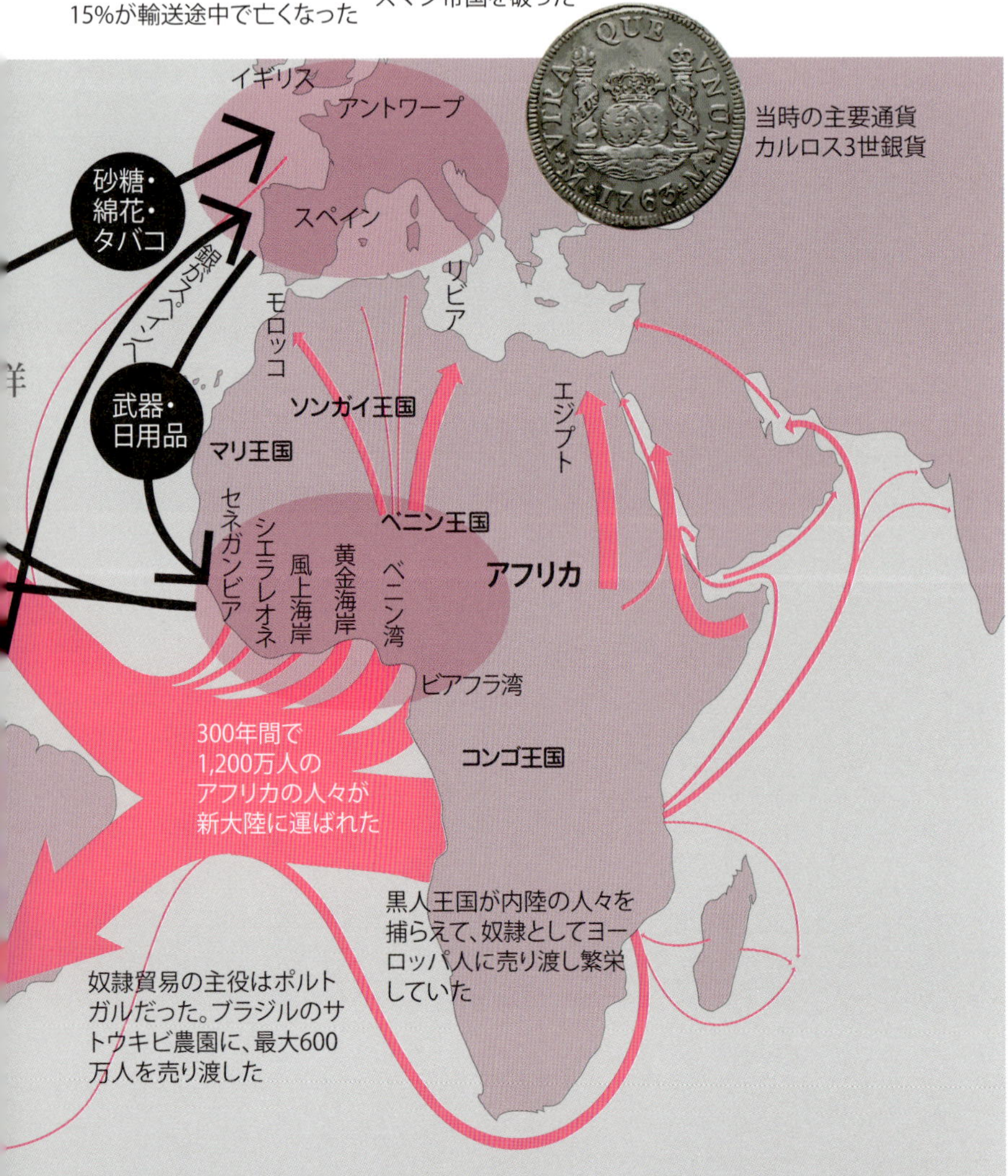

当時の主要通貨 カルロス3世銀貨
イギリス
アントワープ
スペイン
砂糖・綿花・タバコ
銀・ガラス
モロッコ
リビア
武器・日用品
ソンガイ王国
マリ王国
エジプト
ベニン王国
セネガンビア
シエラレオネ
風上海岸
黄金海岸
ベニン湾
アフリカ
ビアフラ湾
300年間で1,200万人のアフリカの人々が新大陸に運ばれた
コンゴ王国
黒人王国が内陸の人々を捕らえて、奴隷としてヨーロッパ人に売り渡し繁栄していた
奴隷貿易の主役はポルトガルだった。ブラジルのサトウキビ農園に、最大600万人を売り渡した

奴隷売買を中心にする三角貿易の構造

当時の奴隷船の内部図

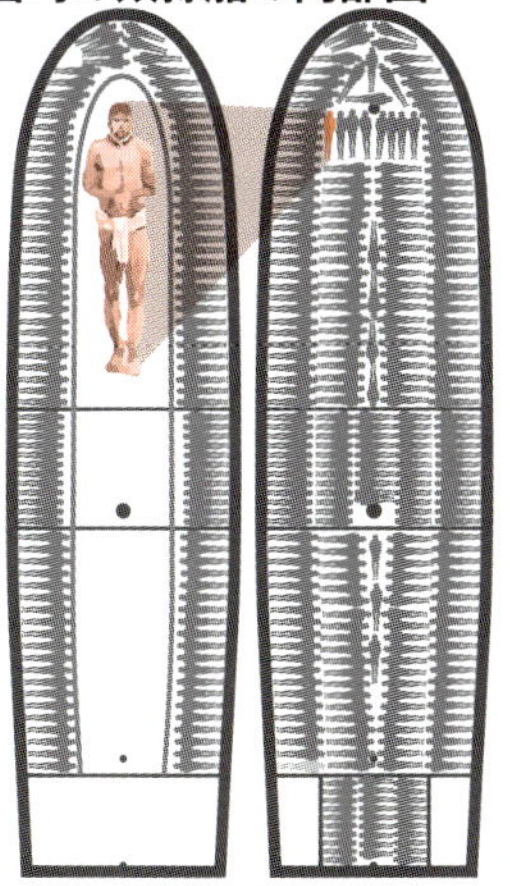

100トン程度の船に最大で400人ほどの人々が隙間なく詰め込まれていた

スペイン、ポルトガルの進出

世界に進出した西欧諸国は南北アメリカ大陸をはじめ、アジア・アフリカ、太平洋の島々を広く植民地にしていきました。

植民地とは新たな土地に自国民を移民させる土地を意味しますが、実際は異国の政権を武力で奪って民を隷属化させ、その土地を自国の領土に組み込んでいくことです。古代の帝国の時代からあったことですが、16世紀に始まる西欧諸国による植民地は従来とは大きく異なるもので、単に植民地といえば16世紀以降に主として西欧諸国が支配した異民族の土地をさします。それを正義とする考え方を植民地主義といい、そのための武力・経済力をもつ国を列強といいます。

西欧諸国の植民地主義の正義は、いまだ神の恩寵《おんちょう》に浴さない人々に神の愛を示すこととしてローマ教皇を戴《いただ》くキリスト教カソリックの正義と一致していました。

ところが、西欧人が新しい土地で出会った人々は、西欧人とは肌の色も顔つきも異なります。そのため「かれらは神の愛に浴すべき人間なのか」という論議さえ行われるほどの偏見を生み、黒人を奴隷とする方向に進みました。

植民地が奴隷を必要としたのは、植民地の農業の生産を支える労働力を得るためでもありました。中南米で大規模に栽培されるようになったサトウキビでつくる砂糖は新しい利益を生み出し、タバコが新しい嗜《し》好品《こうひん》に加わりました。北米の綿花も後述の産業革命を支える物資になりました。また、１５４５年にボリビアのアンデス山中に開かれたポトシ銀山の銀など、中南米からもたらされた金・銀が通貨の流通量を爆発的に増加させ、流通を激変させました。

北アメリカ本土
キューバ
ベラクルス
サン・ドマング
ジャマイカ
バルバド
カルタヘナ
南アメリカ
奴隷
ポトシ銀山

インカ帝国を滅ぼしたスペインは、新たに発見されたポトシ銀山で6万人のインデオ過酷な強制労働を強いた

ハプスブルク家の栄華

西欧諸国が大航海に乗り出したころ、大陸ヨーロッパでハプスブルク家一門が各国の王家になりました。ハプスブルク家はスイスの一地方の領主でしたが、カエサル（ローマ皇帝）の末裔を自称する名門でした。その当主が神聖ローマ皇帝を世襲し、政略結婚によって中部ヨーロッパのオーストリア公国、ナポリ王国、トスカーナ公国、スペイン王国、ボヘミア王国、ハンガリー王国、オーストリア帝国（のちオーストリア＝ハンガリー帝国）などの王や皇帝の家系となりました。

神聖ローマ帝国のカール五世（１５００〜１５５８年）はスペイン国王のカルロス一世でもあり、強大な海軍を建設して世界帝国を実現しました。そして中世の封建体制から近世の絶対王政へと動きます。

世界史の見取り図 15

17世紀〜18世紀 ヨーロッパでは絶対王政から市民革命へ

絶対王政から市民革命へ

絶対王政とは、それ以前の中世には各地の諸侯（騎士）や教会がそれぞれの領土・領民を治めて分権的だったのに対し、中央集権の官僚組織と常備軍を備えた西欧諸国の君主制をいいます。国王は世襲で、時に専制的な権力をにぎりましたが、名前のとおりに「絶対」ではありません。

たとえばフランスでは3つの身分の議会（三部会）があり、王の権力と対立することもありました。第一身分はカトリック教会の聖職者、第二身分は官僚や軍人になる貴族、そして第三身分は都市のブルジョワジー（中産階級）や農民です。そのなかで納税の義務を課せられたのは第三身分だけでした。その第三身分のなかで、上位身分の専横や課税への反発から、自分たちも人間としての権利（人権）をもつという市民意識が芽生え、自由・平等・博愛を理念に掲げた市民革命へとつながります。

市民革命はフランス王家のブルボン朝を倒して市民による議会を開設しましたが、各派の対立からすさまじい殺戮《さつりく》をも招き、ナポレオン（1769〜1821年）による軍事独裁から王政に復帰しました。しかし、その軍隊はかつての傭兵《ようへい》主体の軍とは異なり、徴兵制による近代国民国家の国民軍に変化しました。

イギリスではピューリタン（清教徒）を中心とする1642年の大規模な反乱を契機に市民革命が起こりました。ピューリタンの軍人クロムウェル（1599〜1658年）が議会派の民兵を率いて国王軍と戦って勝利します。国王チャールズ1世は処刑されますが、1660年にチャールズ2世が復位して王政復古し、憲法と議会が王権を制限する近代の立憲君主制へと進んでいきます。

国民国家誕生までの、2つの国の革命

イギリス
1640~60年
ピューリタン革命
クロムウエルの勝利
クロムウエルの独裁
1688~89年
名誉革命
責任内閣制度
フランス
1789~1799年
フランス革命
人権宣言
1791年
憲法制定
1792年
立憲議会成立
1792年9月
第一次共和制
王政の廃止と
共和政府の樹立
反動の時
1799年
ナポレオン
統領政府樹立

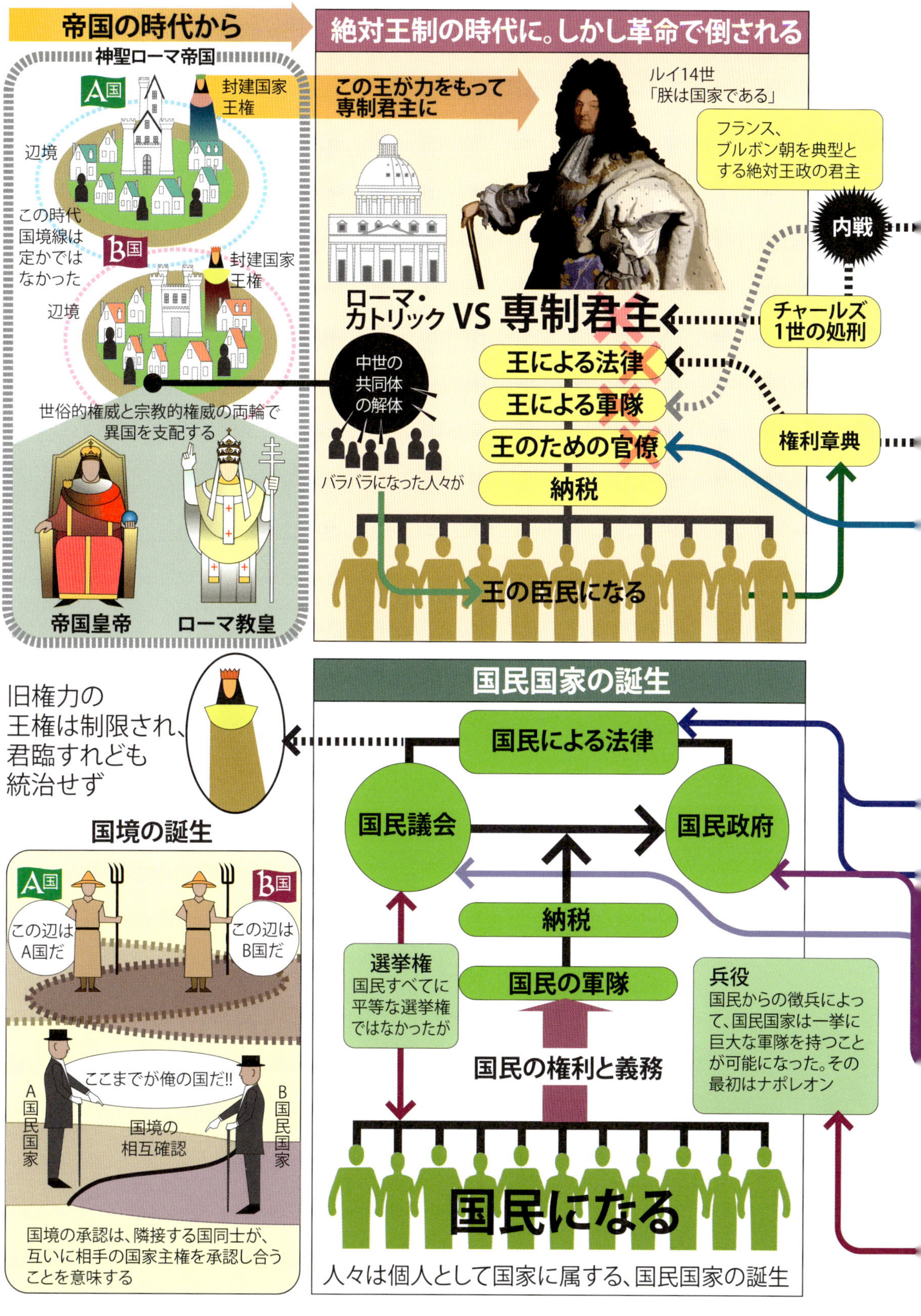
帝国の時代から
神聖ローマ帝国
A国
封建国家
王権
辺境
この時代
国境線は
定かでは
なかった
B国
封建国家
王権
辺境
世俗的権威と宗教的権威の両輪で
異国を支配する
帝国皇帝
ローマ教皇
絶対王制の時代に。しかし革命で倒される
この王が力をもって
専制君主に
ルイ14世
「朕は国家である」
フランス、
ブルボン朝を典型と
する絶対王政の君主
内戦
ローマ・
カトリック VS 専制君主
チャールズ
1世の処刑
中世の
共同体
の解体
バラバラになった人々が
王による法律
王による軍隊
王のための官僚
納税
権利章典
王の臣民になる
旧権力の
王権は制限され、
君臨すれども
統治せず
国境の誕生
A国
B国
この辺は
A国だ
この辺は
B国だ
ここまでが俺の国だ!!
A国民国家
B国民国家
国境の
相互確認
国境の承認は、隣接する国同士が、
互いに相手の国家主権を承認し合う
ことを意味する
国民国家の誕生
国民による法律
国民議会
国民政府
納税
国民の軍隊
選挙権
国民すべてに
平等な選挙権
ではなかったが
兵役
国民からの徴兵によって、国民国家は一挙に
巨大な軍隊を持つことが可能になった。その
最初はナポレオン
国民の権利と義務
国民になる
人々は個人として国家に属する、国民国家の誕生

世界史の見取り図 16

18世紀〜19世紀 産業革命からパクス・ブリタニカへ

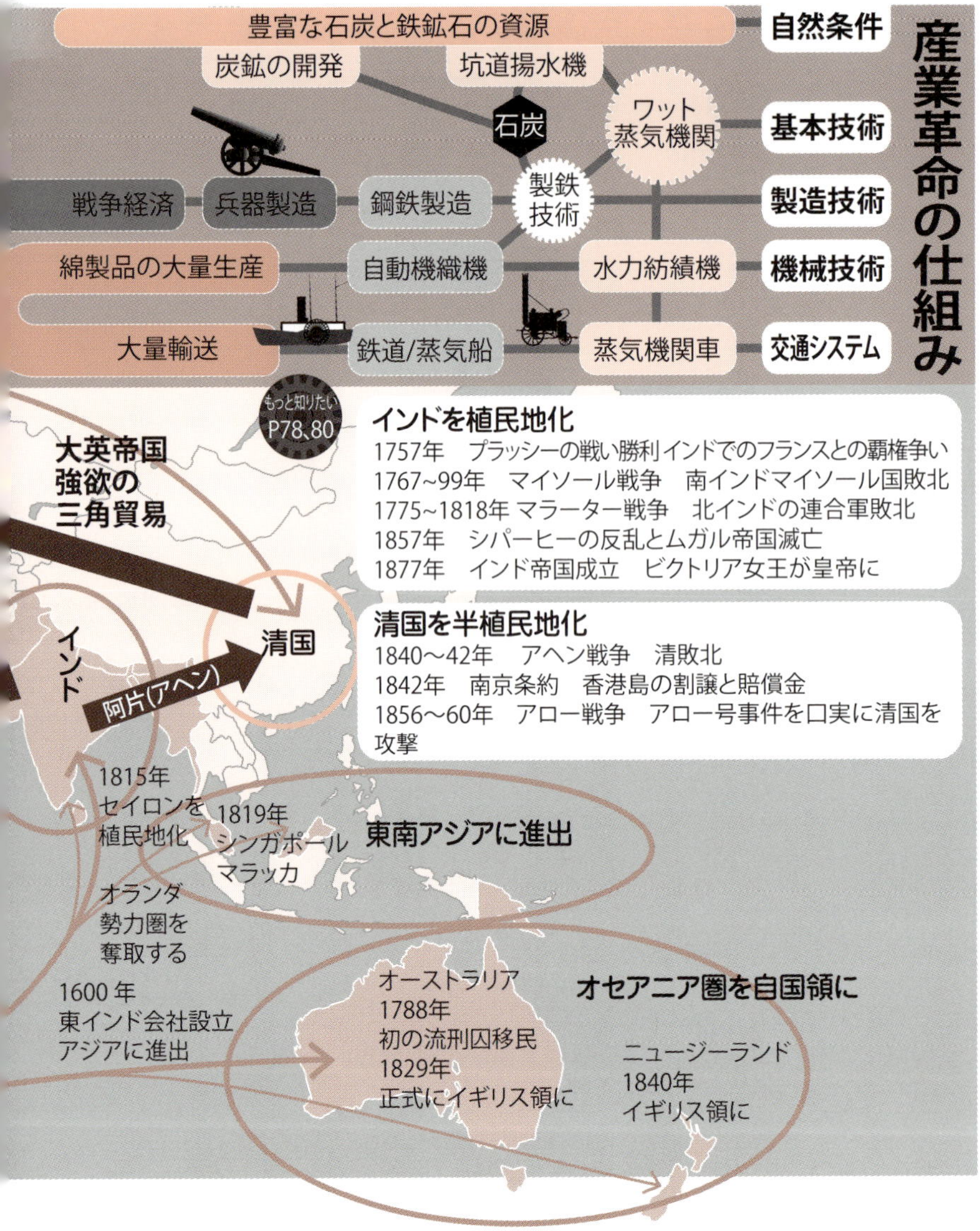

大英帝国の建設

イギリスの海洋進出は17世紀に北アメリカ東海岸にニューイングランドをはじめ13州の植民地をつくったころから始まりました。海軍のジェームズ・クック（1728〜1779年）がオーストラリア、ニュージーランド、ハワイ諸島などを探検して海図を作成し、イギリスの太平洋進出の足がかりをつくります。そのころ、イギリスは世界に先駆けて産業革命を迎えました。

産業革命は石炭を用いての製鉄、石炭を燃料とする蒸気機関の発明によって起こりました。ジェームズ・ワットが発明した蒸気機関は1776年に鉱山の揚水機の動力として初めて実用化されました。続いて18世紀から19世紀初頭にかけて蒸気船と蒸気機関車が実用化されます。この運輸部門の機械化に加えて、18世紀後半に水力、蒸気

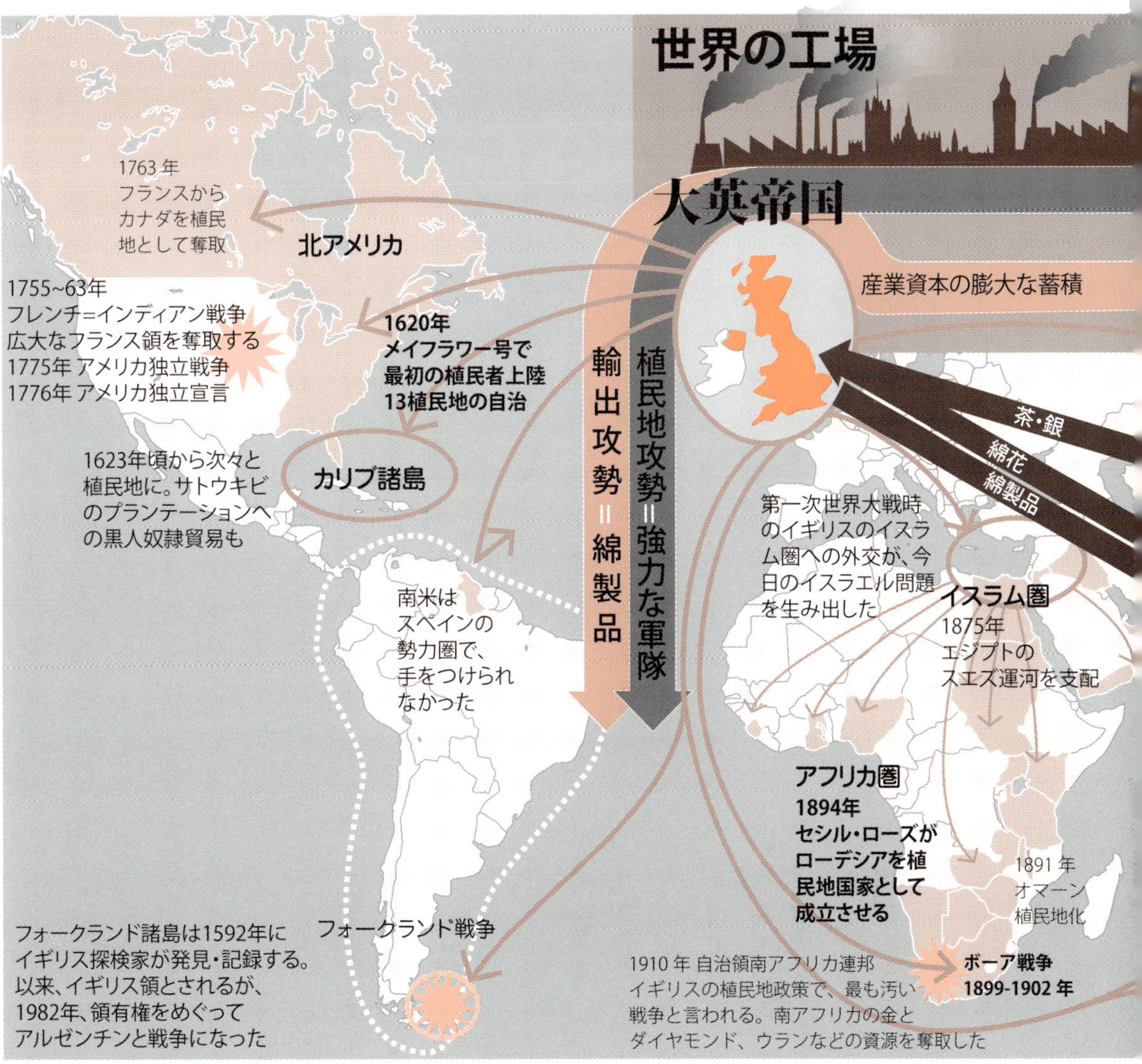

機関の紡績機の発明によって製糸の機械化が進み、力織機も発明されて布の生産が機械化され、綿糸・綿布の生産量が飛躍的に増大しました。その原料の綿花の大産地になったのがインドでした。インドは伝統的に手工業による綿布の生産が盛んでしたが、手仕事で作られる綿糸・綿布は質にばらつきがあるうえ、人件費が嵩《かさ》むために高価でした。それに対して機械工業の綿糸・綿布は上質で安価です。そのため、インドは綿花の産地であると同時に綿布の消費地になりました。さらにイギリスの東インド会社はインドで作られたアヘンを清《しん》（中国）に輸出し、茶や銀を輸入する形で三角貿易とよばれる経済構造を作り上げ、植民地化によって、その構造を強化しました。

東インド会社とは国策に沿ってアジアに設立された貿易会社ですが、軍をもつ組織でした。その軍によってインドの内政に介入し、植民地にしていきました。そのほか、セイロン島（スリランカ）、オーストラリアなどにイギリスは植民地を拡大し、世界にまたがる大英帝国を築きました。そのイギリスを中心とする世界秩序はパクス・ブリタニカとよばれます。

世界史の見取り図 17

19世紀後半～20世紀前半 帝国主義列強が世界を分割する

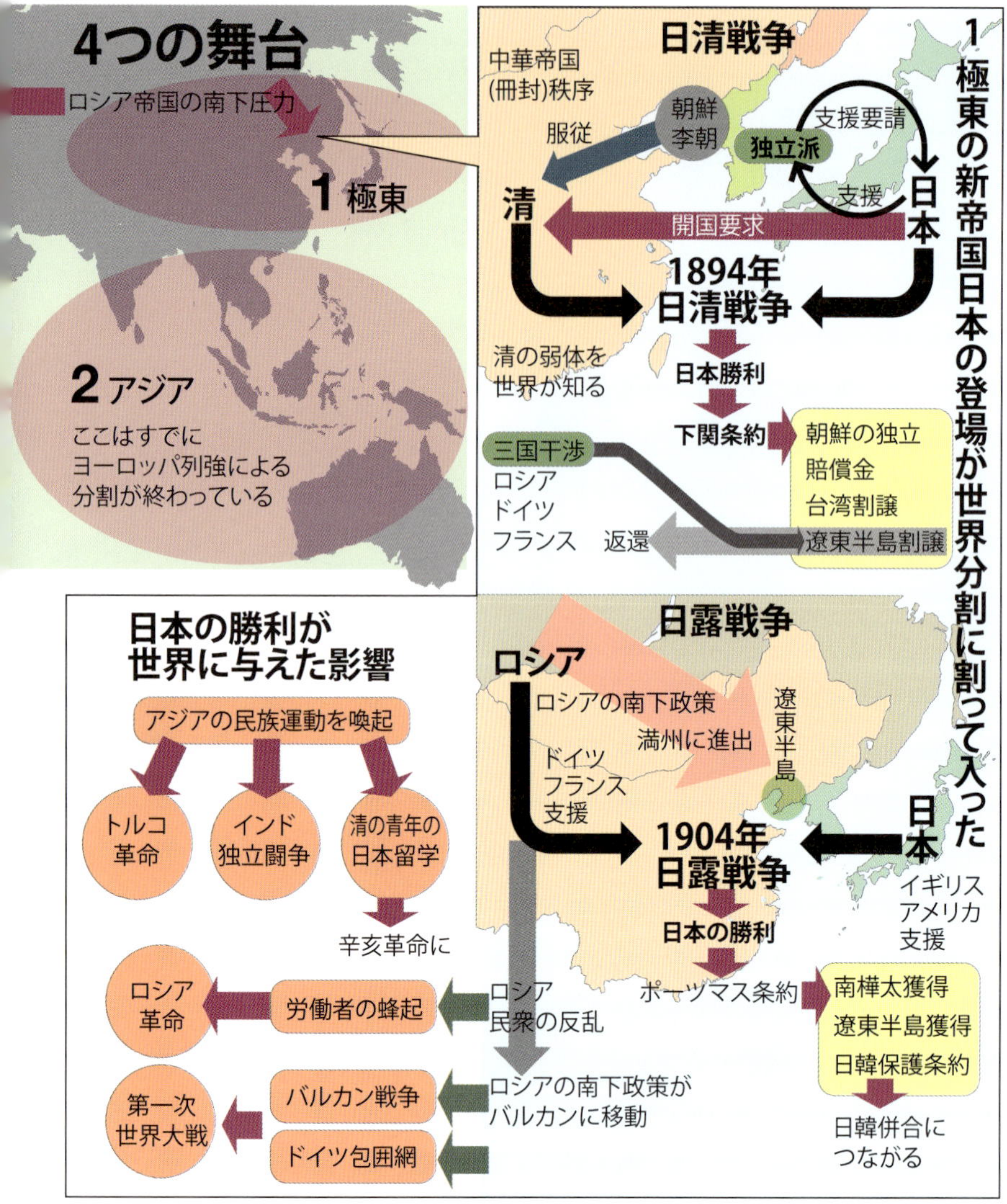

帝国主義の世紀

産業革命によって綿糸が安価に大量に生産されるようになると、インドでは伝統的な木綿の手織り生産が潰滅《かいめつ》しました。インドは原料の綿花を生産するとともに製品の木綿を買う消費地となり、イギリスを頂点とする経済構造の下部に組み込まれて、ついには独立も失いました。このように通商を軸として他国を属国か植民地にして権益を拡大していくことを国是とする考え方を帝国主義といいます。

その植民地では、茶、サトウキビ、ゴムなどの大プランテーションや大鉱山などが開発されました。在来の農業や手工業は破壊されて従属的な経済構造となり、宗主国の軍も進出して政治的にも従属構造が固定されました。そして欧米列強とよばれる帝国主義諸国が権益を分け合う形でアジア・

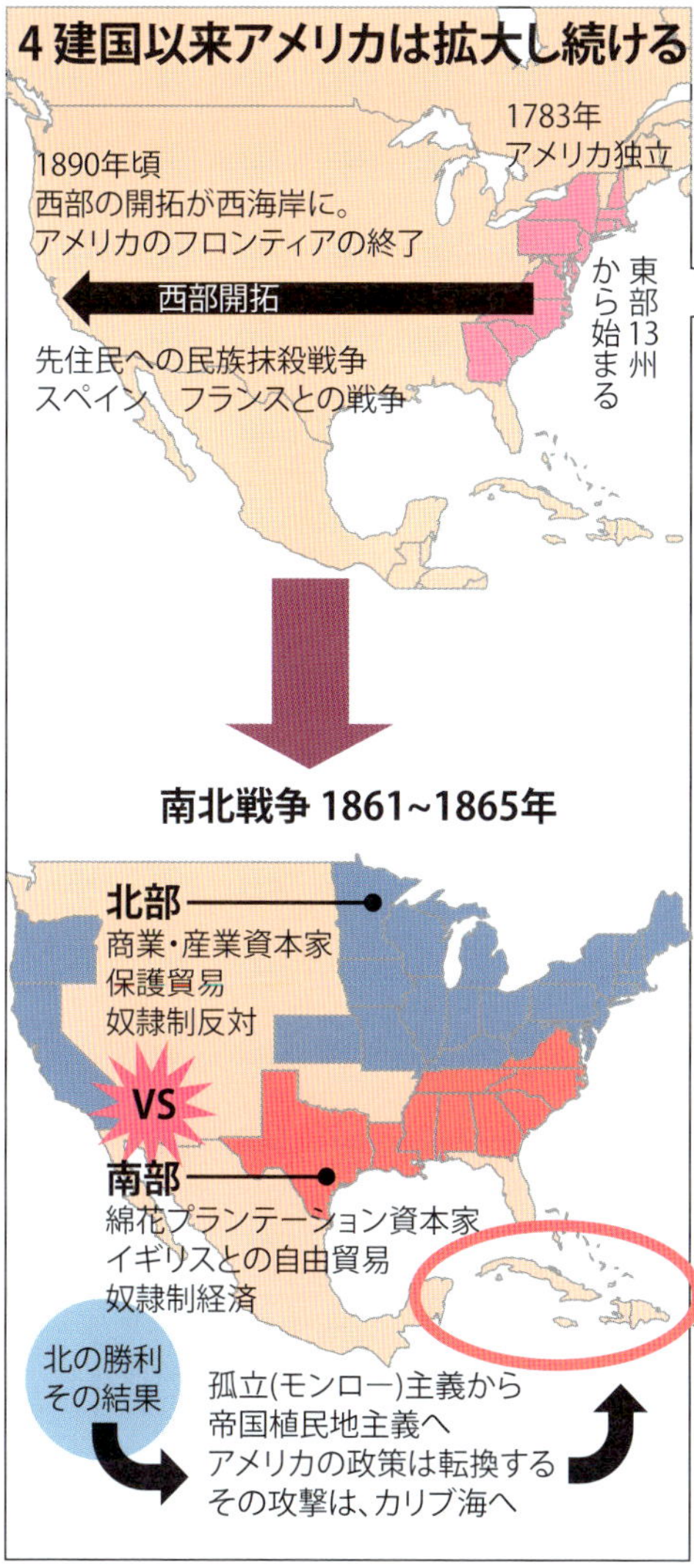

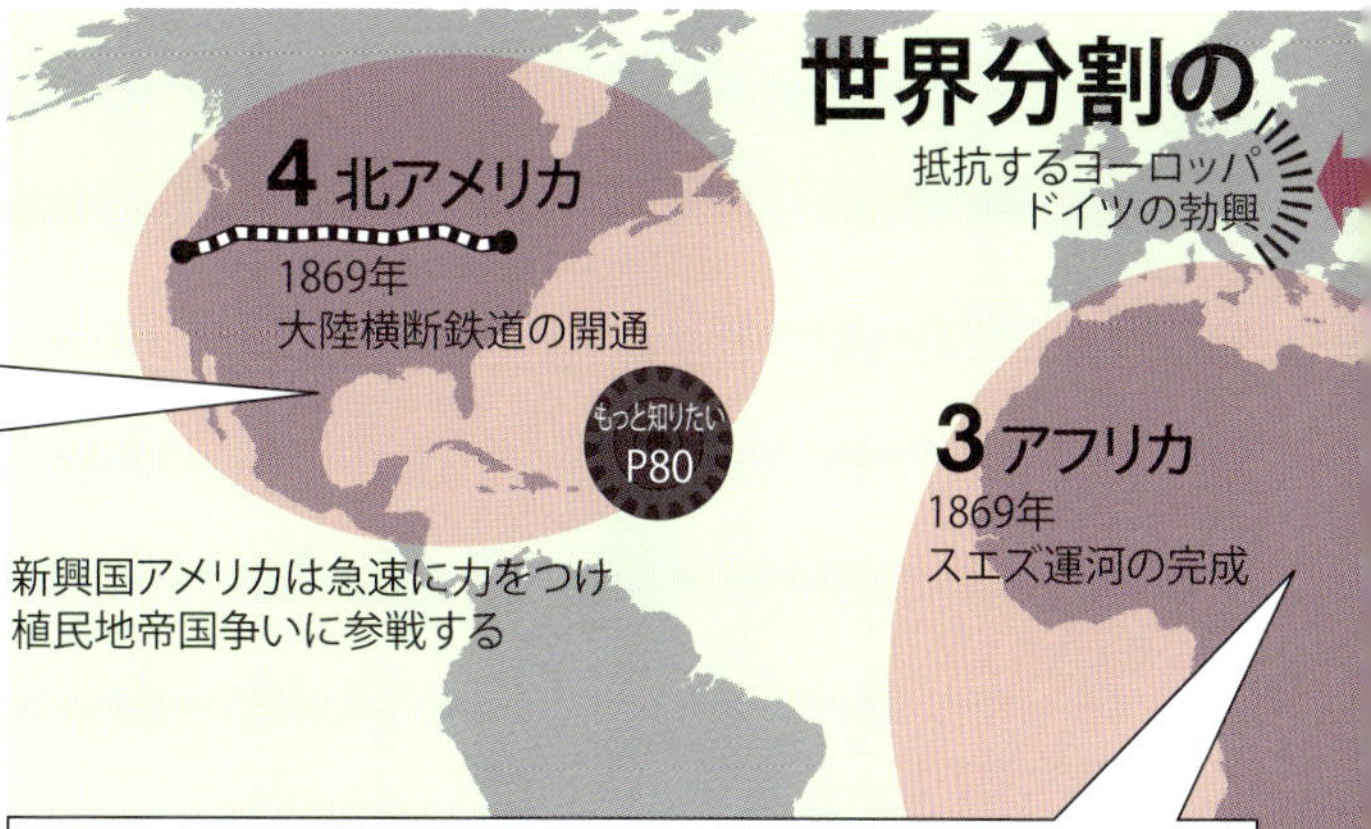

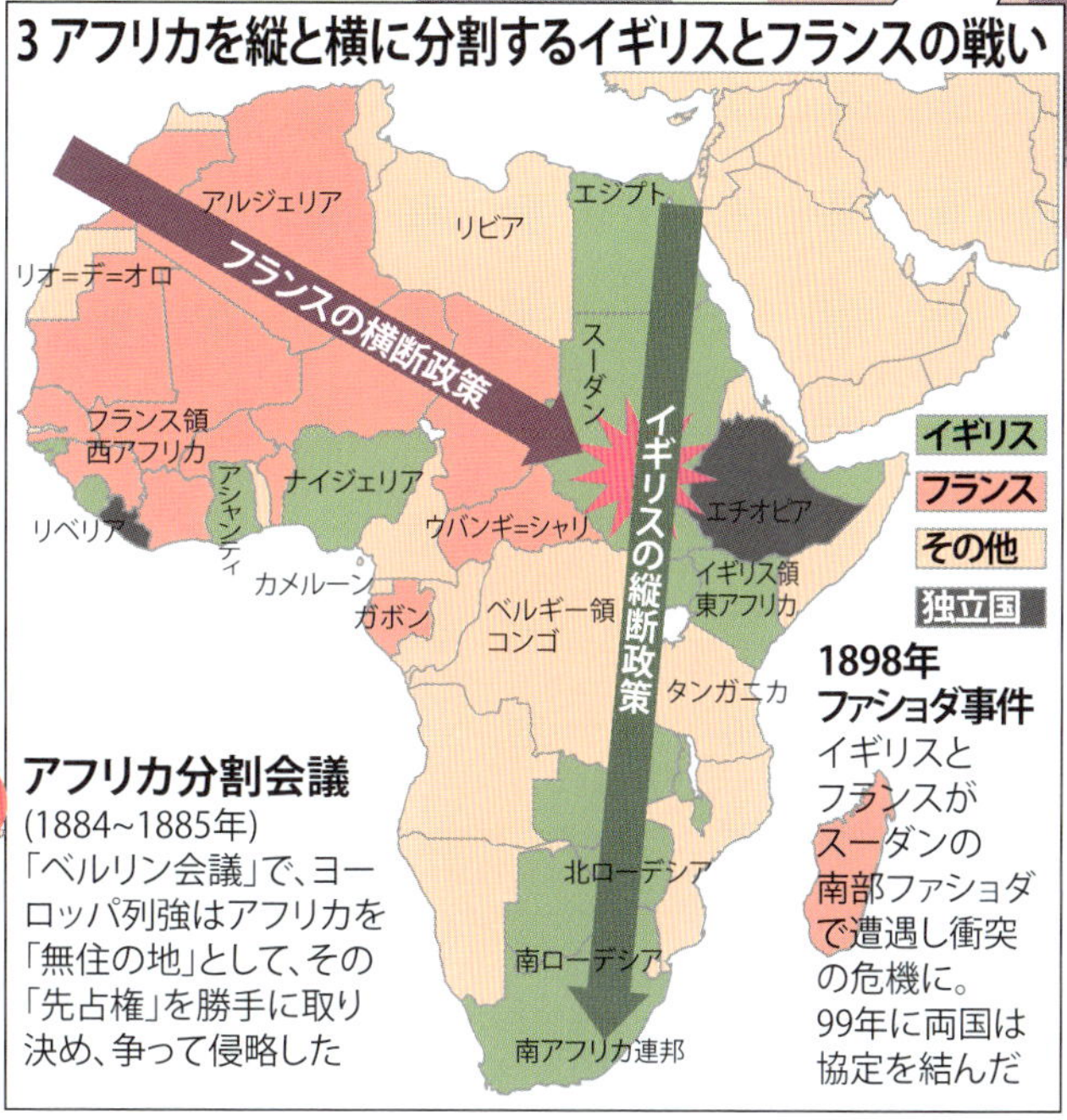

アフリカの分割が進みました。

19世紀半ばには当時は江戸時代の日本にも欧米諸国の使節が開国と通商を求めてたびたび来航するようになりました。大きな衝撃を与えたのは1840年のアヘン戦争でした。イギリス商船がもたらすアヘンを差し押さえた清とイギリス軍が戦闘状態になり、清は敗北して貿易の自主権を失ったほか、香港を割譲する事態になりました。負けるはずのない大国だった清の敗戦は長崎を通して伝えられ、幕府や諸藩に大きな衝撃を与えました。そして1853年にはアメリカ東インド艦隊のペリーが4隻の艦隊を率いて江戸湾にまで来航し、幕府に開国を迫りました。翌年、幕府は日米和親条約を締結。1858年にはアメリカ・オランダ・ロシア・イギリス・フランスと続いて開港を約す安政五か国条約を結びました。

ところが、それは関税自主権のない不平等条約であり、天皇の勅許《ちょっきょ》もなかったことから尊王攘夷論が討幕運動にも発展して明治維新を迎えます。以後、日本は殖産興業と徴兵制による富国強兵をめざし、日清戦争・日露戦争に勝利して列強の一角に加わりました。

1914～1918年 第一次世界大戦が出現させた国家総力戦の惨劇

国家総力戦の始まり

現在のギリシャ、セルビア、クロアチアなどがあるバルカン半島は、オスマントルコ帝国とハプスブルク家のオーストリア＝ハンガリー帝国が接する地域でした。イスラム教とキリスト教の民族が入り交じって暮らしています。1914年6月、そのバルカン半島の都市サラエボ（現在のボスニア・ヘルツェゴビナの首都で、当時はオーストリア領）を訪問したオーストリアの皇太子夫妻がセルビア人の青年グループにピストルで暗殺される事件が起こりました。オーストリア＝ハンガリー帝国政府はセルビア政府に宣戦布告。当初はすぐに決着がつくと思われた戦いは周辺諸国を巻き込んで拡大し、左図の連合国と中央同盟国に分かれて戦う第一次世界大戦に発展しました。

　第一次世界大戦は、ふたつの点でそれまでの戦争と異なっていました。近代国民国家の総力戦であること、近代工業によって生産された新兵器によって大量殺戮《さつりく》と大規模な破壊がおこなわれたことです。

　それまでの戦争は国王・貴族の戦士の戦いで、農民などの民衆は戦いに加わらなかったのですが、市民革命の時期を経て国民を主体とするようになった近代国民国家では、国民の全てに納税や兵役の義務を課すなど、戦争は一般の民衆をも巻き込む国家総力戦となりました。それによって連合国と同盟国双方の動員兵力はおよそ7000万人に達します。結果は連合国の勝利に終わりましたが、死亡者は双方合わせて戦闘員およそ900万人。そのほか、都市への攻撃などによって多数の一般市民を犠牲にし、非戦闘員の死亡者もおよそ700万人に達したといいます。

　この戦争には日本も連合国側で参戦しましたが、戦場はほぼヨーロッパに限られていました。その悲惨な殺戮と破壊のあと、西欧諸国を中心にヴェルサイユ体制という国際秩序がつくられますが、やがて破綻し、1939年には第二次世界大戦が始まります。その戦場はアジア・太平洋地域に広がり、文字通りの世界大戦となりました。

国民国家以前の戦争

戦争だっ!!
戦争だっ!!
戦争は基本
王様どうしの戦い
軍隊も
王様の軍隊。
その戦闘も
王様の経済力で
規制された
そのため、小規模・短期間に決着
人々は戦争とは
無関係

国民国家の戦争に

国民国家はその内部に戦争機械を持っていた

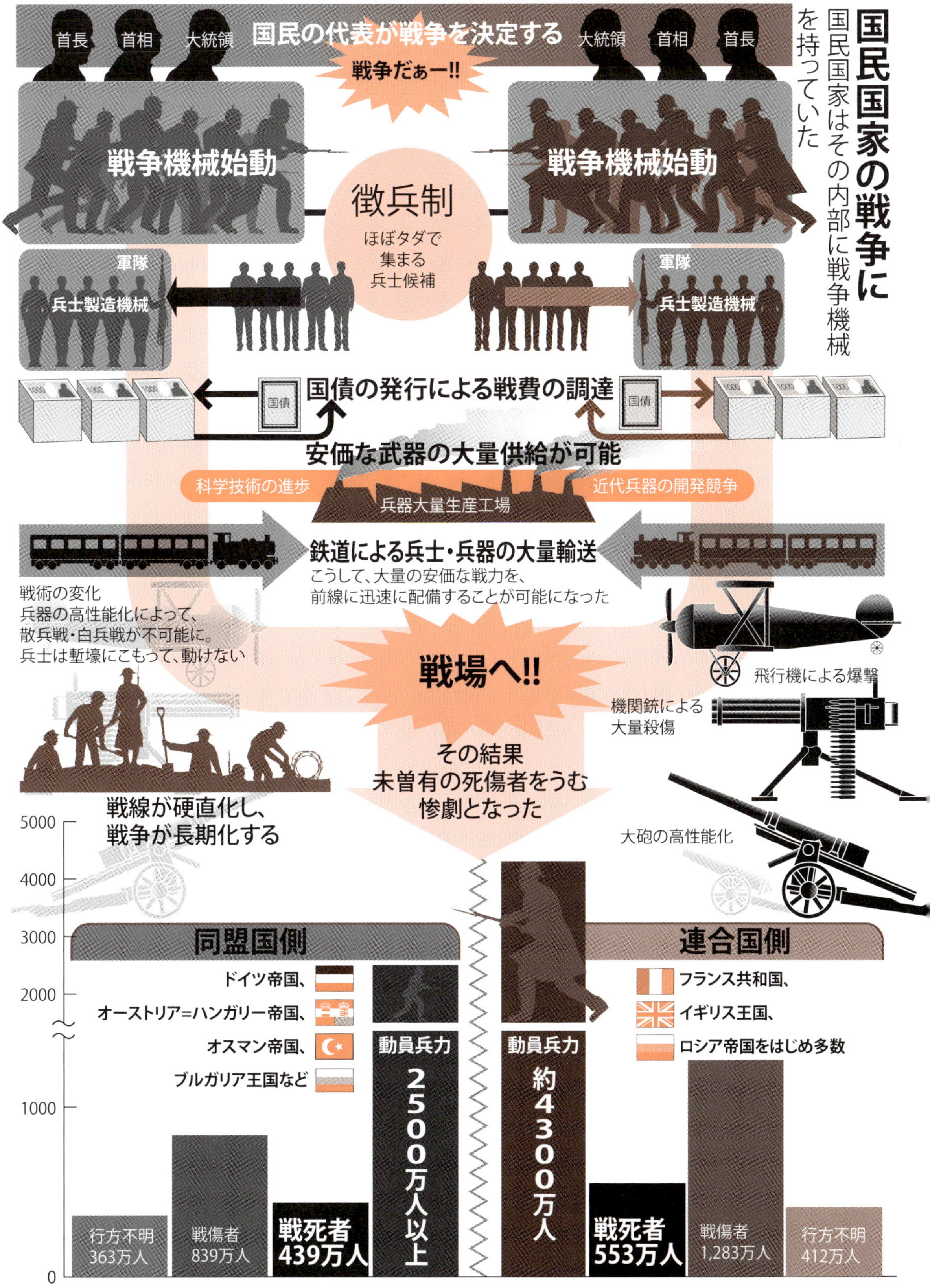

世界史の見取り図 19

1918〜1938年 戦後のヴェルサイユ体制が新たな火種に

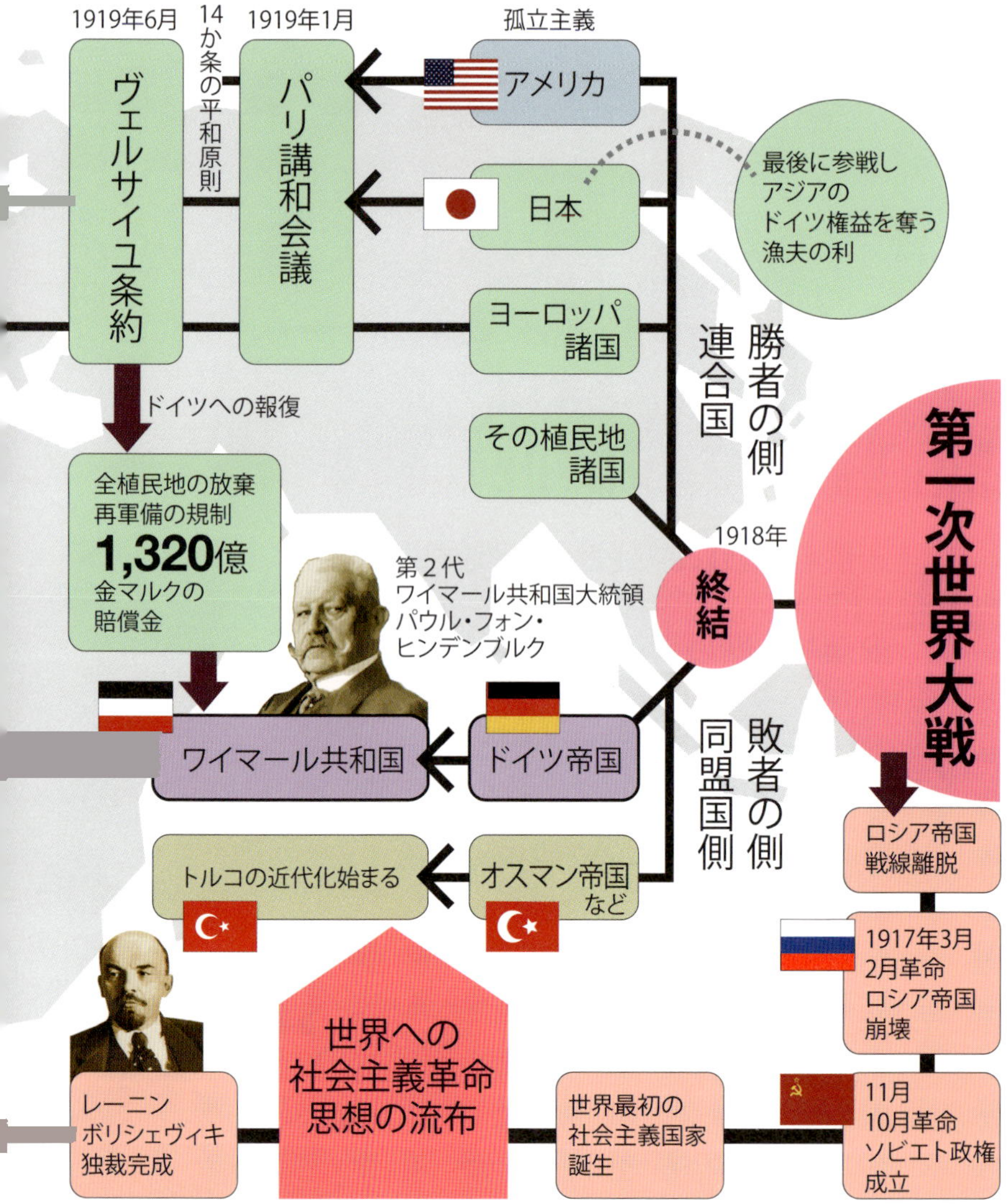

さらなる世界大戦への動き

第一次世界大戦の終結後の1919年1月、パリのフランス外務省庁舎で戦後の世界秩序について話し合う講和会議が開かれました。33の国と地域の代表が参加しましたが、重要項目は5大国（イギリス・アメリカ・フランス・イタリア・日本）にゆだねられました。ドイツなどの敗戦国は講和条約の内容が決まるまでは招かれず、戦勝国側の論理で世界構想をまとめるものでした。

いっぽうドイツでは戦争末期に兵士・労働者による革命が起こり、同年、ワイマール市で開かれた国民議会で憲法を制定。選挙によって社会民主党の党首がドイツ共和国の初代大統領に選ばれました。

同年6月、パリ郊外のヴェルサイユ宮殿でドイツ（ワイマール共和国）との講和条約が調印されました。

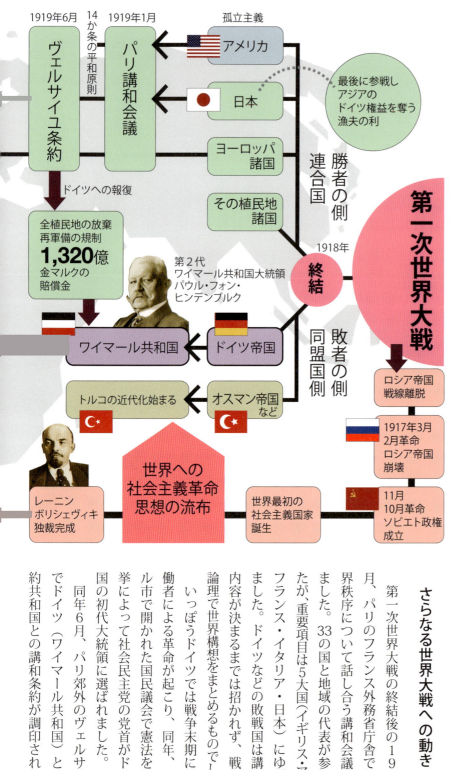

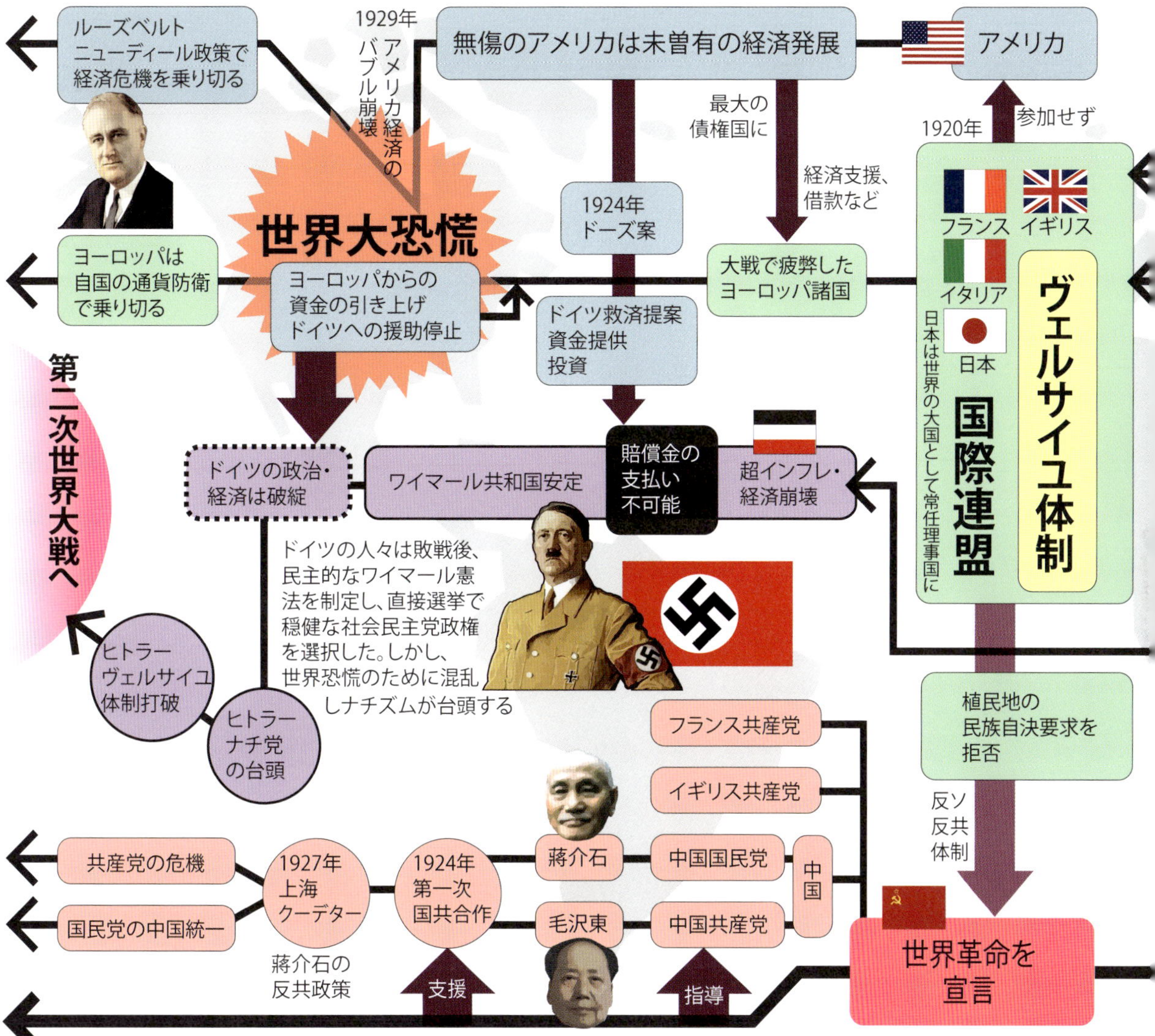

その条約はドイツに過重な賠償金を課すなど苛酷なものでした。それに対するドイツ国民の反発が国民社会主義ドイツ労働者党（ナチス）の総統ヒトラーの台頭を招くことになります。大戦の影響からロシアでも社会主義革命が起こりました。

また、ヴェルサイユ講和条約をはじめ旧同盟国側の敗戦国と結ばれた講和条約が発効する１９２０年１月、スイスのジュネーブを本部に国際連盟が発足しました。それはアメリカのウィルソン大統領が世界の平和維持のための機構として設立を呼びかけたものでしたが、アメリカ議会は自国主義をとって国際社会への介入を拒否し、アメリカは国際連盟に加わらなかったのです。日本は大戦時の５大国として常任理事国になりますが、やがて中国への介入によって孤立化し、１９３３年に脱退します。

ところで、大戦末期の１９１８年にドイツの哲学者シュペングラーが『西洋の没落』を著し、戦後、荒廃したヨーロッパで多くの人に読まれました。そのころ、無傷だった大国がアメリと日本です。日本では西洋の没落に対して「東亜の興隆」といわれ、さらなる戦争へと歩みはじめました。

世界史の見取り図 20

1931～1945年 第二次世界大戦が起こされた

植民地分割と第二次世界大戦

18世紀から19世紀にかけてアジア・アフリカは広範囲に帝国主義列強の植民地に分割されました。西アジアでは第一次世界大戦後にオスマン帝国が滅びてトルコ共和国として縮小し、中近東はフランスとイギリスの協定によって多くがイギリス領になりました。アフリカや西アジアでは列強の植民地間の境界が民族の分布を無視して直線的に引かれました。それが現在の地域紛争の原因となっています。

上図は、そうした状況のなかでの第二次世界大戦までの出来事をたどったものです。上段のアメリカは第一次世界大戦の戦場とはならずに経済成長をとげました。アジアではフィリピンを植民地にしていましたが、基本的には国際社会に関与しないモンロー主義をとっていました。

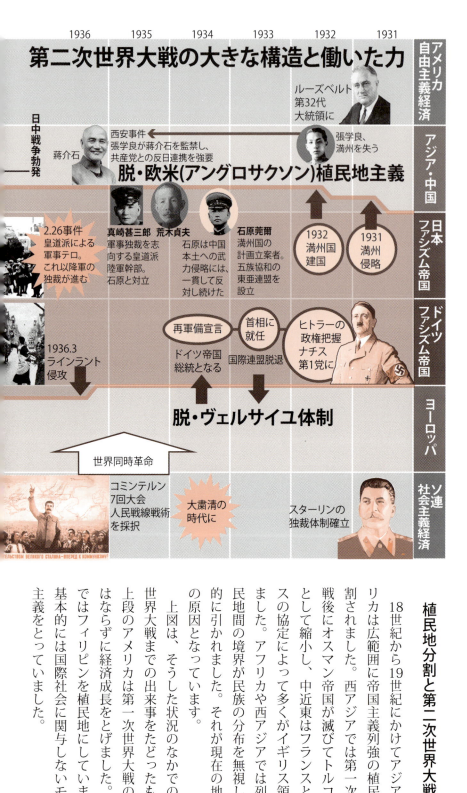

米ソ対立の冷戦に突入する

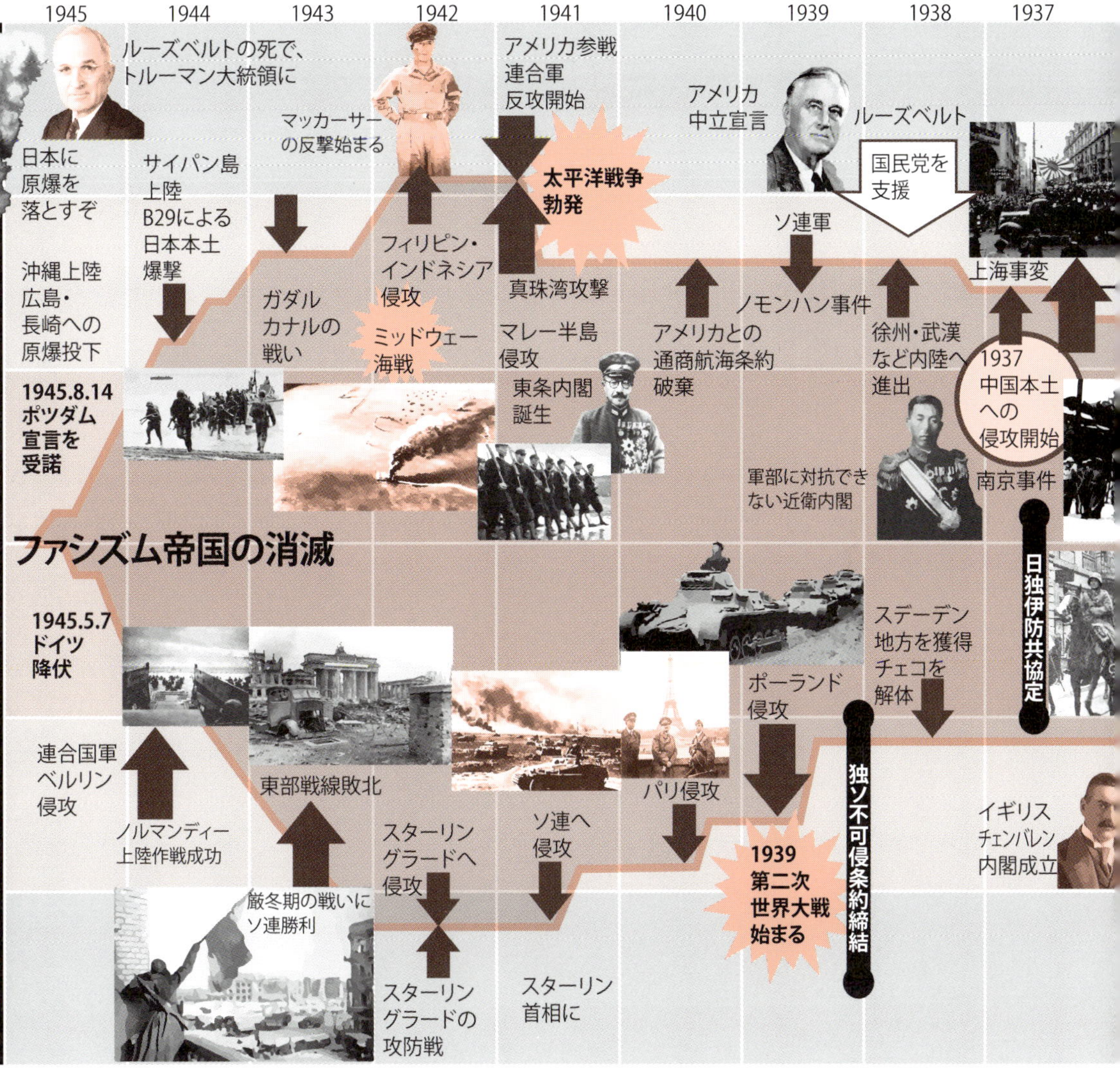

ヨーロッパではドイツで民族主義が高まり、ナチス・ファシズムが国民の支持を受けて急速に成長します。ファシズムはイタリア語のファッショ（集団・結束）を意味します。日本でも昭和初期から「万世一系の天皇」のもとでの国家主義が強まり、日中戦争開戦後の1938年に国家総動員法が制定されました。そのころの思潮を「天皇制ファシズム」ともいいます。もうひとつ、「連帯」を呼びかける大きな動きが国際共産主義運動（コミンテルン）でした。労働者によるロシア革命後の1922年に生まれたソビエト連邦を中心に中国共産党や日本の知識人にも大きな影響を与えましたが、プロレタリア独裁を革命の理念としたソ連ではスターリンの個人独裁へと進みました。

　太平洋戦争を当時の日本では「大東亜戦争」といいました。第一次大戦後、日本は東亜の盟主を自認していたからです。陸軍の石原莞爾《かんじ》が唱えた『世界最終戦論』では、世界は最終的に日本とアメリカの大戦に至ると主張しました。戦後はアメリカとソ連が核兵器をもって対峙する冷戦となり、もし核戦争が起これば人類滅亡が現実となり、文字通りの最終戦争の危機が訪れます。

世界史の見取り図 21

1945年〜21世紀 アメリカの時代をへて、世界の枠組みが変わる

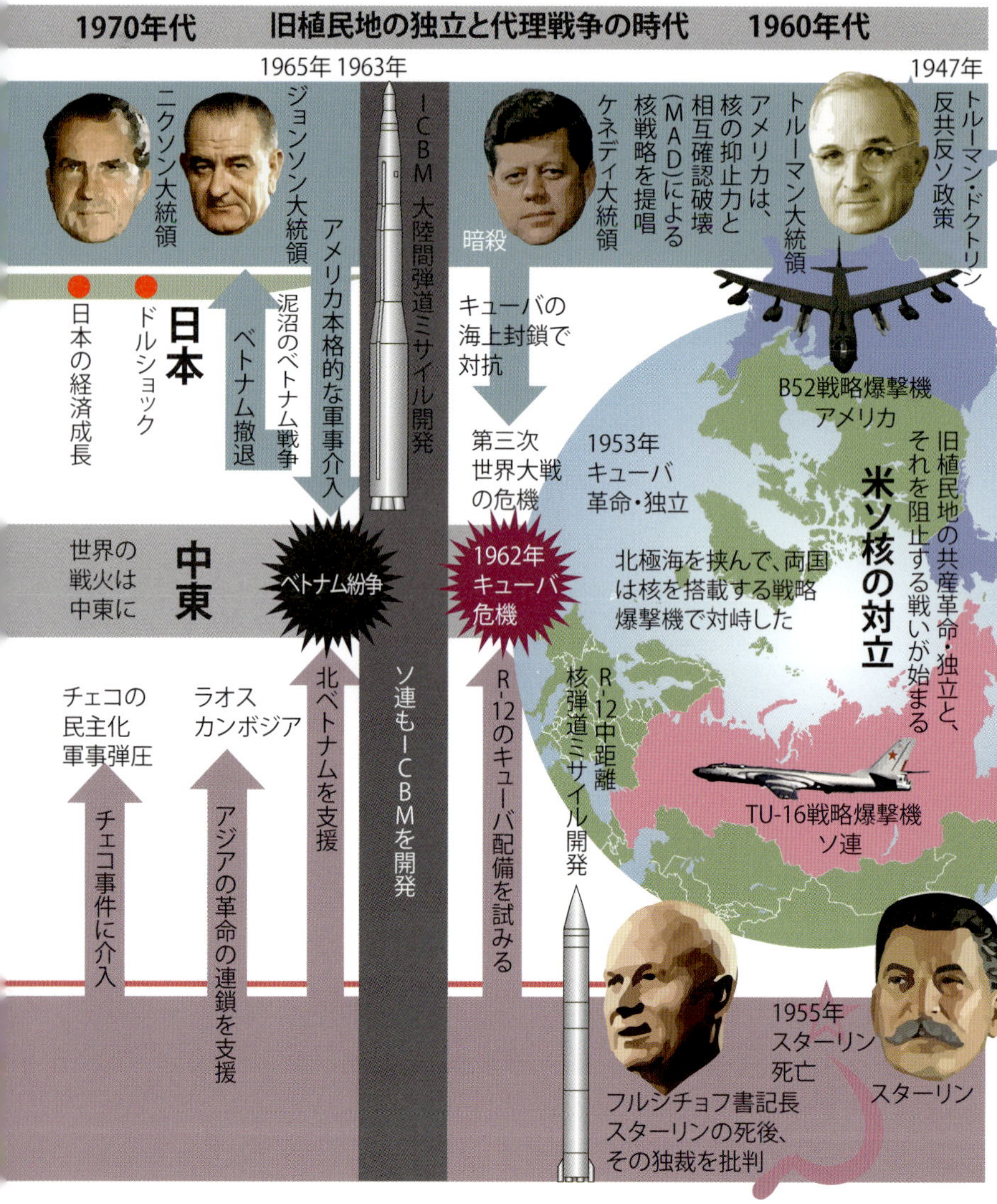

新しい国際秩序の模索へ

第二次世界大戦は日本・ドイツ・イタリアなどの枢軸国と、その他の連合国との戦争でした。勝利した連合国の中心はアメリカ・イギリス・フランス・中国（中華民国）、そしてソ連です。戦後、この5か国を安全保障理事会の常任理事国とする国際連合（国連）が1945年10月に51か国で設立されました。

しかし、世界はアメリカと西欧諸国を中心とする自由主義陣営、ソ連と東欧圏を中心とする社会主義陣営に分かれて対立。アメリカとソ連は互いに相手への恐怖から核を搭載したICBM(大陸間弾道ミサイル)を多数配備し、もし発射されれば人類を何度も滅ぼすに足る破壊力をもったままにらみあう冷戦の時代になりました。

その対立はアジア・アフリカの地域紛争

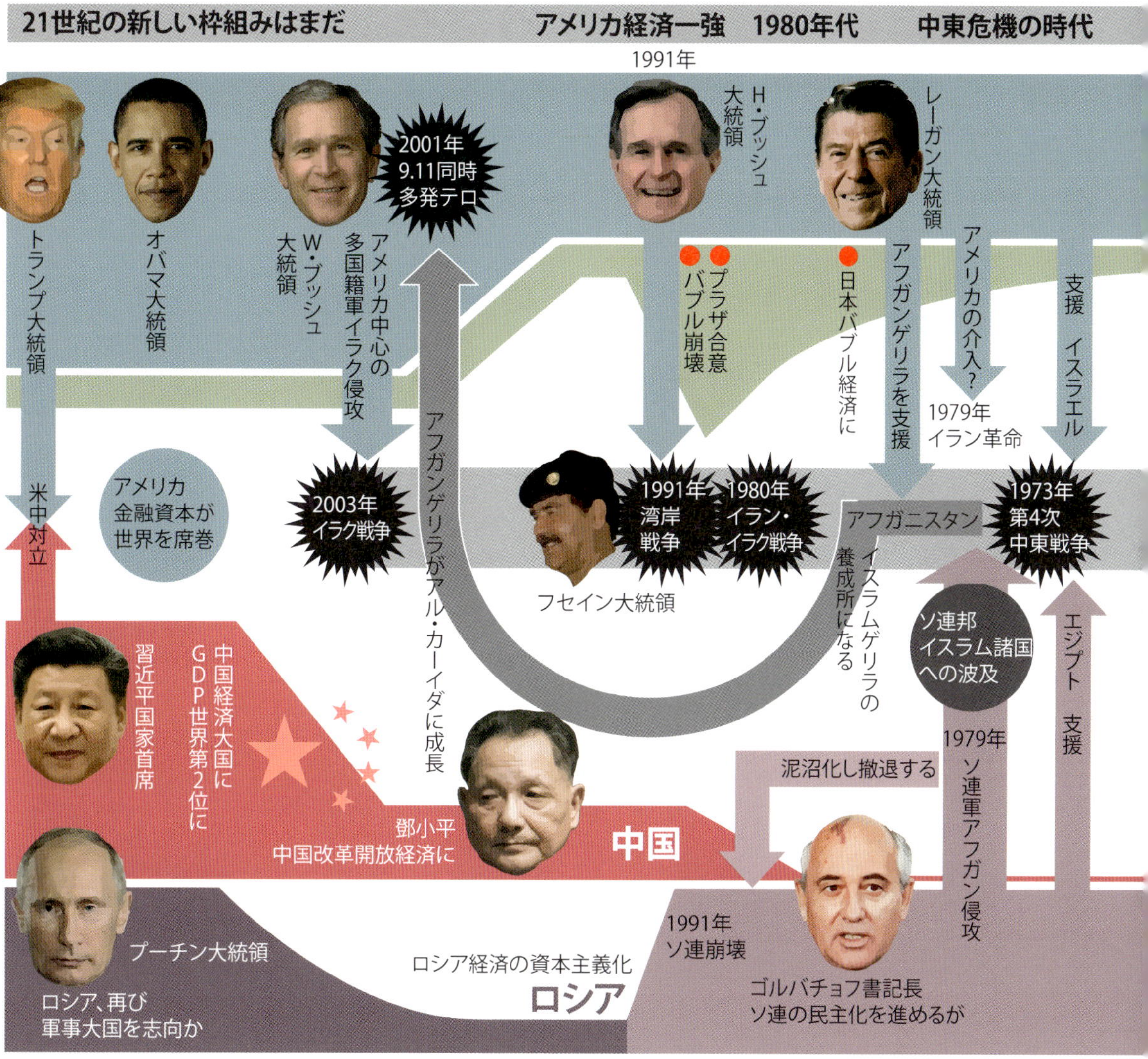
21世紀の新しい枠組みはまだ
アメリカ経済一強　1980年代
中東危機の時代
1991年
トランプ大統領
オバマ大統領
W・ブッシュ大統領
2001年 9.11同時多発テロ
H・ブッシュ大統領
レーガン大統領
アメリカ中心の多国籍軍イラク侵攻
アフガンゲリラがアル・カーイダに成長
プラザ合意
バブル崩壊
日本バブル経済に
アフガンゲリラを支援
アメリカの介入？
1979年 イラン革命
支援　イスラエル
米中対立
アメリカ金融資本が世界を席巻
2003年 イラク戦争
1991年 湾岸戦争
1980年 イラン・イラク戦争
アフガニスタン
1973年 第4次中東戦争
フセイン大統領
イスラムゲリラの養成所になる
ソ連邦イスラム諸国への波及
エジプト　支援
習近平国家首席
中国経済大国にGDP世界第2位に
鄧小平 中国改革開放経済に
中国
泥沼化し撤退する
1979年 ソ連軍アフガン侵攻
プーチン大統領
ロシア、再び軍事大国を志向か
ロシア経済の資本主義化
ロシア
1991年 ソ連崩壊
ゴルバチョフ書記長 ソ連の民主化を進めるが

にも火をつけました。朝鮮半島は南北に分断され、１９５０年に朝鮮戦争勃発。中国では共産党軍が中華民国の国民党軍を追いはらって中華人民共和国を建国（１９４９年）。戦後、連合国軍の占領下にあった日本は１９５１年のサンフランシスコ平和条約で独立を回復すると同時にアメリカと安保条約を結んで同盟関係に入りました。

アジア・アフリカの植民地の多くは独立し、インドやインドネシアなどが非同盟運動を起こしましたが、東西冷戦構造に組み込まれるのは避けられません。モンロー主義で他国への不干渉を原則としたアメリカも積極的に国際社会に関与し、ベトナム戦争などを起こしました。そして１９９１年、長い冷戦で疲弊したソ連が崩壊し、現在のロシア、ウクライナなどに分裂して冷戦が終わりました。その後、大量に残された武器を使ってアフリカなどで地域紛争が激化。唯一の超大国となったアメリカは「世界の警察官」として介入を続けましたが、現在、その負担から逃れようとする動きがあります。そこにイスラムの復権を目指す動きや中国の勢力拡大を迎え、新しい国際社会の秩序が模索されるようになりました。

もっと知る世界史 1

地球の気候変動と人々
繰り返される寒冷と温暖の気候変動 人間の築いた文明は翻弄され、しかし生き続けた

気候変動が文明の危機を招く

地球史からいえば現在は氷河時代とされ、数万年単位で氷河が拡大する氷期が繰り返されてきました。現在は最後の氷期（ウルム氷期）の後、次の氷期までの間氷期にあたります。ウルム氷期のピークは約2万年前で氷河の発達によって海水面が今より１００ｍ以上も低くなりました。ユーラシア大陸とアメリカ大陸間のベーリング海が陸続きになり、人類はアメリカ大陸に渡ることができました。また、氷期の寒冷への適応から分厚いまぶた、低い鼻の黄色人種が生まれました。この最後の氷期は約1万年前に終わりました。気候が温暖化して海水面が上昇し、日本では東京湾沿岸などが広く水没。そこが隆起して陸地になったあたりに縄文時代の貝塚が分布することから縄文海進といいます。

この比較的温暖な時期に農耕が始まり、文明が築かれたのですが、気候の冷暖、湿潤と乾燥は繰り返され、文明は時に壊滅的な影響を受けました。

たとえば現在はまったく乾燥したアフリカのサハラ沙漠にも古代文明の遺跡があり、草原の動物などを描いた壁画が残されています。サハラ一帯は数千年単位で湿潤と乾燥を繰り返し、豊かな緑の時期もあったのです。その後の乾燥化によって人々は追われ、そこに営まれた文明も滅びました。

人為による気候変動

このような気候変動は地球全体で起こり、民族の大移動をも引き起こして、左図に見るような世界史の変動をもたらしました。大きくは地球そのものの気候変動によることですが、局所的には人間の営みが大きく影響しました。たとえば、今は沙漠のレバノン、シリアあたりにはレバノンスギの豊かな森がありましたが、古代エジプト、メソポタミア文明のころから建材や船材に伐り出され、地中海での交易が発展すると、ほとんどの森は消失して気候も乾燥し、砂漠化してしまいました。東アジアでも中国で森林が広範囲に失われました。降水量が少ない大陸では、いったん森が失われると回復が難しいのです。

日本はさいわい海からの風が山地にぶつかって雨・雪を降らせる地形が全国に及び、国土が森林におおわれた稀な国です。ところが、かつてない大雨や巨大台風にしばしば見舞われるようになりました。産業革命以来、大量に排出されてきた二酸化炭素などの温室効果ガスによる地球温暖化の影響です。人類は過去の気候変動を乗り越えてきましたが、今や70億人を超す人口を抱え、大きな危機を迎えています。

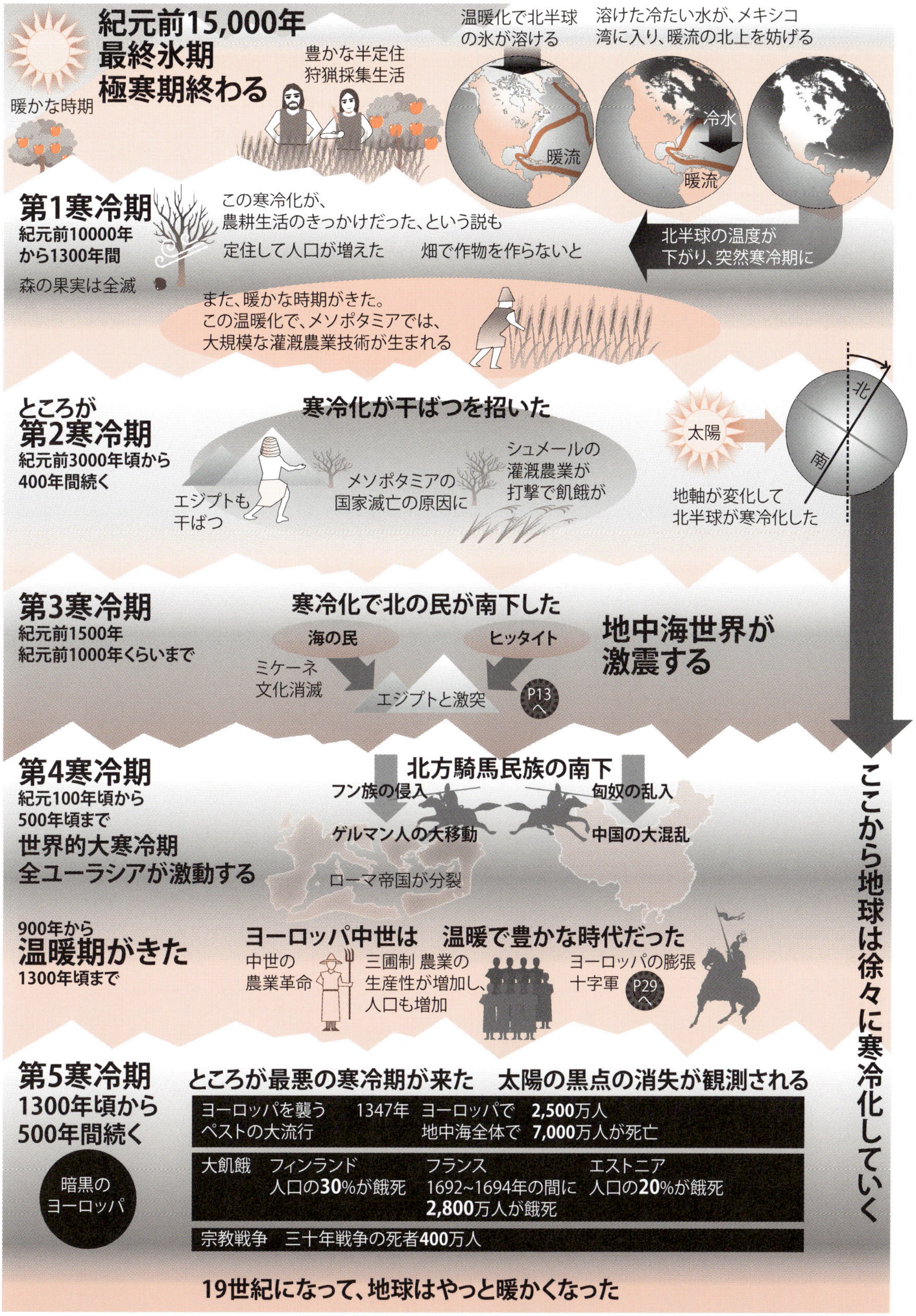

紀元前15,000年
最終氷期
極寒期終わる
暖かな時期
豊かな半定住
狩猟採集生活
温暖化で北半球
の氷が溶ける
溶けた冷たい水が、メキシコ
湾に入り、暖流の北上を妨げる
暖流
冷水
暖流
第1寒冷期
紀元前10000年
から1300年間
森の果実は全滅
この寒冷化が、
農耕生活のきっかけだった、という説も
定住して人口が増えた
畑で作物を作らないと
北半球の温度が
下がり、突然寒冷期に
また、暖かな時期がきた。
この温暖化で、メソポタミアでは、
大規模な灌漑農業技術が生まれる
ところが
第2寒冷期
紀元前3000年頃から
400年間続く
寒冷化が干ばつを招いた
エジプトも
干ばつ
メソポタミアの
国家滅亡の原因に
シュメールの
灌漑農業が
打撃で飢餓が
太陽
北
南
地軸が変化して
北半球が寒冷化した
第3寒冷期
紀元前1500年
紀元前1000年くらいまで
寒冷化で北の民が南下した
海の民
ヒッタイト
ミケーネ
文化消滅
エジプトと激突
P13へ
地中海世界が
激震する
第4寒冷期
紀元100年頃から
500年頃まで
世界的大寒冷期
全ユーラシアが激動する
北方騎馬民族の南下
フン族の侵入
匈奴の乱入
ゲルマン人の大移動
中国の大混乱
ローマ帝国が分裂
900年から
温暖期がきた
1300年頃まで
ヨーロッパ中世は　温暖で豊かな時代だった
中世の
農業革命
三圃制 農業の
生産性が増加し、
人口も増加
ヨーロッパの膨張
十字軍
P29へ
第5寒冷期
1300年頃から
500年間続く
暗黒の
ヨーロッパ
ところが最悪の寒冷期が来た　太陽の黒点の消失が観測される
ヨーロッパを襲う　ペストの大流行　1347年 ヨーロッパで 2,500万人　地中海全体で 7,000万人が死亡
大飢餓　フィンランド 人口の30%が餓死　フランス 1692~1694年の間に 2,800万人が餓死　エストニア 人口の20%が餓死
宗教戦争　三十年戦争の死者400万人
19世紀になって、地球はやっと暖かくなった
ここから地球は徐々に寒冷化していく

もっと知る
世界史
2

農業革命

農耕は人類にとっていいことだった？こんなに問題があるのに、なぜ始めたのだろう

農耕は危機を拡大してきた

　採集と農耕の始まりは重なり合っています。縄文集落跡の青森県の三内丸山遺跡では集落の周囲にクリの木の林がありました。まだ野生種の段階でも、人が選択して育てたのでしょう。バナナは1万年くらい前には完全に作物化されて種子ができなくなっています。バナナとともにタロイモ（サトイモ）、ヤムイモ（ヤマノイモ）も人類最古の作物ですが、一年中、温暖な熱帯雨林地方で必要な時に必要な量を収穫するような小規模な農耕形態で、人と自然が共生していました。

　農耕史上の大きな変化は8ページで見たように、小麦、稲などイネ科植物の栽培によってもたらされました。イネ科の植物は明るい草地の優占種で、半乾燥地の草原、河川の氾濫原などに大群落ができます。大規模な農耕が発達したのは、やはりイネ科植物が茂る河川の流域で、エジプトのナイル川、西アジアのティグリス・ユーフラテス川、東アジアの黄河流域などです。雨の降り方に季節による規則性があることから、自然界の法則や神の意志が発見され、それと人をつなぐ者として王や神官の地位が高まりました。王や神官を仰いで大規模な灌漑設備の工事もおこなわれました。

　ところが、農耕文明は左図に示したように、いくつかの点で脆弱《ぜいじゃく》でした。①周辺の遊牧民の侵攻と奪略。②特定の作物に依存することによる栄養の偏り。③家畜を飼うことで大量発生する蠅や蚊、ネズミが媒介する疫病の流行。③くりかえしおこる凶作と飢饉。④他国・他民族との戦争の拡大。さらに大きな危機は、農耕が本質的に反自然的な営みであることによってもたらされました。森を伐り開いて農地をつくることによって地域の気候が変化し、川が涸れたりして滅びた文明があります。現代の農業ではその破壊が地球規模に達しました。化学肥料や農薬の大量使用による土壌の劣化、拡大する砂漠化などの地域的な問題に加えて、アメリカ中西部などの大産地に世界の食糧が頼るようになりました。大規模農業によって食糧が安価に供給されると、世界各地の従来型農業は衰退しました。しかし、大産地での地下水の大量汲み上げなど自然の収奪は激しく、未来に大きな不安を抱えています。

初期農耕　光と影、その誤解

人類の経験した最初の革命は農業革命

革命バンザーイ

は本当だろうか？

1 畑の周りに定住する

2 農耕社会の周辺に遊牧民も誕生

3 動物も家畜化した

4 そのうち馬が家畜化されて騎馬遊牧民も誕生

家畜の利用で暮らしは楽になった

残念
その代わり病気が生まれた

人間と動物が密集して住む、不衛生な環境

新しい感染症の発生

新たに人類を襲った感染症
天然痘　コレラ　マラリア
赤痢　腸チフス
インフルエンザ

もっと知りたい P74

人類が天然痘の撲滅を宣言したのは1980年だった

暮らしが豊かになって、社会が安定した

残念、
争いが増えた

狩猟採集民なら、争いの地から逃亡すればいい

でも農耕民は、畑から離れられない

自分たちの畑のために戦うしかない

でも農耕社会は

強固な縄張り意識が誕生する

その結果
集落・部族間の紛争が激化してしまう

もっと知りたい P54

この社会の暴力を回避するために、人々は国家を作った？

農耕社会になって栄養がよく、人々は健康になった

残念
穀物など食料が単一になり、狩猟採集時代より食料が減少。糖分の摂取で脆弱化し、虫歯も出現する

でも、食料が豊かになって、もう飢えなくなった

残念
農業は天候に左右され、不作なら即飢饉になった。また政治・経済の影響での飢饉も起こった

人類の大多数が飢饉を克服したのは、わずか100年前だ

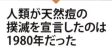

もっと知る世界史 3

家畜と人間の歴史

農耕の始まりと、動物の家畜化はローマ時代までで、ほぼ終わっていた

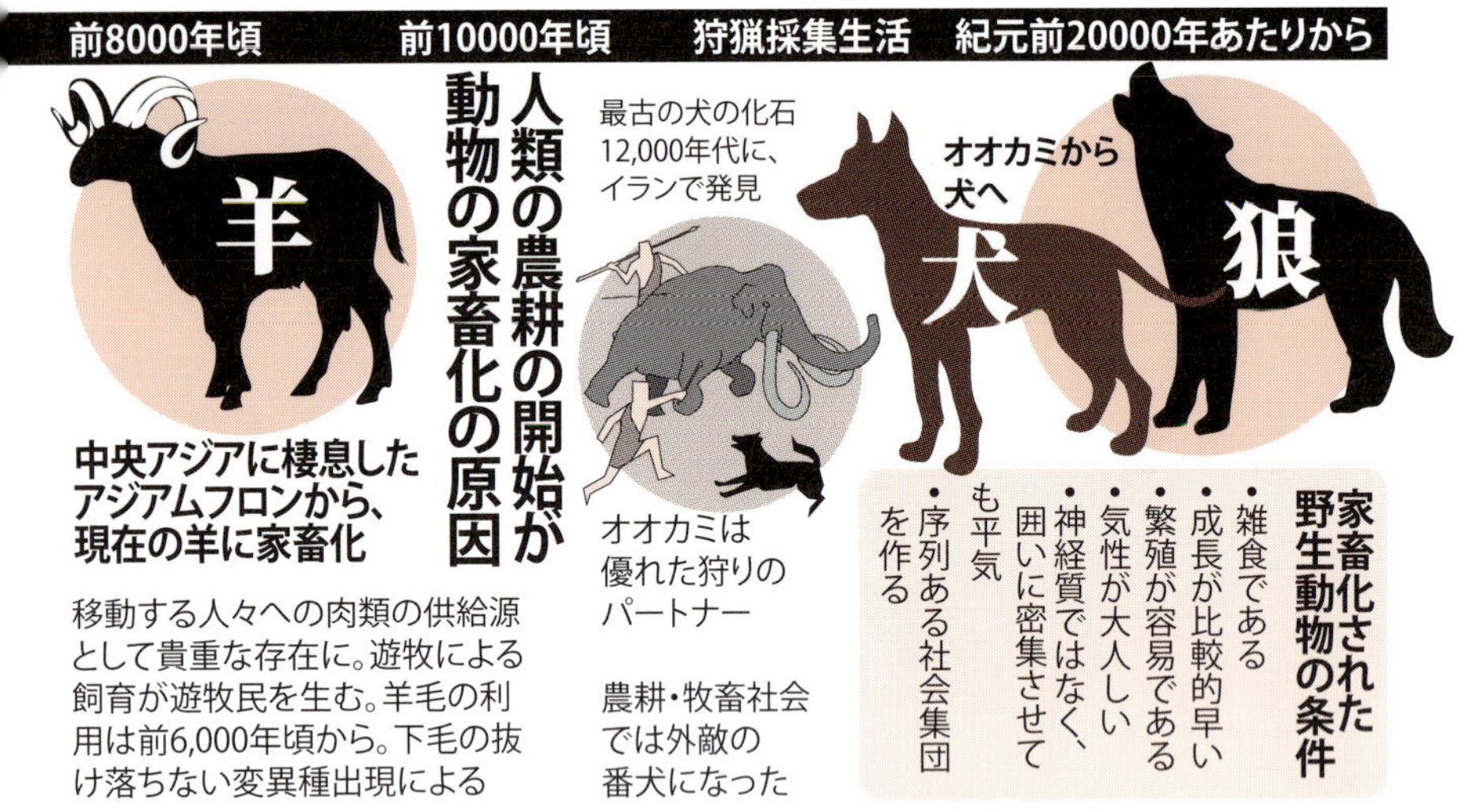
前8000年頃
前10000年頃
狩猟採集生活
紀元前20000年あたりから
人類の農耕の開始が動物の家畜化の原因
羊
中央アジアに棲息したアジアムフロンから、現在の羊に家畜化
移動する人々への肉類の供給源として貴重な存在に。遊牧による飼育が遊牧民を生む。羊毛の利用は前6,000年頃から。下毛の抜け落ちない変異種出現による
最古の犬の化石 12,000年代に、イランで発見
オオカミは優れた狩りのパートナー
農耕・牧畜社会では外敵の番犬になった
オオカミから犬へ
犬
狼
家畜化された野生動物の条件
・雑食である
・成長が比較的早い
・繁殖が容易である
・気性が大人しい
・神経質ではなく、囲いに密集させても平気
・序列ある社会集団を作る

家畜とペット

人の周囲には、いろいろな動物が暮らしています。犬や猫、ニワトリやアヒルなどの家畜・家禽《かきん》だけではありません。ネズミ、スズメ、カラスなども人里をすみかとして生きています。スズメは、道ばたや空き地の草の種、春の田畑の虫などを餌にし、屋根に巣をつくったりして繁殖しています。

おもにそうした人里の動物のうち、人が繁殖に介入し、餌も管理するようになったのが家畜・家禽です。いちばん古い家畜といわれる犬の場合、残飯などをねらってうろうろしていたイヌ科の動物が家畜化されたのでしょう。集団で生きる習性があり、子犬のうちに手なずけると従順です。それが代を重ねて犬になったと考えられます。嗅覚に優れ、敵への闘争心も強い犬は、人間の力強い仲間になりました。

牛はミルク・肉のほか、遊牧の牧畜民には血を採って飲む食文化もあります。人間には食用にならない草を牛を通して食物にすることができたという点で、自然界の利用を飛躍的に拡大してくれた動物です。また、力が強いので役牛になり、その糞は貴重な肥料にもなります。薪や炭が手に入りにくい地域では、糞を乾燥させて煮炊きの燃料にも利用してきました。

馬やラクダは乗用、運搬用の役畜《えきちく》として使われてきました。特に馬の口には前歯と奥歯の間に手綱を通すのにちょうどよい隙間が生まれながらにあります。その隙間があるからうまく繰ることができるので、神様が乗用の生き物として人間にプレゼントしてくれたのではないかともいわれます。

ブタは雑食性で肥育が早く、多産であることから食肉の供給源としてきわめて有益です。

◀ローマ時代　前2000年頃　前3000年頃　前4000年頃　前6000年頃

インド人が象を戦闘用に訓練した。アレクサンドロス大王がインド侵攻時、戦闘象と戦ったと言われる

マンモスは絶滅。南方で生き残った種が進化し、家畜化された

古代から象牙のために象は乱獲された。捕獲され家畜化された象は戦闘象として兵士に恐れられた

猫がこのころから人間と暮らし始めた

馬の原種には2種類あった

ロバとスキタイ馬

単一の祖先オーロックスから家畜牛に

野生イノシシが家畜の豚に

イノシシはユーラシア・北アフリカに広く棲息していた。その雑食性のため、餌での誘導で容易に家畜化された。家族的な集団を作り、身体的な接触を好んだため、集合的な飼育にも抵抗がなかった

馬の家畜化が人類の歴史を大きく変えた

ケルト・ポニー

西ヨーロッパ、ギリシャの小型馬。シュメール人が車輪を作り出し、それをポニーが引いた。メソポタミアではこの小型馬に戦車を引かせて戦闘に使った

スキタイの馬

南ロシア草原の大型馬。遊牧民が家畜化し、その遊牧民からスキタイが騎馬遊牧民として歴史に登場する

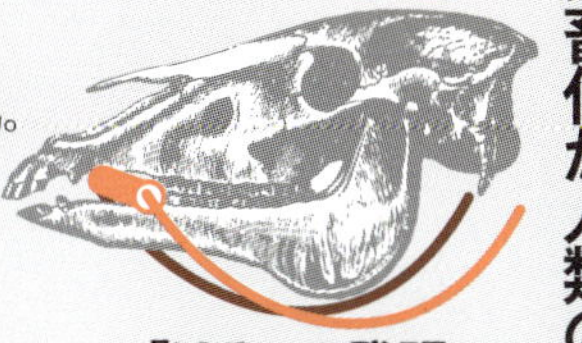

「はみ」の発明

人間が馬を自在に操るための道具。前歯と奥歯の隙間に手綱とつながる器具を装着した。紀元前3500年前頃のカザフスタンの遺跡から、「はみ」跡のある馬の歯が出土している

遊牧民の乗馬技術

馬の持つ速度と運搬力を人間が手にしてから、交易も農耕も大きく様変わりした。スキタイは乗馬ズボンをはき、ベルトを締め靴を履く現代に通じる機能的な服装をしていた

ラクダも家畜化された

紀元前3000年頃から、西アジアでラクダの家畜化が始まった。人間は、ラクダの乾燥地帯でも耐える能力を利用、運搬用の家畜として飼育した。肉、毛皮、ミルク、荷役にも使用でき、その存在に依存する社会も誕生。時として戦闘にも利用された

牛は豊穣のシンボル 人はその全てを活用する

北半球に広く棲息していた野生種を、塩と水で村落に誘導し、家畜化した

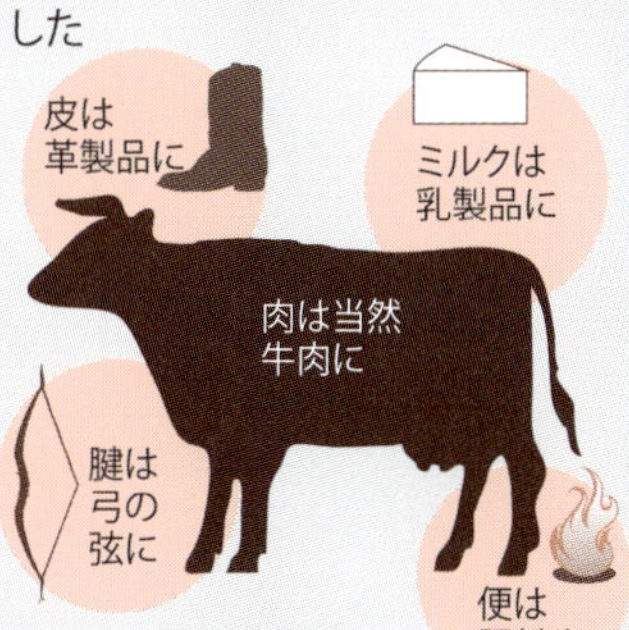
皮は革製品に
ミルクは乳製品に
肉は当然牛肉に
腱は弓の弦に
便は肥料や燃料に
そして力は、農耕や荷車での使役にも使われる

鐙(あぶみ)の発明が騎馬の戦闘力を飛躍させた

遊牧民の騎乗法は、裸馬に跨がり腿で馬体を締め付けて体勢を保った。300年代の中国で、騎乗して足を保持する鐙が発明され、高度な訓練なしに騎馬戦闘が可能となった。この鐙がイスラムからヨーロッパに伝わり、中世の騎士を誕生させた

クシャーナ朝代のコインに描かれた「あぶみ」

家畜の多くは群れ性の動物なので人によくなつき、集団で飼うこともできます。例外はイエネコです。単独で生きるネコ科の動物の習性を引き継いでおり、ネズミを取るくらいの役にしか立ちません。しかし、家畜の有益さのなかには愛玩性があり、人気は今や猫が断然トップ。日本での飼育数は犬８９２万頭に対し猫９５３万頭です（ペットフード協会調べ／２０１７年）。

上図は、ほ乳類に限って掲載しましたが、もうひとつ重要なのはニワトリです。原種はタイの森に棲息するキジ科の野鳥で、大きさはハトくらい。他の野鳥と同様に産卵期は限定され、特に多く産卵するわけでもないのですが、人に飼われて世界中に広まり、卵と食肉をとるために、きわめて大きく品種改良を重ねた家禽です。

もっと知る世界史 4

国家の誕生と暴力

人類はとめどない暴力を止めるため暴力を国王に移譲し国家を作った

戦争の人類史

山口県下関市の土井ヶ浜遺跡から15本の石鏃《せきぞく》が打ち込まれた男の遺骨が１９５４年に発見されました。ムラを守るために戦って死んだ戦士ではないかと見られます。以来、小集団で移動しながら狩猟採集の生活をしていた縄文時代には戦争はなかったけれど、稲作によって定住し、守るべきムラができたときから戦争が始まったという見方が一般化しました。実際には人が戦争をする理由はさまざまですが、村程度のクニが王を戴《いただ》く国家になり、集団の規模が大きくなるにつれて、戦争の規模も大きくなるのが当然のなりゆきです。王は法廷を設けて民衆の暴力をコントロールしたり、隣国と協定を結んだりして戦争を避けましたが、時には戦士を率いて大規模な対外戦争をしかけました。

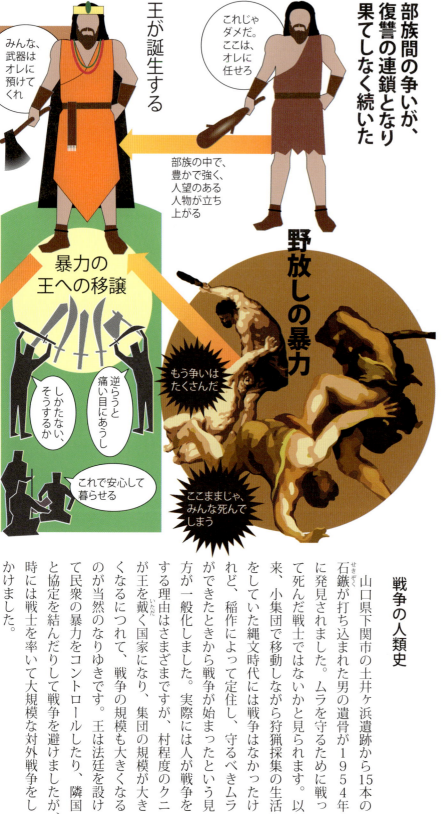

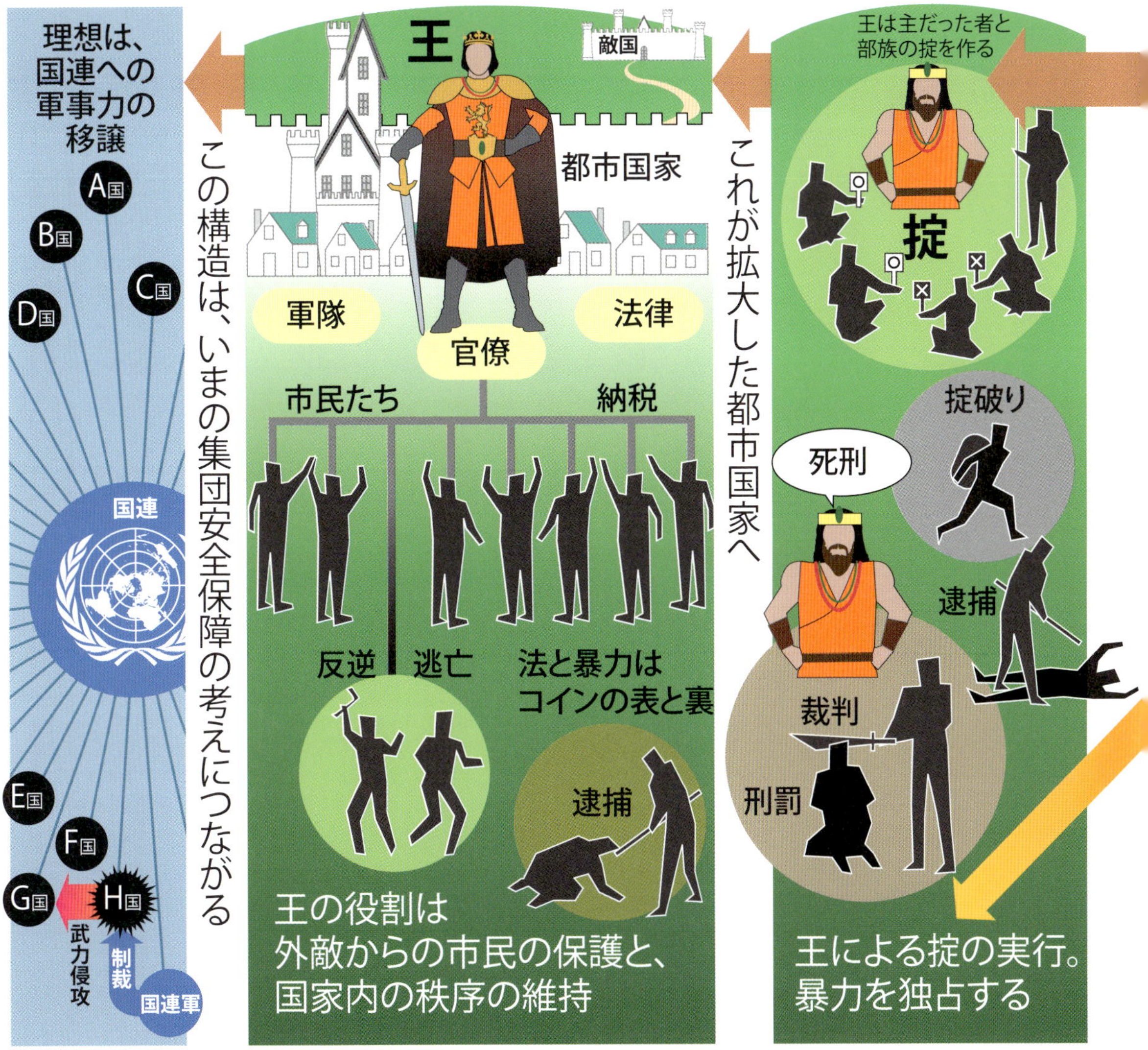

人を常に戦争に駆り立てたのは「恐怖」でしょう。武器が発達するにつれて敵への恐怖は高まり、「やられる前にやれ」という心情は強まります。組織化された軍隊による皆殺しの恐怖も生まれました。恐怖で押さえつけられていた民衆の暴動が革命のような運動になるときにはすさまじい殺戮《さつりく》がおこなわれました。

そして現在、第二次世界大戦後に国連という国際協調機関があるにもかかわらず、地域紛争は絶えません。また、1991年にソ連が崩壊して東西冷戦が終わり、一時は核軍縮が進むかに見えましたが、近年はむしろ核兵器拡散の危機が増しています。

さらに、かつてない恐怖が生まれました。AIで自立的に動くロボット兵器の登場です。国家の指導者にとっては、自国の青年を戦場に送らずにすむので戦争の歯止めがひとつ外れました。兵器の開発者は、攻撃や殺人を抑制する感情や自分が破壊されることへの恐怖をロボットに組み込まないでしょう。かつてSF作家のアシモフはロボット工学の第一原則を「ロボットは人間を傷つけてはならない」としましたが、現実はまったく逆に進んでいます。

もっと知る世界史 5

文字の誕生
世界最初の文字は税金のため 共通文字アルファベットは契約書のため

記号としての文字

何かを伝えたり記録したりする文字は、記号の一種で、絵文字から生まれたと考えられています。原始時代の洞窟や陶器に刻まれた絵には、動物の姿などを具体的に描いたものがあり、だれが見ても、何が書かれているのかがわかります。それがだんだん、仲間には通じる形に簡略化され、象形文字が生まれました。世界的にはピクトグラム（絵文字）といわれますが、中国の漢字でもっとも発達しました。中国を中心とする漢字文化圏では国によって発音は違っても、表意文字の漢字を書くことでコミュニケーションすることができます。

それに対してローマ字などの表音文字では、その読み方がわかったとしても意味はわかりません。しかし、その音が表す言葉の意味がわかれば、文字の数は少ないので、たいへん便利です。文字の便利さの典型的な例が数字で、アラビア数字では0から9の10文字でどんな数値でも表記できます。お金も金額を示す数字にこそ意味があります。たとえば紙幣の1万円札は、その紙の値段ではなく、「1万円」と印刷されているので、1万円分の商品を買うことができます。カードで支払うときは紙幣さえなく、数字だけのやりとりです。意味があるのは、それぞれの銀行口座に記録されている数値データだけだということもできます。このようなお金による取引は、左の図のように発達してきました。

神々と皇帝の聖なる文字

何かを示して伝える文字や文様には大きく分けてサインとシンボルがあります。サインは道路標識のような記号で、数を表す数字もサインです。

それに対してキリスト教の十字架のように神を表したり、日の丸のように国を表したりする記号があります。それは単なるサインではなくシンボルです。実は文字も、そのようなシンボルとして大きく発達しました。原始時代の洞窟の壁画は単に風景画のように動物を描いたのではなく、狩りの獲物が豊富であるように神に祈るために描かれたのでしょう。あるいは、その動物を自分たちの先祖だと語る神話によって描かれたのかもしれません。

そうした絵文字から生まれた文字も神々を表す聖なる記号としての意味がありました。たとえば、古代エジプトにはヒエログリフという神聖文字があり、皇帝や王の墓であるピラミッドに記されました。中国では秦の始皇帝（紀元前3世紀）が漢字を統一して天下を治めました。漢字は皇帝の聖なる文字であったのです。

郵便はがき

お手数ですが
切手を
お貼りください

160-8571

東京都新宿区愛住町22
第3山田ビル 4F

(株)太田出版
読者はがき係 行

お買い上げになった本のタイトル：

お名前　　性別　男・女　　年齢　　歳

ご住所　〒

お電話

e-mail

ご職業
1. 会社員　2. マスコミ関係者
3. 学生　4. 自営業
5. アルバイト　6. 公務員
7. 無職　8. その他（　　　）

記入していただいた個人情報は、アンケート収集ほか、太田出版からお客様宛ての情報発信に使わせていただきます。

太田出版からの情報を希望されない方は以下にチェックを入れてください。

□ 太田出版からの情報を希望しない。

本書をお買い求めの書店

本書をお買い求めになったきっかけ

本書をお読みになってのご意見・ご感想をご記入ください。

＊ご投稿いただいた感想は、宣伝・広告の目的で使用させていただくことがございます。あらかじめご了承ください。
＊太田出版公式HP（http://www.ohtabooks.com/）でもご意見を募集しております。

1 部族のコミュニケーションのための絵文字

○□△
×□△

古代の洞窟壁画の幾何学模様を、人類最初の文字とする説もある

そして農業革命が起き小さな国家が誕生する

すると税金も誕生する

2 国家運営のデータを記録する記号=文字が必要

ダメだ、とても覚えきれない

国庫の管理
未納者への追徴
納税実績の把握
納税の命令
納税額の計算
個人の生産量の把握
農地の生産額の把握

税を徴収し国庫を管理・運営するための膨大なデータ

3 そこでシュメールの人々は考えた。数字を記号化しよう!!

これで忘れてもOKだ
当時の税金は、穀物の現物納付
Aの税金
Bの税金
Cの税金

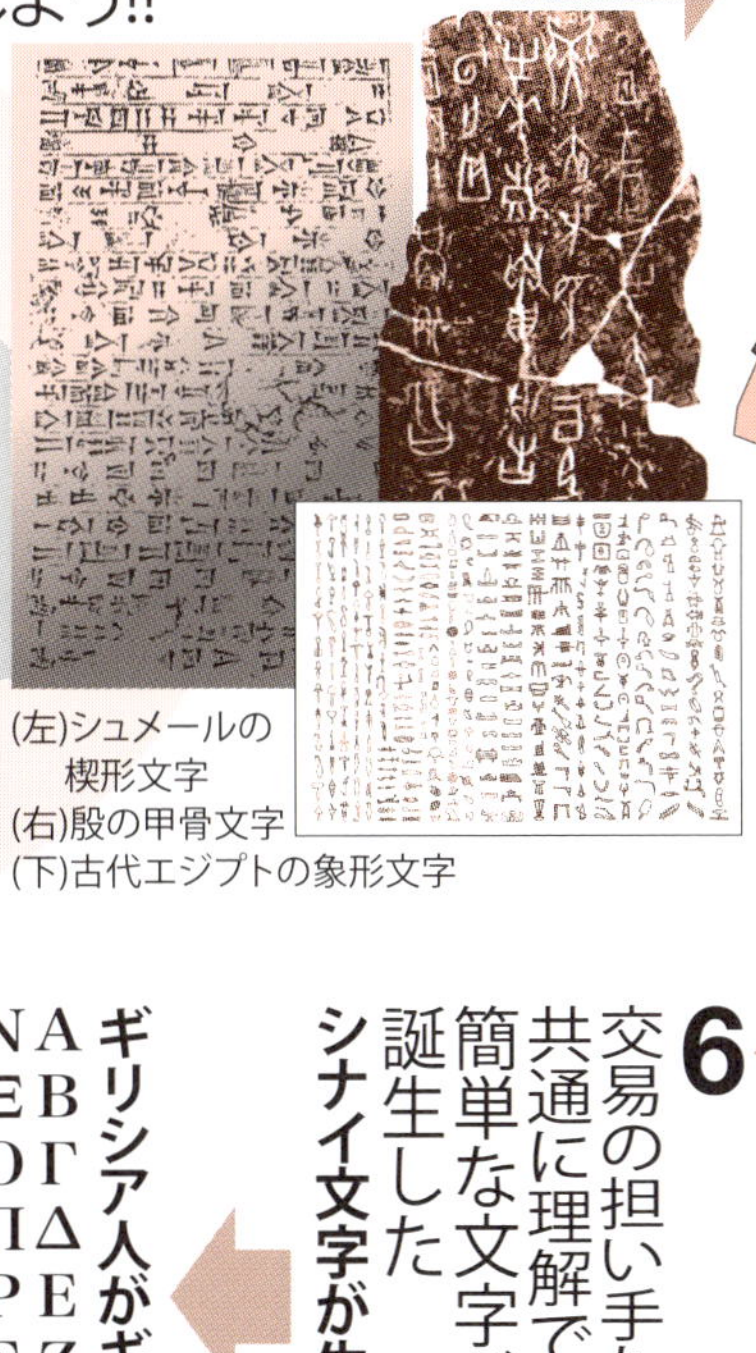

(左)シュメールの楔形文字
(右)殷の甲骨文字
(下)古代エジプトの象形文字

4 もっと複雑で抽象的なことも記録しなくては

言葉の「音」をそのまま記録する必要があるな

「表音文字」が生まれる

と同時に国家官僚も誕生する

書記は特殊能力

5 交易が活発になると、共通文字の要求が

ペルシア語
ソグド語
共通の文字が欲しい

オリエントの交易で必要。特に契約書には必須だ!!

6 交易の担い手たちが共通に理解できる、簡単な文字が誕生した

シナイ文字が生まれ

エジプト象形文字とアルファベットの中間として、最古のアルファベットと考えられている

ギリシア人がギリシア文字を作り

Α Ν
Β Ξ
Γ Ο
Δ Π
Ε Ρ
Ζ Σ
Η Τ
Θ Υ
Ι Φ
Κ Χ
Λ Ψ
Μ Ω

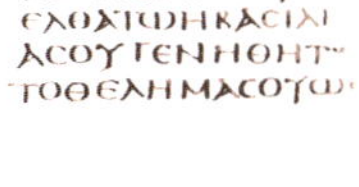

ラテン文字からローマ字が誕生

古典期	◀初期
A	AA
B	B
C	<C
D	D
E	E
F	F
G	(I)
H	BH
I	I
K	K
L	L
M	MM
N	N
O	O
P	PP
Q	Q
R	R
S	SS
T	T

もっと知る世界史 6

人類と法律
人々は社会秩序の維持のために法による統治を望み、法律をつくってきた

法は正義か

法は、もともとは動物の群れにもある自然の秩序でした。たとえば盗《ぬす》んではいけないといったことは国の法律で決められていなくても当たり前のことですから「自然法」といいます。国家の法律の基礎も自然法なのですが、風俗や習慣が異なる多くの人が暮らす人間社会は、自然法だけでは維持できません。いろいろな規則が法として定められるようになりました。しかし、法律で決めればいいということでもありません。たとえば、「赤信号は止まれ」「違反すれば罰金」という規則は法律で決められますが、「信号は守らなければ」という気持ちまでは決められません。「信号なんか無視。つかまったら罰金をはらえばいい」と考える人には法律は無力です。法律でどこまでも細かく禁止することは不可能なので、どこかに抜け道があります。世間の常識では悪いことをしても「自分は法律をちゃんと守っている。何が悪い」と開き直る人もいて、裁判で無罪になったりします。

法律では殺人さえ許されます。戦争で敵の兵士を殺すことは適法です。しかし、戦闘員ではない一般の市民が戦闘や爆撃で巻き込まれて死んだり傷ついたりしても、戦争は正義でありうるのでしょうか。また日本では死刑制度がありますが、多くの国では廃止されました。死刑という形で人が人を殺すことは、たとえ国の法律では許されても、倫理上の正義に反するという意見も強いからです。

法の基礎には高い倫理がなければなりません。その倫理は何によってもたらされるのでしょうか。飛鳥時代の聖徳太子の憲法十七条（６０４年）は「和をもって貴《たっと》しとす」と第1条に宣言し、第2条に「篤《あつ》く三宝を敬え」とあります。三宝とは仏・法・僧のことですが、法は原語でダルマといい、社会の決まりだけでなく、人として正しいこと、自然界の法則などを広く意味します。飛鳥時代には氏族が勢力争いを繰り返して肉親でさえ殺すことがよくありました。そういう時代に、何が善で何が悪なのかを知るには仏の教える法によらなければならないということです。そして聖徳太子の憲法は、会議を開いて多数決で決めたのではなく、人としてだれもが従うべき道徳・倫理として宣言されたのでした。

現代の多くの国の法律は議会で決められたもので、制定法もしくは成文法といいます。しかし、人が決める法は完全なものではなく、抜け穴があります。厳格なイスラム教の国では、そもそも人が法を決めることはできないということから、国会を設けていません。

人と法律と国家の構造

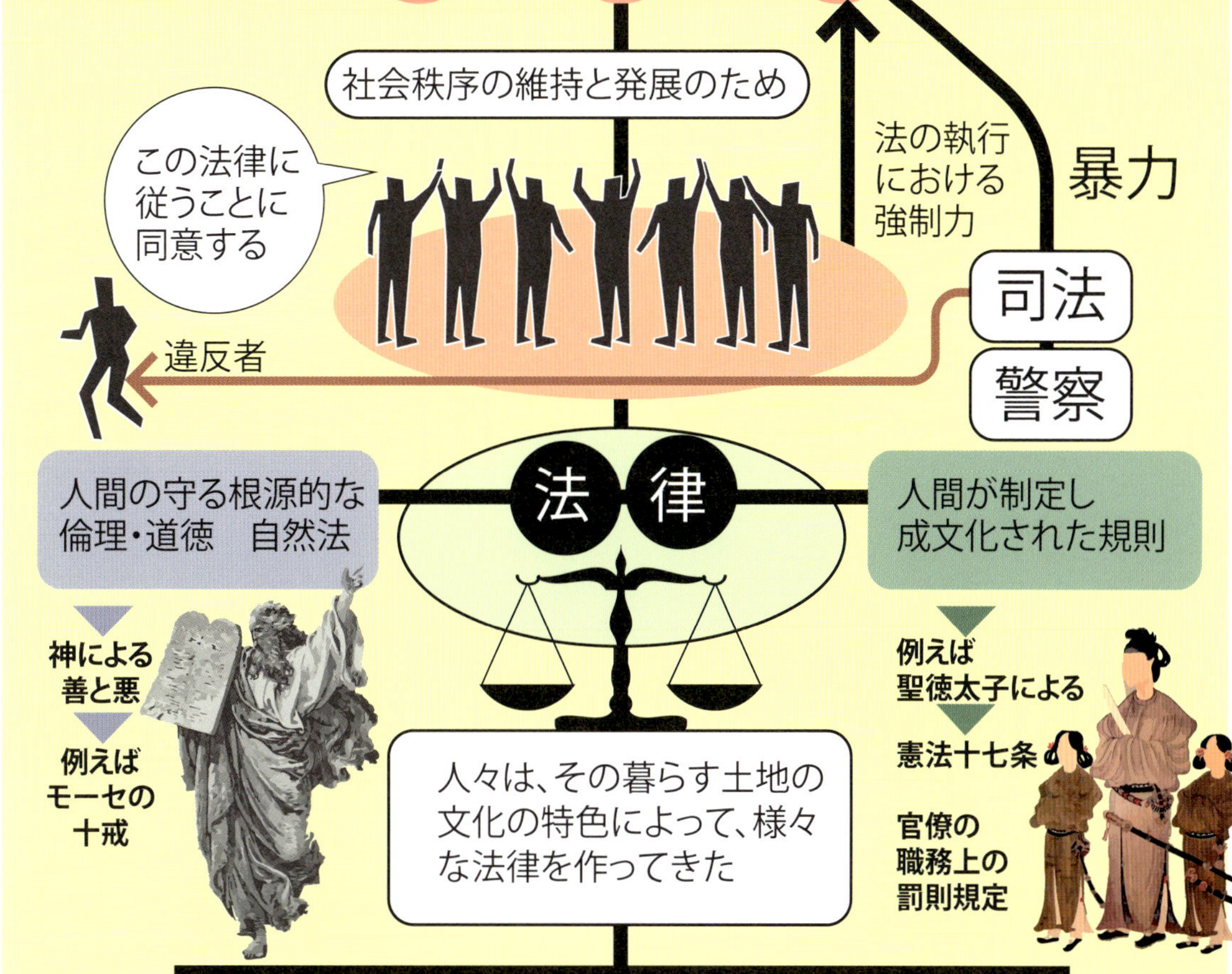
社会秩序の維持と発展のため
この法律に従うことに同意する
法の執行における強制力
暴力
司法
警察
違反者
法律
人間の守る根源的な倫理・道徳　自然法
神による善と悪
例えばモーセの十戒
人間が制定し成文化された規則
例えば聖徳太子による
憲法十七条
官僚の職務上の罰則規定
人々は、その暮らす土地の文化の特色によって、様々な法律を作ってきた

ユダヤ・キリスト教

　キリスト教の『聖書』には「旧約」と「新約」がある。「旧約聖書」は西暦元年頃にイエス・キリストが生まれる以前のユダヤ人の神話・伝説を集めた書物で、神ヤハウェの掟に従うことを人間の義務とする。それを律法といい、それに従えば敵に打ち勝ち、繁栄がもたらされるという。その徳目としてヤハウェが人に与えた十戒がある。「殺すなかれ」「盗むなかれ」など自然法に近い項目のほか、ヤハウェのほかの神を信じてはいけないとする。

「新約聖書」はイエス・キリストの言行録を中心に隣人への愛を説き、敵を許すことを教える

ローマ法

　古代ローマ帝国は、イタリア半島の1民族のローマ人が地中海世界とヨーロッパのほぼ全域を支配するなかで長い時間をかけてつくられた。いろいろな民族がいる帝国でローマ人が全体を治めるには、兵役、納税、訴訟などに関する多くの法が必要だったからだ。

　ローマ帝国では、法は市民法と万民法に分けられた。市民法はローマ人（市民権をもつ者）に適用し、万民法は他の民族と共通の法だ。また、政教分離が原則とされた。このローマ法が現在の多くの国の法律のもとになる。日本でも明治時代にローマ法による法律を定めた

イスラム法

　イスラム法はアラビア語で「シャリーア」という。生きていくのに不可欠な「水場への道」を意味する言葉だ。シャリーアは人として当然、ふみおこなうべき道とされる。それは預言者ムハンマド（570年頃～632年）の言行に示されているということから、それが記された聖典『コーラン』と『ハディース』という書物が法の源泉とされる。しかし、『コーラン』『ハディース』に何もかも記されているわけではない。そこで法学者が解釈して適用している。前近代的な法だと思われるが、それは制定法であるローマ法の欠陥を乗り越えるものとして生まれた

もっと知る世界史 7

紙の世界史

ボロ布から紙を作っていたが木材から紙が作られるようになった

製紙は中国から世界に広まった

文字が生まれ、法が定められたりしたとき、それを記録する媒体《ばいたい》が必要になりました。古代には石や粘土板《ねんどばん》、青銅器《せいどうき》、木簡《もくかん》・竹簡《ちくかん》（木材や竹をうすくけずった板）、羊《よう》皮紙《ひし》（ヒツジの皮）、絹布《きぬの》などに文字が記されました。英語のペーパーの語源は「パピルス」です。古代エジプトで水辺に生える植物パピルスの茎をかわかして平らにし、はりあわせて紙のようなものを作ったのです。しかし、それらは原料が限られていたり、かさばったり、じょうぶではなかったりで、あまり便利なものでありません。文字を記す媒体としてもっともすぐれたものは紙でした。

紙は、植物からとれる繊維《せんい》を、のりをまぜた水中でからみあわせて、うすくのばし、かわかしたものです。紀元前2世紀頃の中国の遺跡で発見されたものが最古の紙ですが、その製法を確立したのは中国の蔡倫《さいりん》（紀元後1～2世紀）という人でした。麻《あさ》や樹皮を原料にして左図のような方法で紙を作りました。

その方法は日本にも飛鳥時代に伝わりましたが、製紙が盛んになったのは奈良時代でした。各地に国分寺などの寺が建てられると、そこに納める経典を大量に作る必要があったことが大きな理由です。それが和紙づくりの始まりです。

和紙の原料は、ミツマタ、コウゾなどの植物の樹皮からとった繊維です。たいへんじょうぶな紙で、着物や傘《かさ》、建物の襖《ふすま》や障《しょう》子《じ》にも使われます。和紙の長くてじょうぶな繊維は、古紙になっても水でほぐせば再利用できます。

いっぽう、中国からヨーロッパに伝わった紙は、洋紙になりました。中国や日本などの東洋の紙は、やわらかくて水をすいやすく、毛筆で文字を書くのに適していますが、洋紙は水をあまりすわず、表面がかたくてつるつるした方向に改善されました。もとは羊皮紙に書くために使われた羽根ペンや金属のペンで書きやすいからです。活字を使う世界最初のグーテンベルクの印刷機にも洋紙が向いていました。

製紙に革命的な変化が起こったのは19世紀、木材の幹からパルプという繊維を工業的にとりだす方法が発明されてからです。それまでの樹皮やぼろ布は量に限りがありますが、木材の幹なら森林に大量に存在します。この製紙方法がみつかってから、紙は安く大量に作られるようになり、本やノートに使われるようになりました。いっぽうで森林資源の枯渇《こかつ》、製紙工業の廃液《はいえき》による川や海の汚染といった環境問題も生じましたが、現在は改善されています。

紙の歴史のターニングポイント

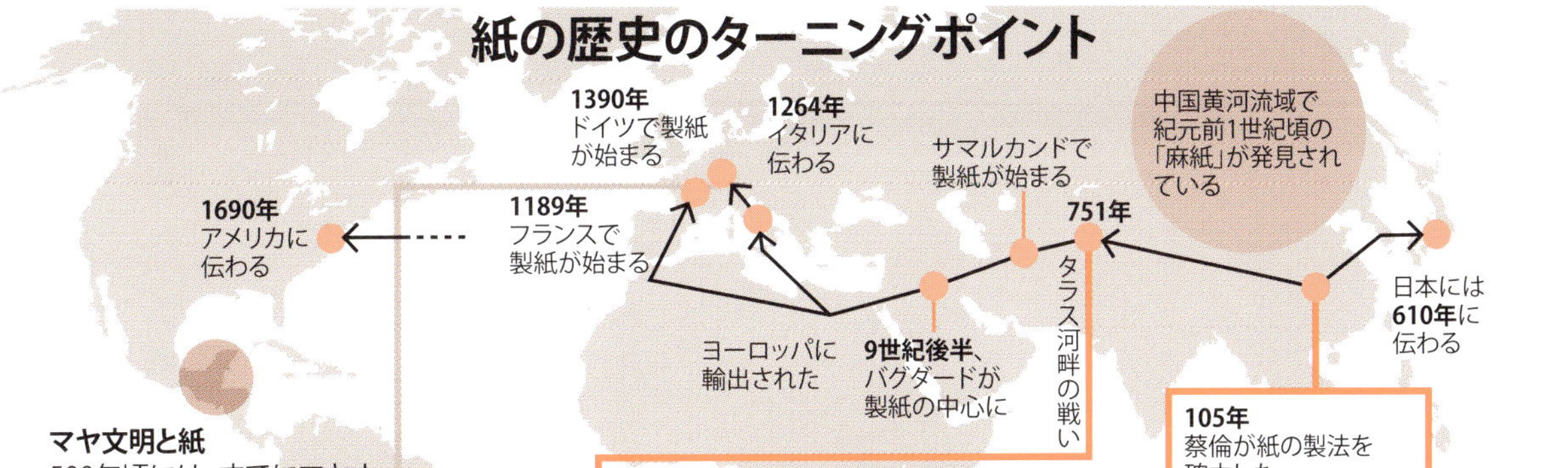

1390年
ドイツで製紙が始まる
1264年
イタリアに伝わる
サマルカンドで製紙が始まる
中国黄河流域で紀元前1世紀頃の「麻紙」が発見されている
1690年
アメリカに伝わる
1189年
フランスで製紙が始まる
751年
タラス河畔の戦い
日本には610年に伝わる
ヨーロッパに輸出された
9世紀後半、バグダードが製紙の中心に

105年
蔡倫が紙の製法を確立した

それまでの製法を改良し、安価で丈夫な紙を作った

マヤ文明と紙
500年頃には、すでにマヤ人は文字を樹皮に書き始め、樹皮紙を改良していた。8世紀頃、記録はマヤの絵文字として記録された。1549年、スペイン人はマヤの図書館を破壊、消失させた

1450年頃

グーテンベルクの活版印刷技術の開発

手書き写本から、印刷物へ。紙メディアの革命が起こる。聖書・楽譜など大量の印刷物が発行されるようになる

タラス川で唐とイスラムが激突

中央アジアに進出した唐がトルキスタンを占領。アッバース朝のイスラム軍が反撃し、唐は敗れた。この戦いで製紙職人がイスラムの捕虜となった

製紙の技術がイスラム世界へ伝播した

それまでは文字は「木簡」「竹簡」に書かれていた

木や竹の短冊を紐で繋ぎ、巻いたものが書物だった

当時の紙の製法

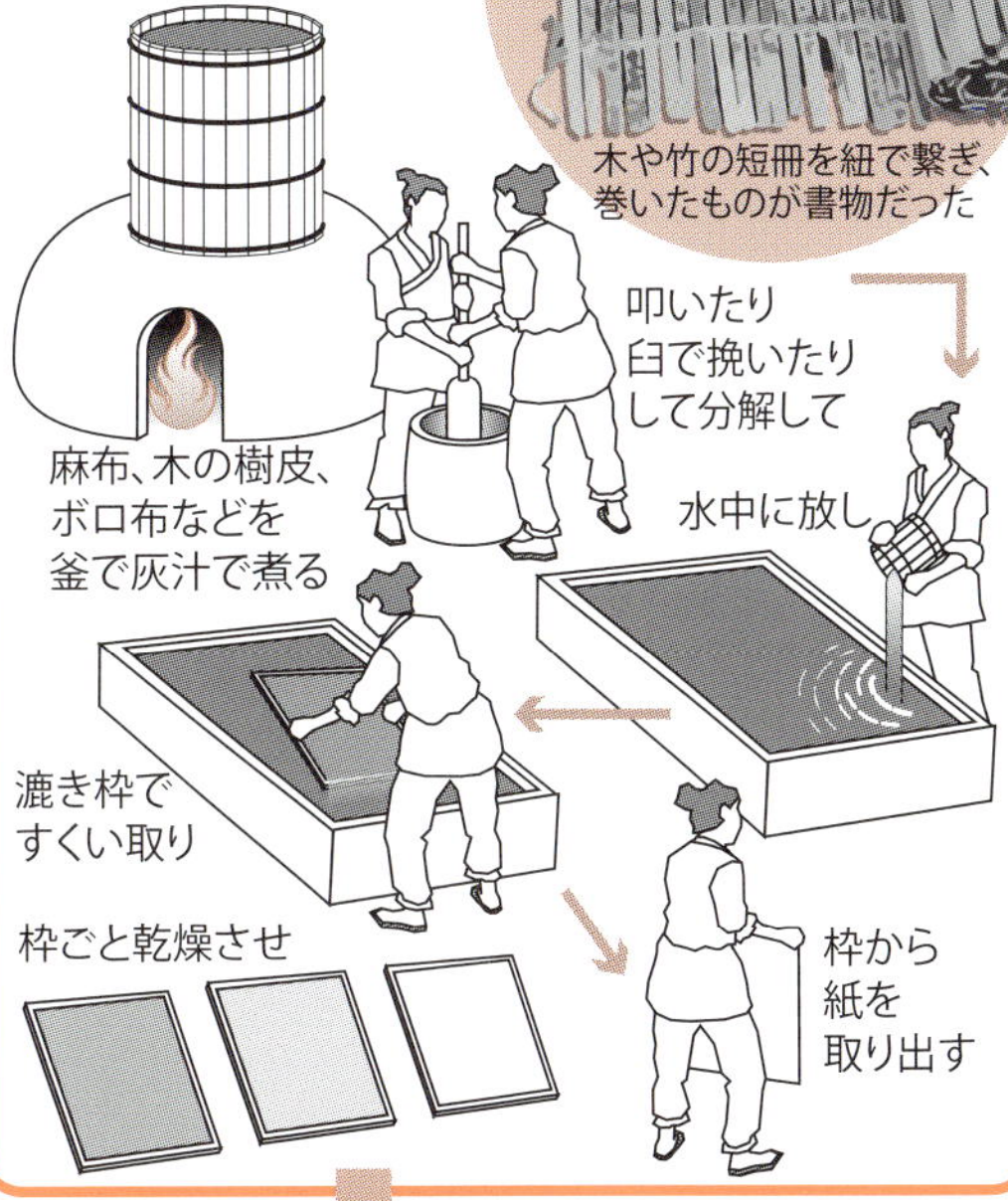

麻布、木の樹皮、ボロ布などを釜で灰汁で煮る
叩いたり臼で挽いたりして分解して
水中に放し
漉き枠ですくい取り
枠ごと乾燥させ
枠から紙を取り出す

紙の需要が急増すると、新たな問題が

イスラム・ヨーロッパでは、ボロ布から紙を作った

水車
風車

ボロ布を材料に水に浸し発酵させて風車、水車の力で叩いてドロドロにした

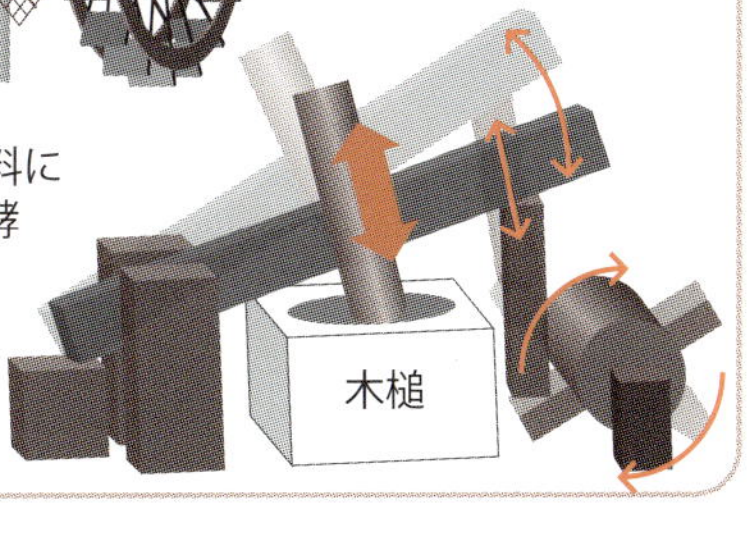

木槌

紙の原料となる世界的なボロ布不足が起こる

スズメ蜂が教えた、木から紙を作る新しい製紙法

フランス人ルネ・レオミュールがスズメ蜂が木材を噛み砕いて、まるで紙のような巣を作っていることを発見。木材から紙の製造を提案する論文を発表した。これに触発され、木を粉砕しパルプ製法、木質セルロースの発見などが続いた

1867年 現在の製法が生まれた

アメリカの化学者が、亜硫酸を使い木質セルロースからパルプを抽出する方法を発明。紙の大量生産への道を開いた

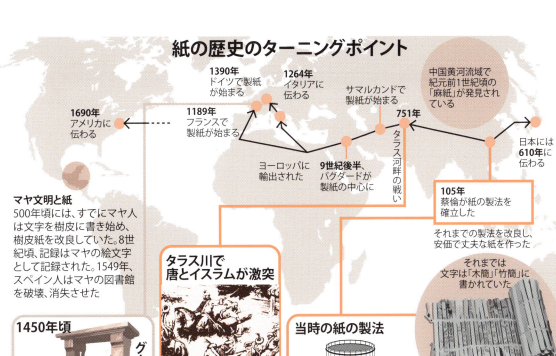

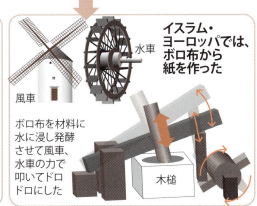

もっと知る世界史 8

人類と世界宗教1
アショーカ王の帝国が仏教を世界宗教とした

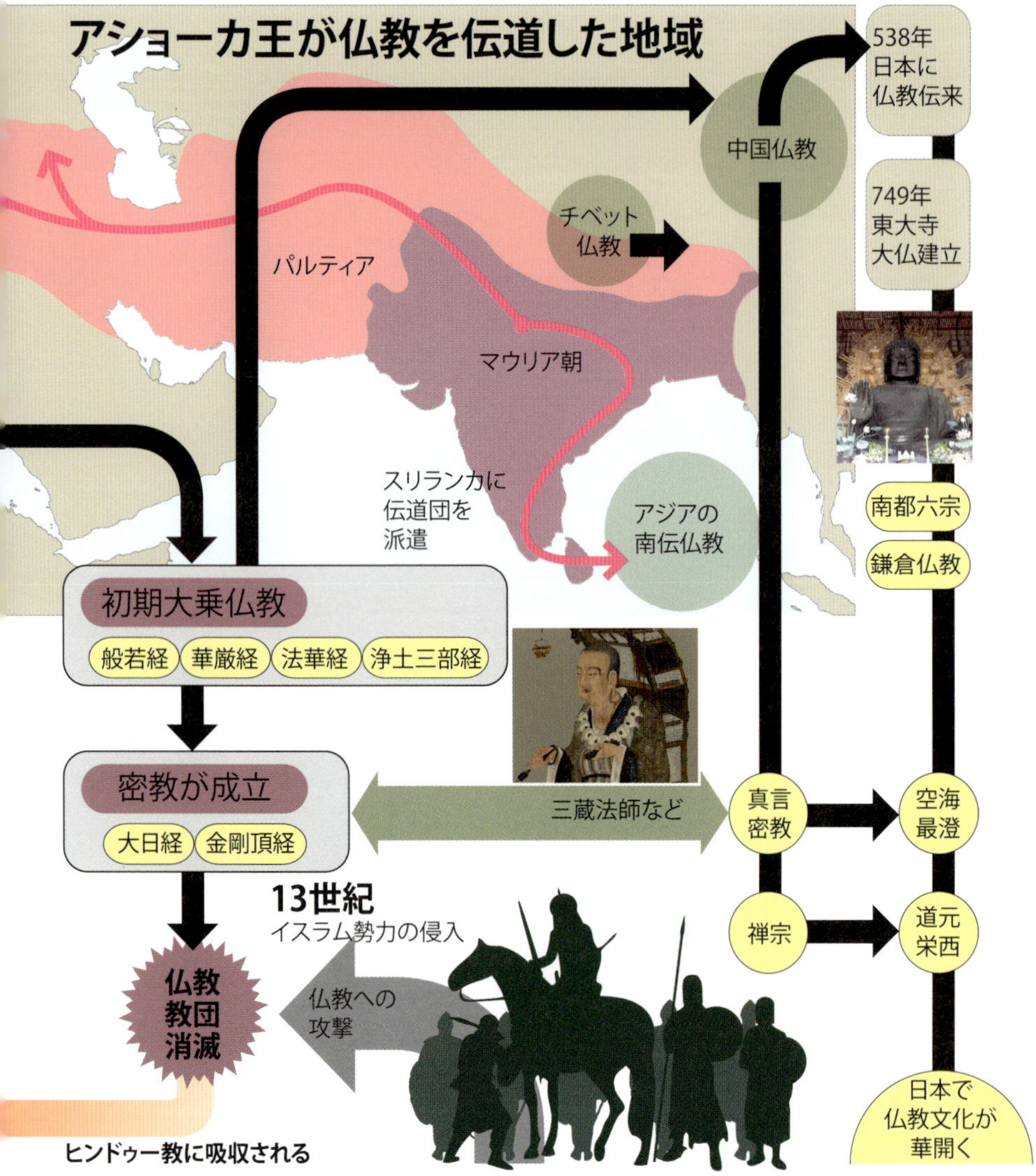

インドから日本へ

インド神話の人類の始祖マヌが人々の暮らしの指針として示したという『マヌ法典』という書物が紀元前2世紀から紀元後2世紀にかけて編まれました。仏教の開祖釈迦の在世時（紀元前500年頃）より後ですが、そこに記されているカーストの身分制は釈迦の時代より古くからインドにあるバラモン教（ヒンドゥー教）のダルマ（法）でした。釈迦はバラモンのダルマを超える法としてブッダ（仏）のダルマを説き、身分も国家も人を縛るものとして否定します。そのため、古い束縛からのがれたい都市の商工人を中心にブッダの信徒が集まりました。この仏教に大きな変化が起こったのが、紀元前3世紀のアショーカ王の時です。アショーカは多くあった国のひとつのマウリヤ国の王でしたが、悲惨な戦いの末にイン

仏教が世界宗教として広がる

アショーカ王は、仏教の布教使節を西の世界に送り、その広がりはエジプト、マケドニアにまで及んだ
アショーカ王の詔勅のレリーフ
アフガニスタン・カンダハル発見の岩に刻まれた王の詔勅。ギリシア語、アマル語でも記されている
マケドニア
エジプト
新しい帝国・マウリヤ朝(紀元前317頃~前180年頃)の誕生
第3代アショーカ王の仏教への帰依
戦車に乗るアショーカ王のレリーフ
仏教が帝国の宗教に
ブッダを象徴する天の王であるライオンが、石柱の先端でアショーカの帝国を見下ろしている
仏教教団の成立
新しい宗教思想の誕生
様々な新しい思想が生まれる
仏教もその一つ
新しい社会階層が仏教を支持した
ブッダの悟り
アショーカ・ストゥーパを建立
ブッダの遺骨を納めたストゥーパを、王は帝国の84,000箇所に建てたと伝えられている
アショーカ・ピラを建立
アショカ王は仏教に帰依、仏教のダルマ(法)による政治を決意し、その理念を記した石柱を帝国の各所に建てた
新しい商工業者の誕生
インド土着の宗教世界
ヒンドゥー教
農耕社会　多神教　儀礼と祈祷　カースト制(身分制度)

ドを初めて統一した帝王になり、ブッダの法による統治を宣言。それを諸民族に知らしめるため、各地に高い石柱を建てて宣言を刻み、その塔の頂には、四方を見下ろすように王とブッダを象徴するライオン像を置き、ブッダの栄光を表すストゥーパ（仏塔）を各地に建てました。こうして諸民族の神々の上にブッダが置かれたとき、仏教は世界宗教への道を歩み始めました。

　世界宗教とは、民族や国の別を超えて、どんな人にもそそがれる慈悲といった普遍の理念をもつ宗教をいいますが、それはまず、形で示されたのです。キリスト教やイスラム教も同じく、いったん帝国の宗教となることによって世界宗教になりました。また、皇帝や王は例外なく巨大な教会や礼拝堂を築き、その権威を示しました。

　仏教はシルクロードの交易都市国家の王や商人に奉じられて東方に伝わり、紀元6世紀に朝鮮半島の王から当時の欽明天皇に伝えられました。その仏教は、いわゆる国家仏教であり、日本でも東大寺のように巨大な寺が国によってつくられました。そこから仏教は日本でも発展し、さまざまな宗派も生まれて民衆にも広まりました。

もっと知る世界史 9

人類と世界宗教2
ローマ帝国がキリスト教を世界宗教とした

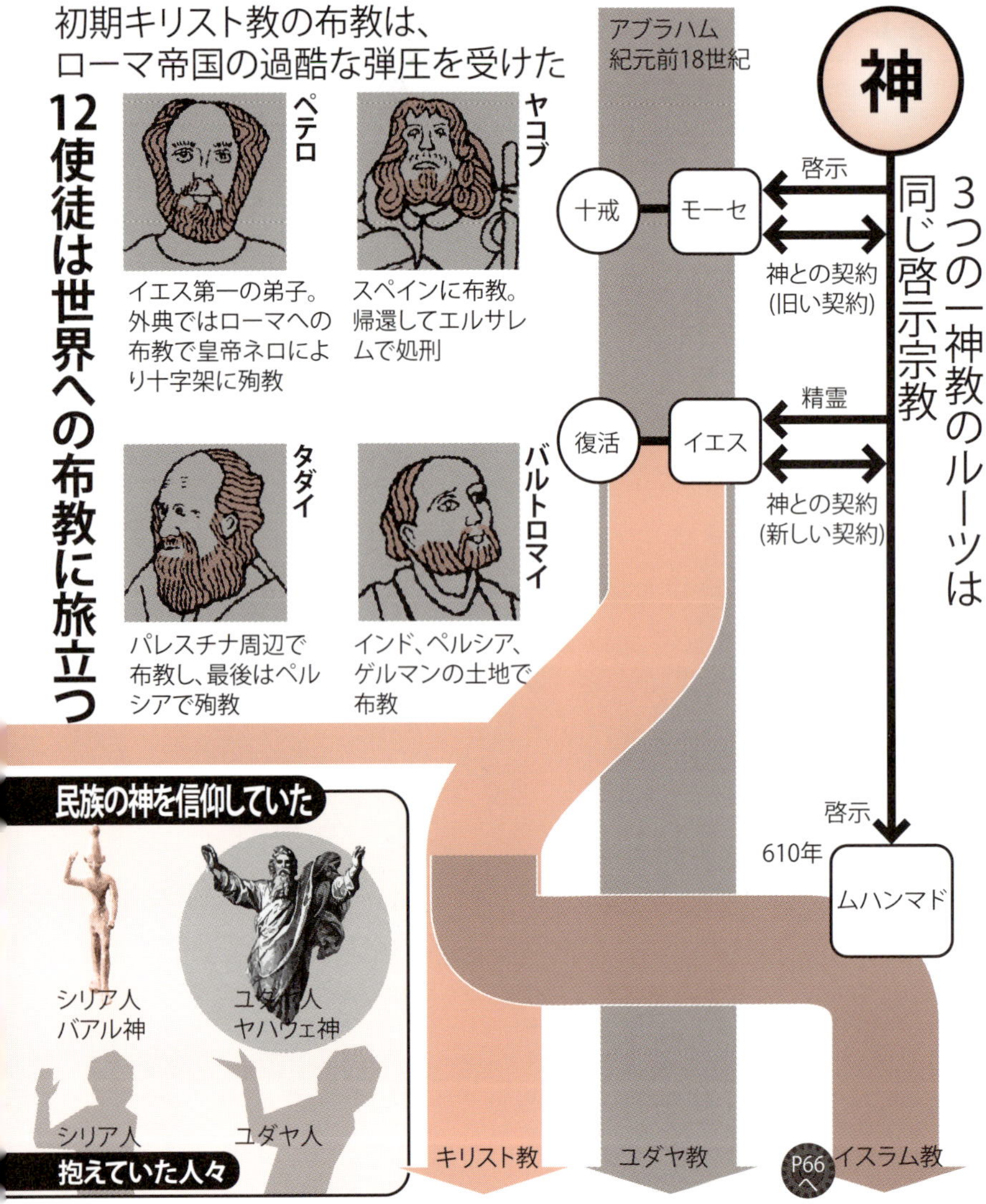

啓示の宗教

『旧約聖書』にユダヤ人の祖先であるヘブライ人はエジプト人の奴隷としてエジプトで暮らしていたが、預言者モーセに率いられてカナンに移住したと記されています。カナンは現在のイスラエルやヨルダンのあたりで、もともとヘブライ人たちが暮らしていた肥沃な土地でした。モーセは民族の神ヤハウェの啓示を受けて、そこに戻ることを許されました。その途上のシナイ山で、神はモーセに十戒を授けました。その第一は「ヤハウェを唯一の神とすること」です。それを誓い、実践するなら、神は繁栄を約束する。そのような契約が取り交わされたのでした。そしてカナンの地で王国を築いて繁栄しましたが、紀元前５８７年にバビロニアに攻められて亡び、人々が奴隷としてとらわれました。その後、分散し、一

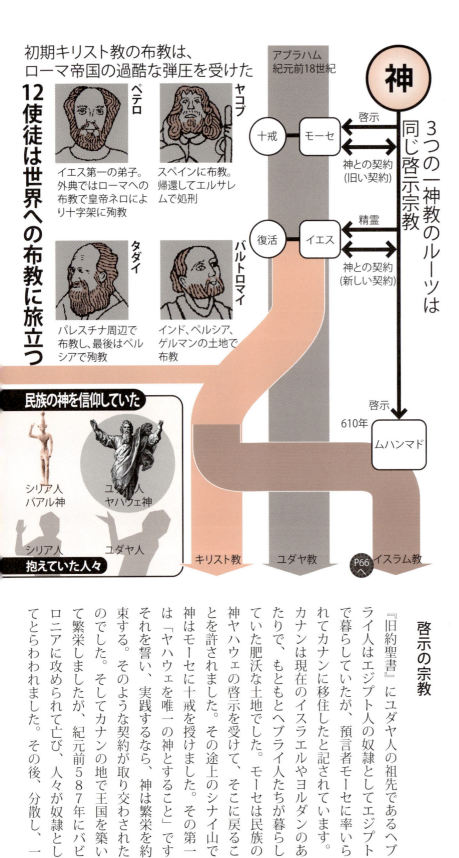

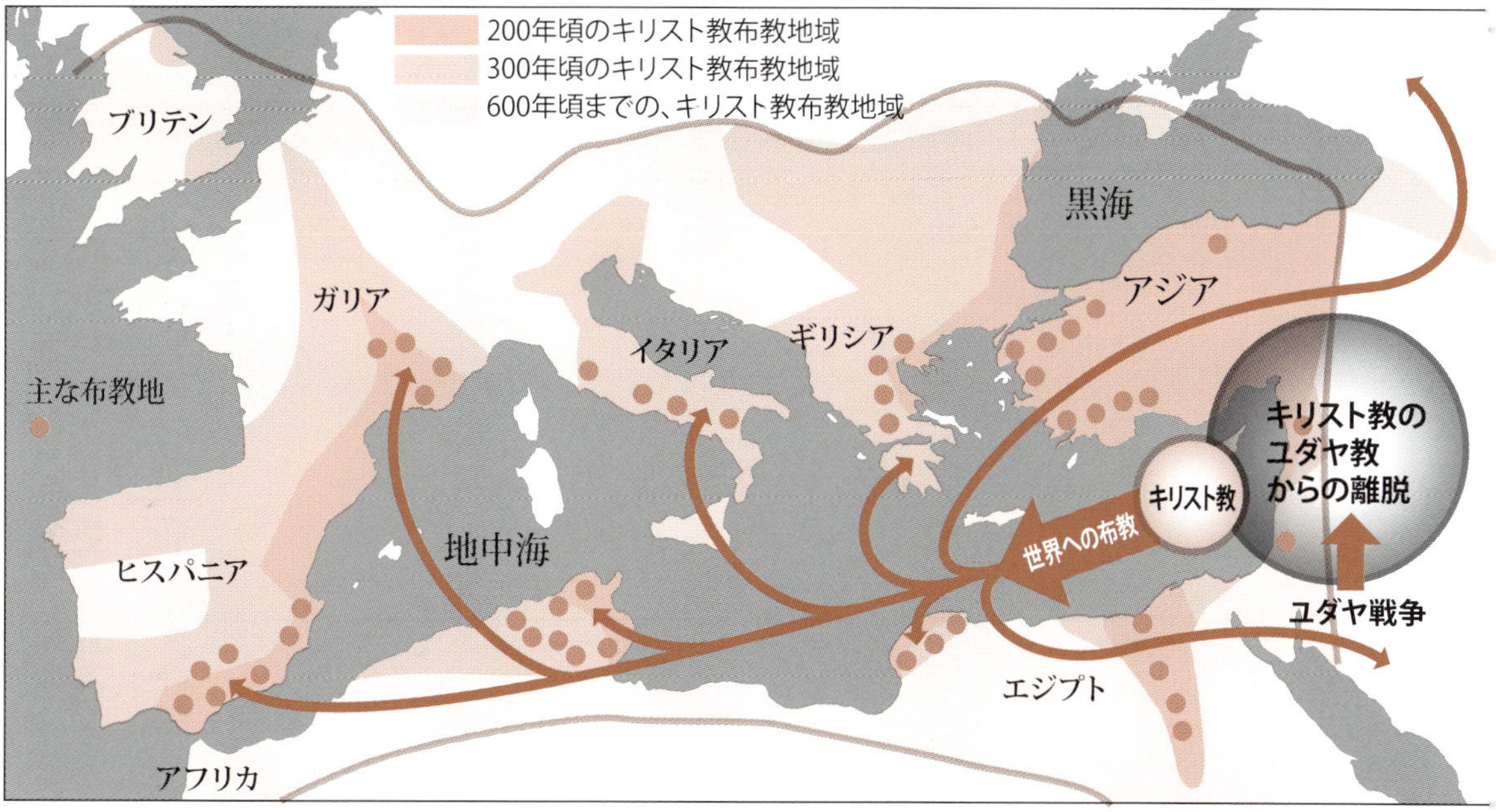

キリスト教を弾圧した
ローマ帝国は、手のひら返しで
キリスト教を帝国の宗教に、なぜ?

ローマ帝国の統一宗教 キリスト教になる

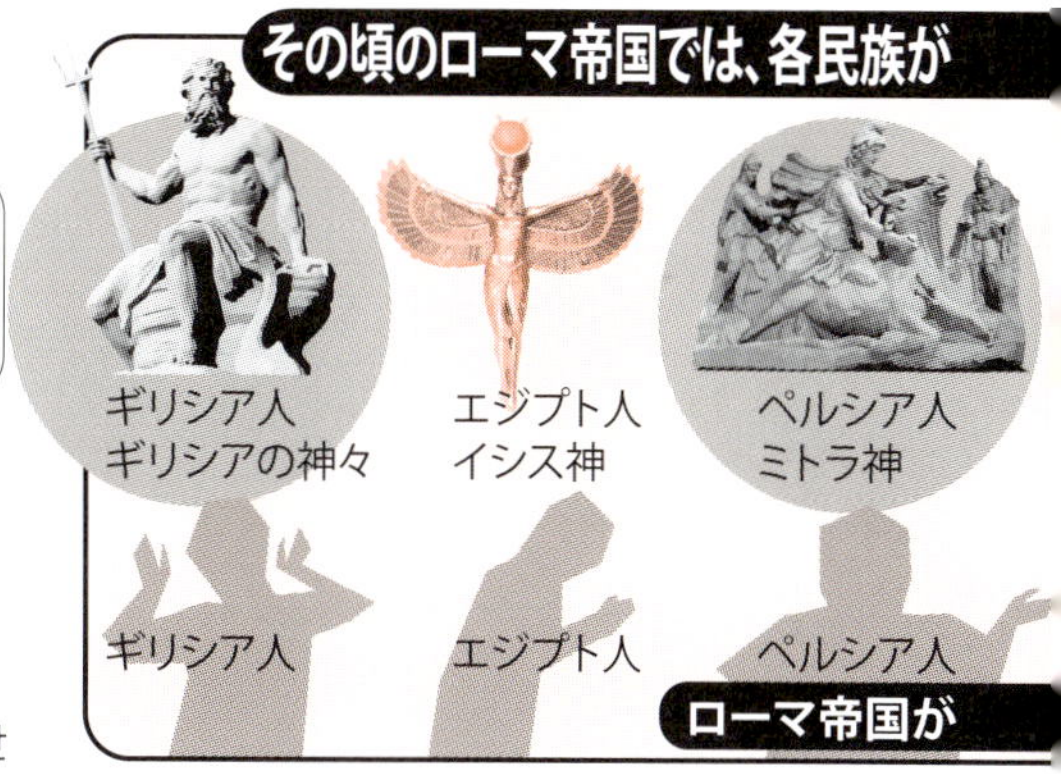

時はイスラエルの地に王国を回復したこともありましたが、紀元前1世紀にはローマ帝国に従属しました。

このユダヤの人々に、歴史の終わりに神は全ての死者を墓地からよみがえらせ、審判を行う。そして神を信じて生きた人は天国に入れられるという信仰がありました。

そうした時、イエスが生まれ、「神の国は近い。これまでの罪を悔い改めよ」「あなたがたの敵を愛し、あなたがたを憎む者に親切にしなさい」などの教えを説きました。それは伝統の教えに反するとして告発され、十字架に架けられましたが、神が自分の子をイエスとして地上に降ろし、その命を代価として人々の罪を買い取られたのだと言われるようになりました。

イエスはキリスト（救世主）として復活し、その愛は民族の違いを超えて注がれる。このイエスの生涯と言行が記されているのが『新約聖書』です。イエスによって神ヤハウェとの契約は新しくされたということです。これによって始まったキリスト教はローマ帝国内に広まりました。当初は弾圧されましたが、やがてローマ皇帝の宗教となり、世界宗教として広まりました。

もっと知る世界史 10

人類と世界宗教3
イスラム教は世界宗教となり今日、世界人口の約30%を占めている

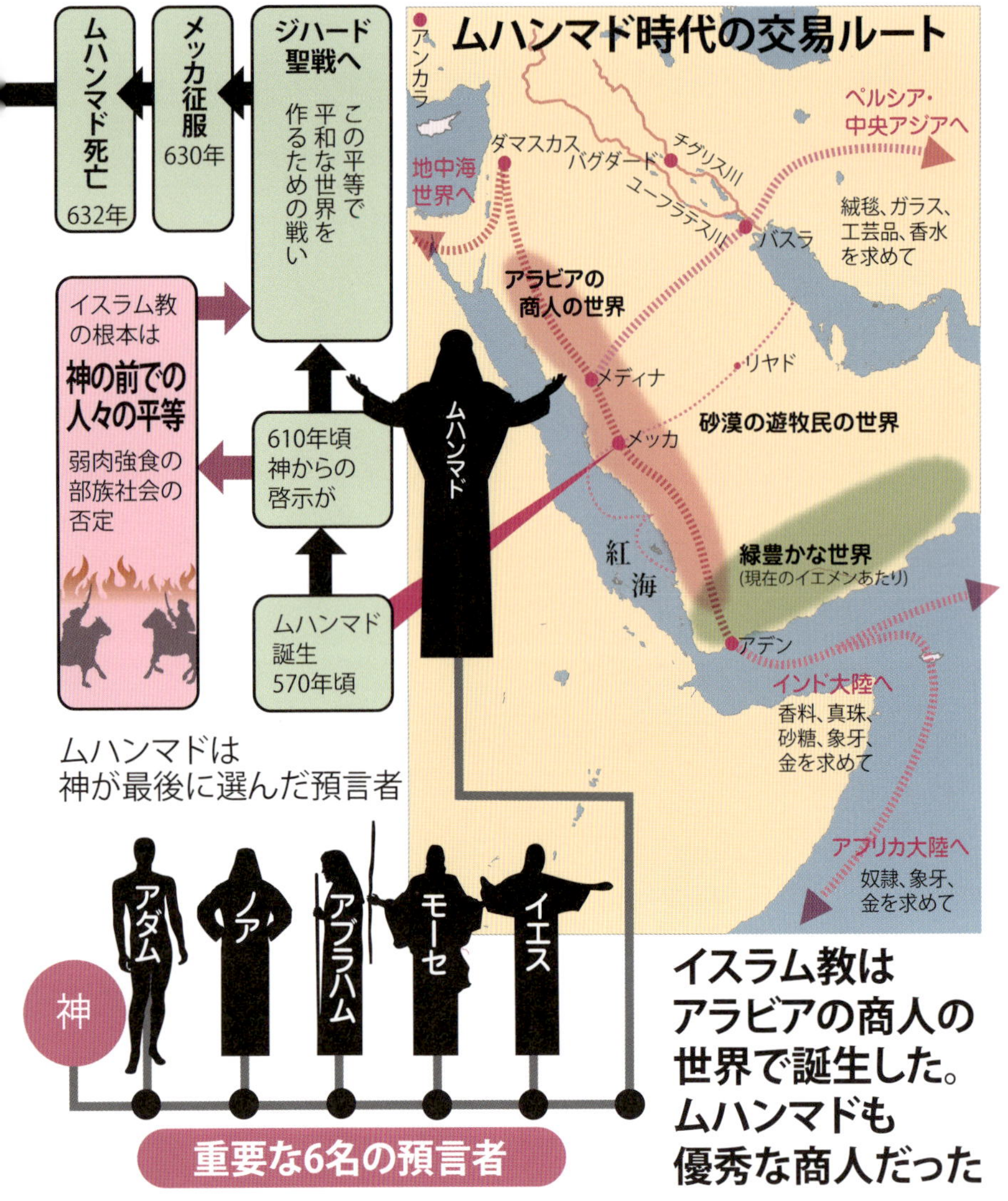

神と預言者と啓典の民

イスラム教の開祖ムハンマド（570年頃〜632年）はアラビアのメッカに暮らす商人でした。40歳のころ、洞窟で祈っていたところ、突然に神の声を聞きました。その神をアッラーとよびますが、ユダヤの聖典『旧約聖書』の神ヤハウェと同じです。

啓示とはインスピレーション（霊的なひらめき）を受けることで、神の声を聞いてそれを人々に伝える人を預言者《よげんしゃ》（神の言葉を預かった人）といいます。アブラハムやモーセも預言者で、その言行は『旧約聖書』に記されています。キリスト教の開祖イエスも預言者で、その言行を記した聖典が『新約聖書』です。

ムハンマドも預言者で、その言行を記した聖典が『コーラン』です。それらは啓示の書として啓典といい、ユダヤ教徒・キリ

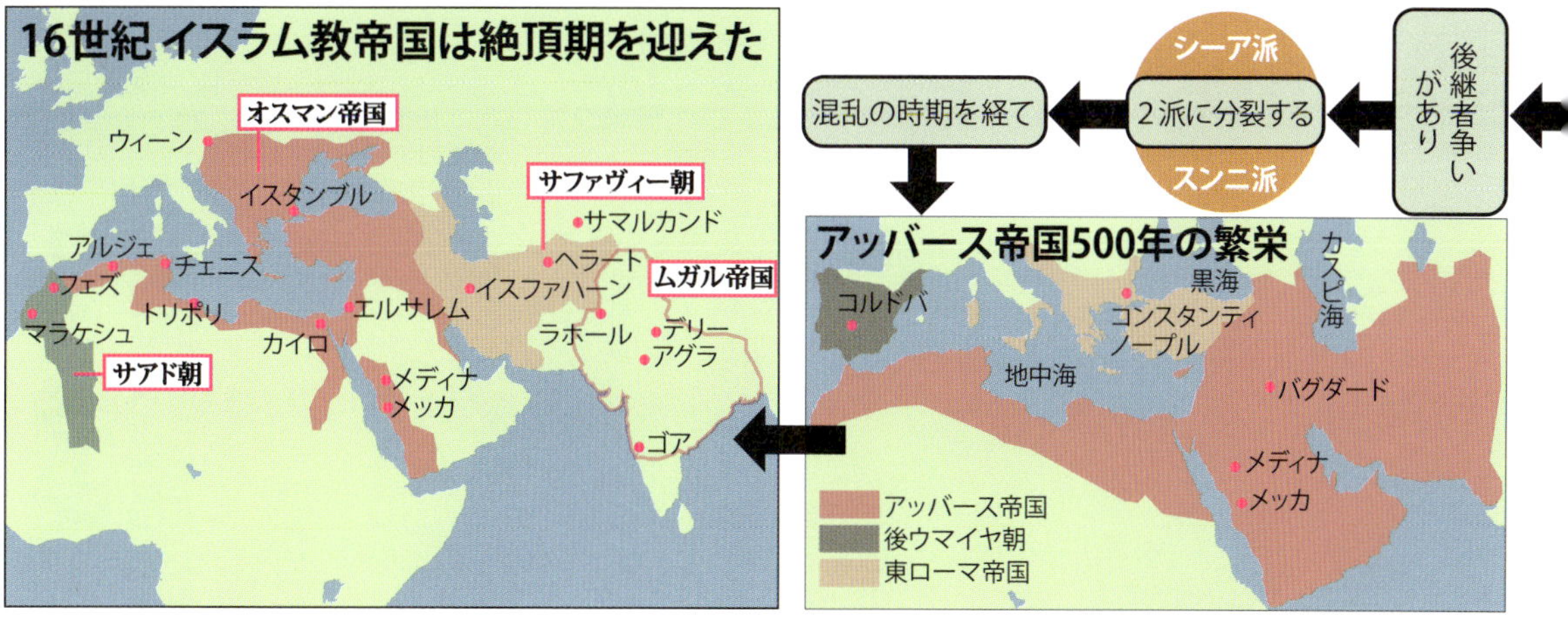
16世紀 イスラム教帝国は絶頂期を迎えた
オスマン帝国
ウィーン
イスタンブル
サファヴィー朝
サマルカンド
ヘラート
ムガル帝国
アルジェ
チュニス
フェズ
トリポリ
マラケシュ
カイロ
エルサレム
イスファハーン
ラホール
デリー
アグラ
メディナ
メッカ
サアド朝
ゴア
後継者争いがあり
シーア派
2派に分裂する
スンニ派
混乱の時期を経て
アッバース帝国500年の繁栄
コルドバ
黒海
カスピ海
コンスタンティノープル
地中海
バグダード
メディナ
メッカ
アッバース帝国
後ウマイヤ朝
東ローマ帝国

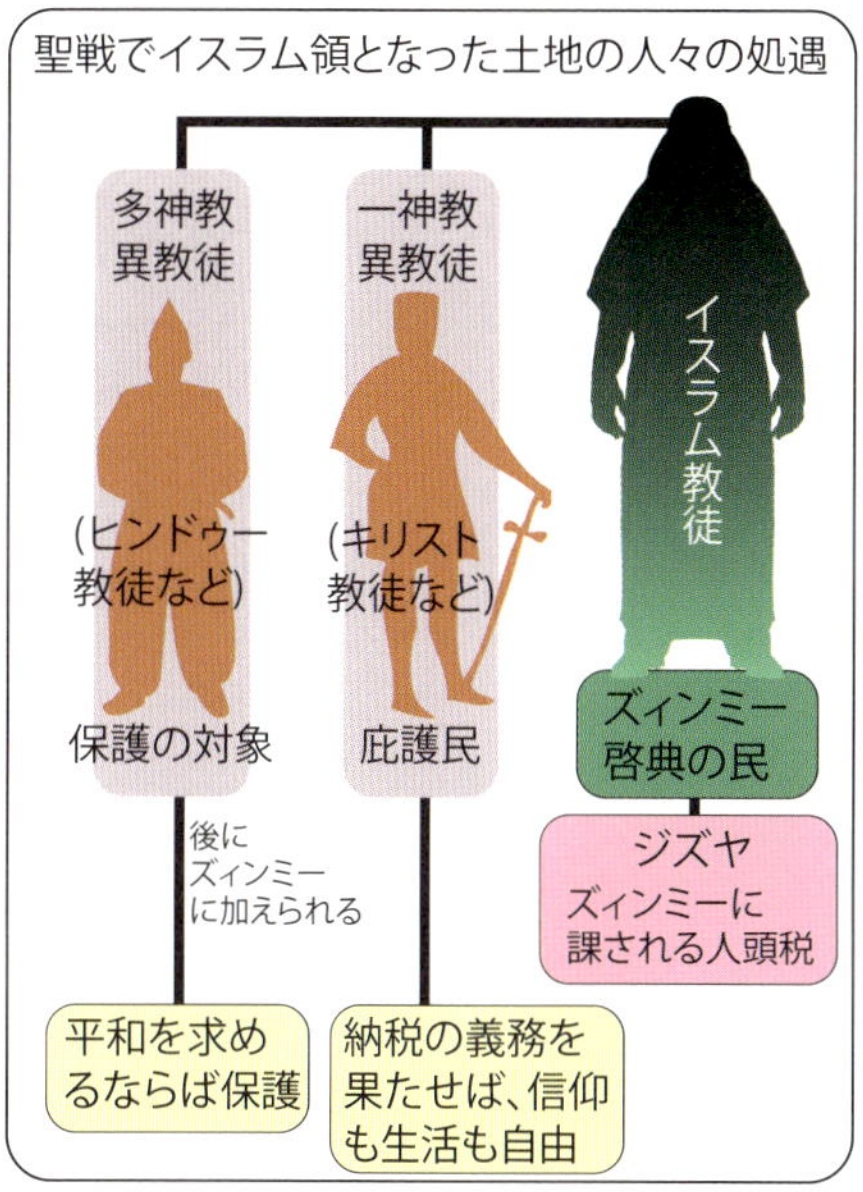
聖戦でイスラム領となった土地の人々の処遇
多神教異教徒
(ヒンドゥー教徒など)
保護の対象
一神教異教徒
(キリスト教徒など)
庇護民
イスラム教徒
ズィンミー啓典の民
ジズヤ
ズィンミーに課される人頭税
後にズィンミーに加えられる
平和を求めるならば保護
納税の義務を果たせば、信仰も生活も自由

そして、異民族、異教徒に寛容

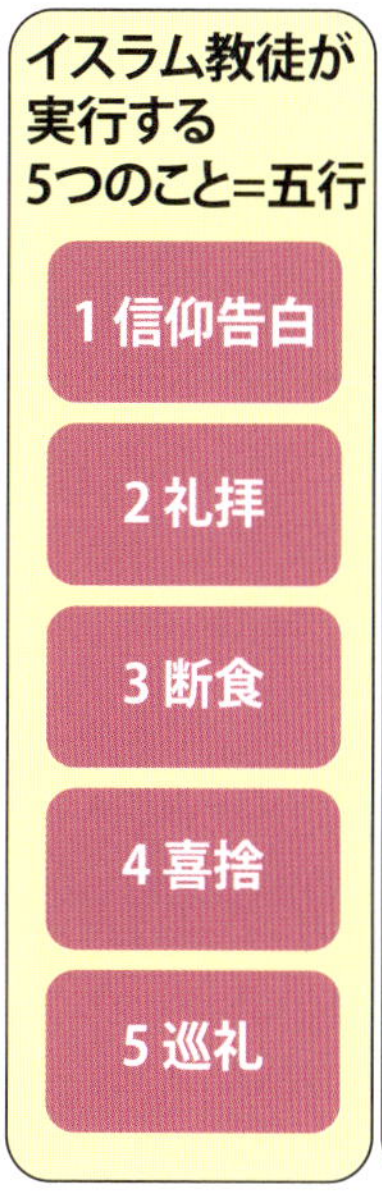
イスラム教徒が実行する5つのこと=五行
1 信仰告白
2 礼拝
3 断食
4 喜捨
5 巡礼

イスラム教徒の基本 6つの信仰=六信
アラビア語のアッラーの文字が、象徴として用いられる
偶像崇拝を絶対的に禁止するイスラム教では、神の姿が描かれることはない
1 アッラーを信じる
3 啓典を信じる
神から預言者を通じて下された、啓典を信じる
2 天使を信じる
神の言葉をムハンマドに伝えた天使を信じる
5 来世を信じる
最後の審判と、天国と地獄を信じる
4 預言者を信じる
神から啓典を伝えられた預言者を信じる
6 天命を信じる
人の一生は神のみ心によっていることを信じる

スト教徒・イスラム教徒は啓典の民とされます。

預言者はアブラハムやイエスのほかにも数多く時代や世相に応じて現れました。そして最終預言者として現れたのがムハンマドだとされます。したがって、ムハンマドは神ではなく、信徒と同じ人間です。他の宗教とくらべて、ここにイスラム教の最大の特色があります。イスラム教のモスクは寺院・教会ではなく礼拝所で、神父や僧のような聖職者はいません。イマームとよばれる指導者・世話人はいても、立場は他のイスラム教徒と同じ一般の人です。イエス・キリスト像や仏像などもありません。ただ、礼拝するメッカの方角を示すためのしるしがあるだけです。

イスラム教徒はアッラーを信じることでひとつであり、人種の違いは問いません。上図の六信五行を信徒の指針としますが、どの程度守るかは実際にはさまざまです。いずれにせよ、アッラーのもとで同じ人だということから商取引の信用が生まれ、契約の書式が生まれました。それによってイスラム圏は急拡大し、今では世界人口の約30％がイスラム教徒になっています。

もっと知る世界史 11

騎馬遊牧民の世界史

ユーラシアの中央では遊牧騎馬民族の連合国が興亡した

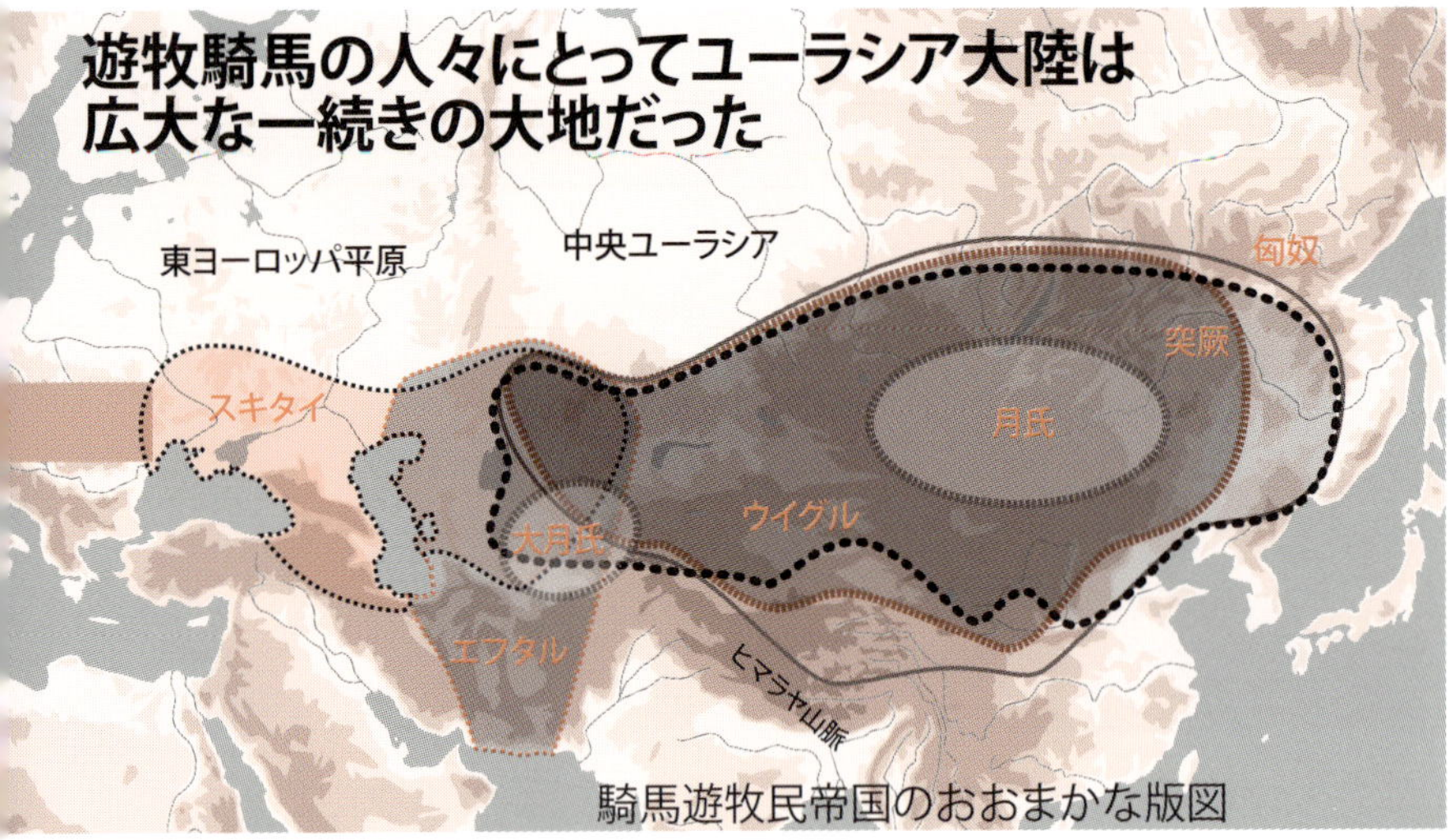

遊牧騎馬の人々にとってユーラシア大陸は
広大な一続きの大地だった
東ヨーロッパ平原
中央ユーラシア
匈奴
突厥
スキタイ
月氏
ウイグル
大月氏
エフタル
ヒマラヤ山脈

騎馬遊牧民帝国のおおまかな版図

草原の民族

遊牧とは家畜を追いながら暮らすことです。その家畜はヒツジや牛、馬などの草食で、草や水場を求めて移動します。そのため、家も簡単に組み立てられる移動式で、家族そろって移住するのが普通です。

このような暮らしは私たち日本人には、たいへん理解しにくいものです。多くの日本人は田畑がある村に生きてきました。典型的な農耕定住民です。田畑や宅地はきっちりと区画が決まっていて、村境も明確です。江戸時代に諸藩と幕府領に分割されていた頃も、現在の土地区分も、その境は厳重です。しかし遊牧民は、そもそも国境をもちません。およその勢力圏や遊牧コースは決まっていても、きっちりと線を引いたようにはいきません。しかし、誰は誰の息子であるといった血筋をたどる部族の結束は固く、部族の掟も厳しいのでした。

このような遊牧民は、アフリカのサハラ砂漠の周辺などに広がるステップと呼ばれる草原に生きてきましたが、遊牧騎馬民族あるいは単に騎馬民族といえば、中央アジアの遊牧民をさします。

中央アジアには、今のモンゴルあたりから東ヨーロッパにかけてはゴビ砂漠などの乾燥地帯とともにステップが広がっています。そこはシルクロードの交易路にもあたり、オアシスの交易都市国家や農耕民と関係をもちながら騎馬民族が暮らしてきました。羊毛や毛皮のほか、肉、バターなどの乳製品を都市に持ち込み、小麦などの穀物や日用雑貨と交換したので、遊牧騎馬民と定住民はもちつもたれつの関係です。しかし、素速く移動する馬術、馬上から弓矢を放つ武術などにすぐれた騎馬民族は、時に定住民の都市や村を襲って略奪しました。

騎馬遊牧民帝国の興亡

スキタイ帝国
前1000~前300年

世界最初の
騎馬遊牧民連合国家

中央アジアに誕生したイラン系騎馬遊牧民。戦闘技術に秀で、スキタイ様式の華麗な金細工の工芸品も生み出した。このスキタイ様式は広くユーラシア大陸に流布した

スキタイの古墳から出土した女王の胸飾り

撃退する

スキタイ戦争

アケメネス朝ペルシア ダレイオス大王

前513年頃
ダレイオスは70万の大軍でスキタイを攻めたが、敗北した

これが騎馬遊牧民国家の原型 そして、もう一つの原型が

遊牧スキタイ支配王族
↓
遊牧スキタイ
↓
農耕スキタイ
↓
商業スキタイ

様々な階層と、職能の人々をゆるやかに統合する

騎馬軍団の圧倒的強さ　騎射

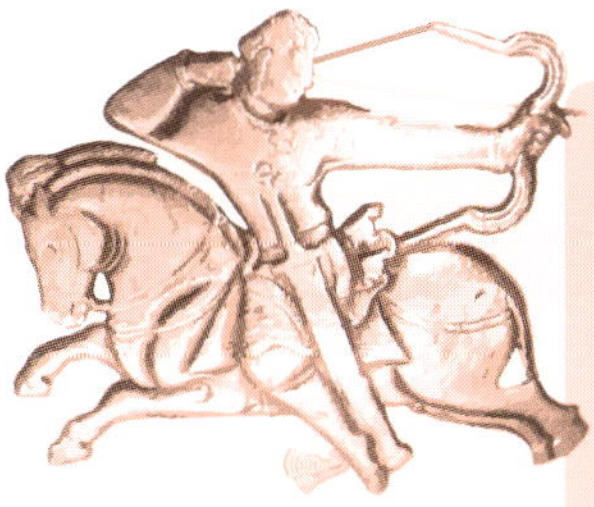

エフタルの騎兵
戦場を自在に駆けて、馬上から弓を射掛ける騎馬軍団の攻撃は、歩兵中心の軍隊にとっては脅威であり続けた。敗走と見せかけての後ろ向きでの攻撃はパルティアンショットと呼ばれた

匈奴帝国
前3世紀頃全盛に
中国歴代帝国の脅威。前漢時代は匈奴の属国に

漢の北辺に広大な帝国を築いた匈奴。その王は単于(ぜんう)と称し、その両翼を右賢、左賢の王が支え、それぞれが万人隊と称する精鋭の軍団をもつ、強固な国家体制を持っていた

月氏、西に追われる
イラン系とも言われる遊牧民。モンゴル高原を中心に大勢力を持つ。前176年頃、匈奴に追われて分裂。東に逃れた主力が天山山脈の北に移動、大月氏に。バクトリア王国を倒した

エフタル帝国（大月氏？）
500年頃全盛を迎える
6世紀前半に中央アジア全域を領有した帝国

400年代の半ば、アフガニスタンから興った帝国。大月氏の一族との説も。東のインドのグプタ朝を侵食、ガンダーラを支配。西はタリム盆地までを支配した。6世紀半ばササン朝と突厥に滅ぼされる

滅ぼす

突厥(とっけつ)帝国
6世紀、ユーラシア全域を支配する大帝国

モンゴル高原のトルコ系遊牧民。552年アルタイ山脈の南西部で、部族連合国家をつくる。トルキスタンに進出し、エフタルを滅ぼす。583年に東西に分裂。唐の建国を東突厥が支援した。744年にウイグル族に滅ぼされる

滅ぼす

ウイグル帝国
8世紀に東西貿易で繁栄した、トルコ系の帝国

突厥に隷属していたが、独立しウイグル王国を建国。唐の安史の乱でその鎮圧に軍を送り洛陽を解放した。マニ教を国教として、東西貿易の拠点として繁栄。840年、キルギスによって滅亡

ユーラシアの草原で、100年単位で帝国が生まれ、滅んだ。そしてモンゴルが登場する

もっと知りたい P28、29

また、侵入した土地に定着し、農耕や交易に従事することもありました。

中央アジアで最初に興った騎馬民族は上図のスキタイです。スキタイはイラン系遊牧民で、現在のトルコあたりから勢力を広げて西はハンガリー、東はモンゴルあたりまで広がりました。

中国から見ると、騎馬民族は北方・西方の民族です。それらを匈奴《きょうど》、突厥《とっけつ》、月氏《げっし》など漢字の名でよびました。その侵入を防ぐために都市を城壁で囲ったり、万里の長城を築いたりしましたが、時に騎馬民族が深く侵入し、漢民族の上に君臨する国家も生まれました。なかでもモンゴル人が中国全土を治めた元（1271〜1368年）、北方ツングース系民族の満州族《まんしゅうぞく》が治めた清《しん》（1644〜1912年）は強大な帝国でした。

清は中国最後の王朝で、次には中華民国となります。その頃には軍隊に自動車や戦車が使われるようになり、兵器も銃や大砲に変わって、騎馬民族の馬や弓矢の威力は失われました。現在もモンゴル平原などに家畜を追って暮らす遊牧民はいますが、騎馬民族といえる人々はいなくなりました。

もっと知る世界史 12

武器・戦争の人類史

鉾と盾、止まることのない攻防は科学技術によって、その果てすら見えない

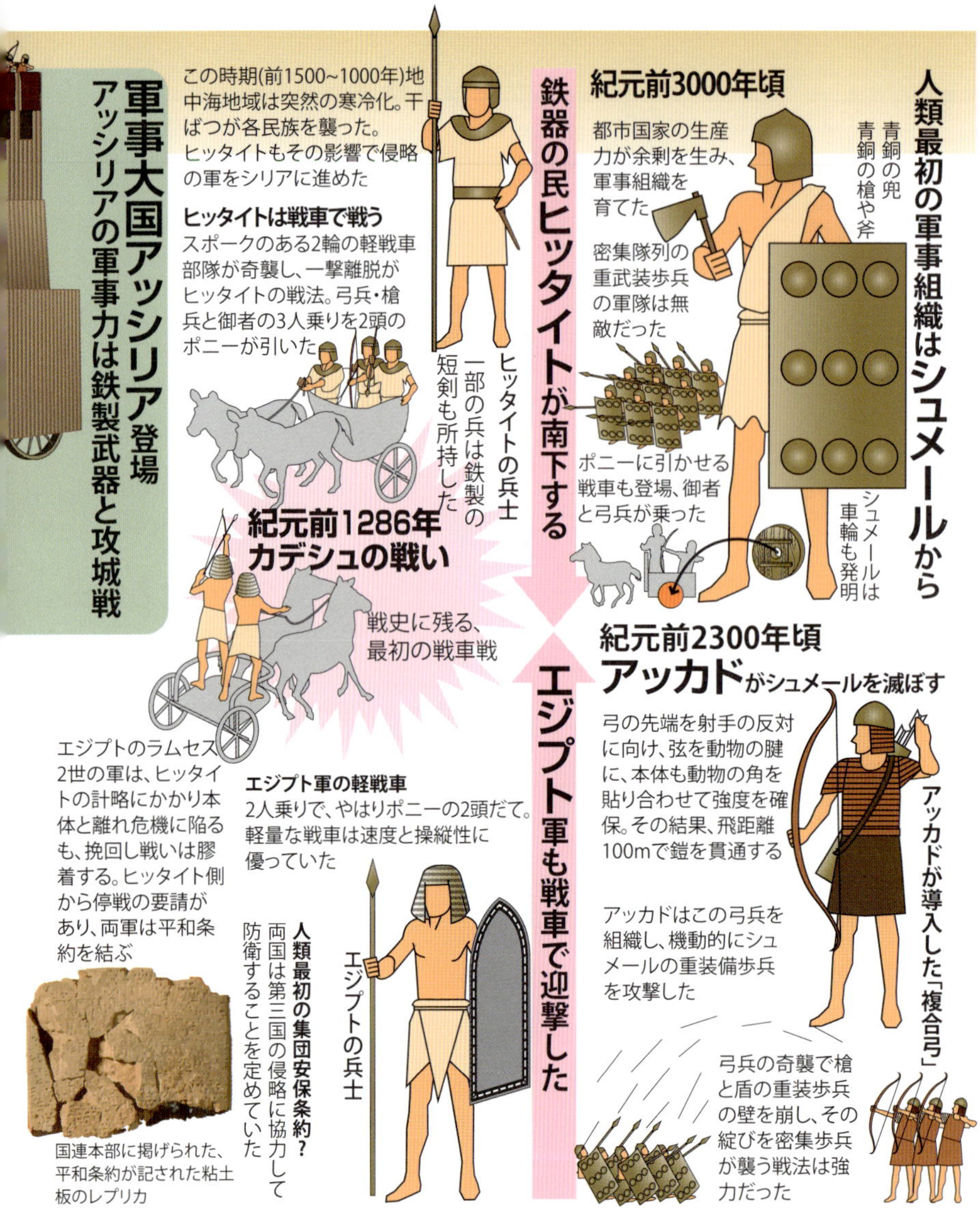

人類最初の軍事組織はシュメールから
青銅の兜
青銅の槍や斧
紀元前3000年頃
都市国家の生産力が余剰を生み、軍事組織を育てた
密集隊列の重武装歩兵の軍隊は無敵だった
ポニーに引かせる戦車も登場、御者と弓兵が乗った
シュメールは車輪も発明
鉄器の民ヒッタイトが南下する
ヒッタイトの兵士
一部の兵は鉄製の短剣も所持した
この時期(前1500~1000年)地中海地域は突然の寒冷化。干ばつが各民族を襲った。ヒッタイトもその影響で侵略の軍をシリアに進めた
ヒッタイトは戦車で戦う
スポークのある2輪の軽戦車部隊が奇襲し、一撃離脱がヒッタイトの戦法。弓兵・槍兵と御者の3人乗りを2頭のポニーが引いた
紀元前1286年
カデシュの戦い
戦史に残る、最初の戦車戦
軍事大国アッシリア登場
アッシリアの軍事力は鉄製武器と攻城戦
紀元前2300年頃
アッカドがシュメールを滅ぼす
弓の先端を射手の反対に向け、弦を動物の腱に、本体も動物の角を貼り合わせて強度を確保。その結果、飛距離100mで鎧を貫通する
アッカドが導入した「複合弓」
アッカドはこの弓兵を組織し、機動的にシュメールの重装備歩兵を攻撃した
弓兵の奇襲で槍と盾の重装歩兵の壁を崩し、その綻びを密集歩兵が襲う戦法は強力だった
エジプト軍も戦車で迎撃した
エジプト軍の軽戦車
2人乗りで、やはりポニーの2頭だて。軽量な戦車は速度と操縦性に優っていた
エジプトのラムセス2世の軍は、ヒッタイトの計略にかかり本体と離れ危機に陥るも、挽回し戦いは膠着する。ヒッタイト側から停戦の要請があり、両軍は平和条約を結ぶ
エジプトの兵士
人類最初の集団安保条約？
両国は第三国の侵略に協力して防衛することを定めていた

国連本部に掲げられた、平和条約が記された粘土板のレプリカ

国家が持つ組織的軍隊の出現

人類の歴史上、最初に現れた組織的な軍隊は、紀元前３０００年頃、メソポタミアにシュメール人たちが築いた都市国家が持つ軍隊でした。

国家が軍隊を持つためには、いくつかの条件があります。第一に、働かずに戦闘に専念する軍人たちを十分に養えるだけの生産力を国家が持っていること。第二に、軍人たちの戦闘技術を組織化するために、標準化された装備・武装を持っていること。そして第三に、食料や武器の補給など、軍隊を後方で支援する活動、つまり兵站《へいたん》を組織化できることです。シュメールの都市国家の軍隊は、この三つの条件を満たした最初の軍隊でした。

シュメールの兵士の姿を見てみましょう。右手に武器、左手に盾を持ち、頭を守る兜

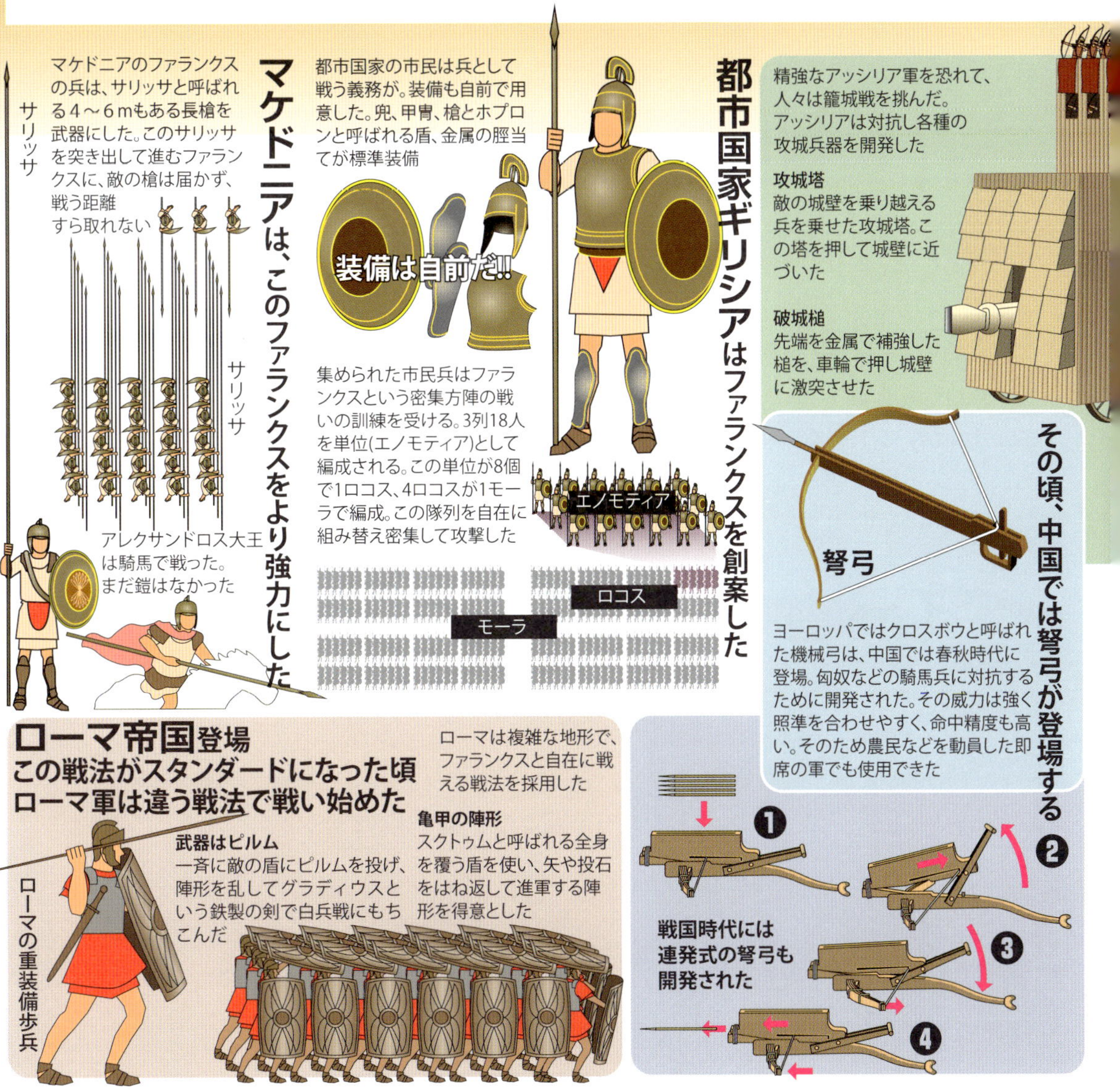
マケドニアは、このファランクスをより強力にした
マケドニアのファランクスの兵は、サリッサと呼ばれる4～6mもある長槍を武器にした。このサリッサを突き出して進むファランクスに、敵の槍は届かず、戦う距離すら取れない
サリッサ
サリッサ
アレクサンドロス大王は騎馬で戦った。まだ鐙はなかった
都市国家ギリシアはファランクスを創案した
都市国家の市民は兵として戦う義務が。装備も自前で用意した。兜、甲冑、槍とホプロンと呼ばれる盾、金属の脛当てが標準装備
装備は自前だ!!
集められた市民兵はファランクスという密集方陣の戦いの訓練を受ける。3列18人を単位(エノモティア)として編成される。この単位が8個で1ロコス、4ロコスが1モーラで編成。この隊列を自在に組み替え密集して攻撃した
エノモティア
ロコス
モーラ
精強なアッシリア軍を恐れて、人々は籠城戦を挑んだ。アッシリアは対抗し各種の攻城兵器を開発した
攻城塔
敵の城壁を乗り越える兵を乗せた攻城塔。この塔を押して城壁に近づいた
破城槌
先端を金属で補強した槌を、車輪で押し城壁に激突させた
その頃、中国では弩弓が登場する
弩弓
ヨーロッパではクロスボウと呼ばれた機械弓は、中国では春秋時代に登場。匈奴などの騎馬兵に対抗するために開発された。その威力は強く照準を合わせやすく、命中精度も高い。そのため農民などを動員した即席の軍でも使用できた
戦国時代には連発式の弩弓も開発された
1
2
3
4
ローマ帝国登場
この戦法がスタンダードになった頃
ローマ軍は違う戦法で戦い始めた
ローマは複雑な地形で、ファランクスと自在に戦える戦法を採用した
武器はピルム
一斉に敵の盾にピルムを投げ、陣形を乱してグラディウスという鉄製の剣で白兵戦にもちこんだ
亀甲の陣形
スクトゥムと呼ばれる全身を覆う盾を使い、矢や投石をはね返して進軍する陣形を得意とした
ローマの重装備歩兵

をかぶっています。この装備は人間の身体能力の拡張を実現しています。槍は攻撃力、兜と盾は防御力です。

　強力な攻撃兵器が生まれると、それを防ぐ盾が生まれ、すぐにまた、その盾を破る新しい兵器が開発される。そんなイタチごっこを見てみましょう。

　兜と盾で防御し、隊列を組んで槍を突き出してくるシュメール軍に、アッカドの軍隊は、より強力な攻撃を仕掛けます。盾を貫く複合弓を放って敵の隊列を乱し、その隙をついて攻撃したのです。

　ヒッタイト軍は、車輪にスポークをつけた高速な戦車で戦場を駆け回り、対するエジプト軍は、より軽快な戦車を開発します。アッシリア軍は、堅牢な城に籠って抵抗する敵に対して、様々な攻城兵器を開発します。この戦法はローマ軍にも受け継がれ、遠くヨーロッパ中世まで継承されました。

　そんな歴史の中で、長く脅威であり続けたのが、北方騎馬民族でした。中国で発明された弩弓《どきゅう》を騎馬民族が手にしたとき、地上最強の軍が誕生し、古代、中世のユーラシア大陸の歴史を揺り動かすことになったのです。（次ページに続く）

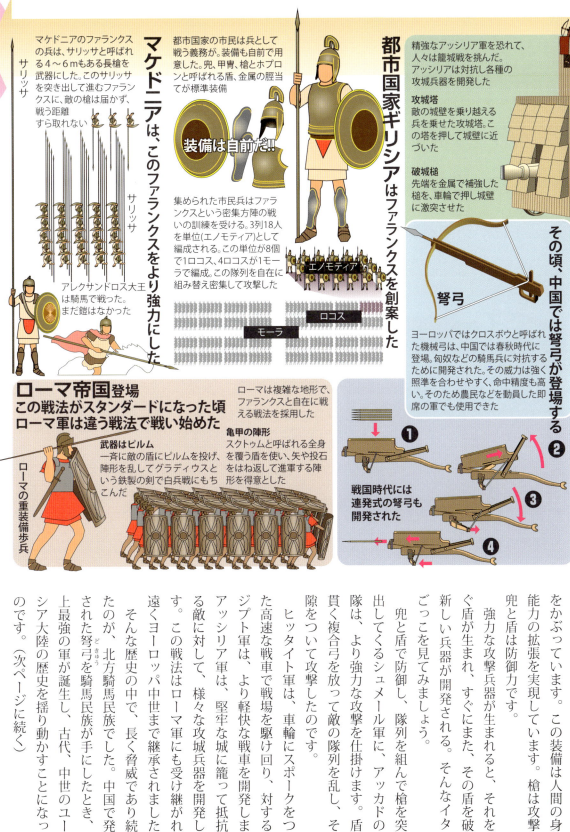

中国で唐時代に火薬が発明された ここから人類の戦いが激変する

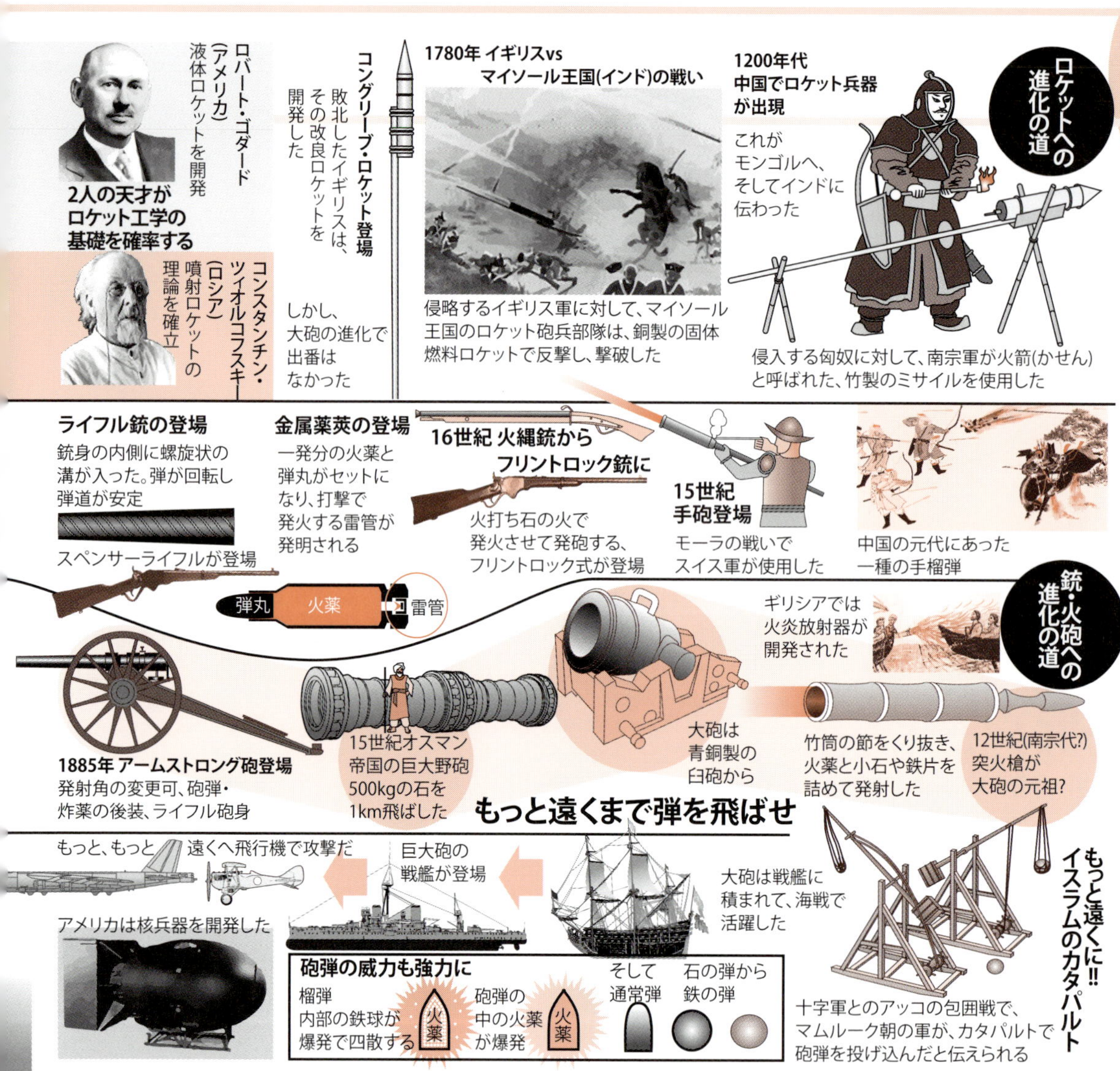
ロケットへの進化の道
1200年代 中国でロケット兵器が出現
これがモンゴルへ、そしてインドに伝わった
侵入する匈奴に対して、南宗軍が火箭(かせん)と呼ばれた、竹製のミサイルを使用した
1780年 イギリスvs マイソール王国(インド)の戦い
侵略するイギリス軍に対して、マイソール王国のロケット砲兵部隊は、銅製の固体燃料ロケットで反撃し、撃破した
コングリーブ・ロケット登場
敗北したイギリスは、その改良ロケットを開発した
しかし、大砲の進化で出番はなかった
ロバート・ゴダード (アメリカ) 液体ロケットを開発
2人の天才がロケット工学の基礎を確率する
コンスタンチン・ツィオルコフスキー (ロシア) 噴射ロケットの理論を確立
銃・火砲への進化の道
中国の元代にあった一種の手榴弾
15世紀 手砲登場
モーラの戦いでスイス軍が使用した
16世紀 火縄銃からフリントロック銃に
火打ち石の火で発火させて発砲する、フリントロック式が登場
金属薬莢の登場
一発分の火薬と弾丸がセットになり、打撃で発火する雷管が発明される
ライフル銃の登場
銃身の内側に螺旋状の溝が入った。弾が回転し弾道が安定
スペンサーライフルが登場
弾丸
火薬
雷管
ギリシアでは火炎放射器が開発された
12世紀(南宗代?) 突火槍が大砲の元祖?
竹筒の節をくり抜き、火薬と小石や鉄片を詰めて発射した
大砲は青銅製の臼砲から
15世紀オスマン帝国の巨大野砲 500kgの石を1km飛ばした
1885年 アームストロング砲登場
発射角の変更可、砲弾・炸薬の後装、ライフル砲身
もっと遠くまで弾を飛ばせ
もっと遠くに!! イスラムのカタパルト
十字軍とのアッコの包囲戦で、マムルーク朝の軍が、カタパルトで砲弾を投げ込んだと伝えられる
大砲は戦艦に積まれて、海戦で活躍した
巨大砲の戦艦が登場
もっと、もっと 遠くへ飛行機で攻撃だ
アメリカは核兵器を開発した
砲弾の威力も強力に
石の弾から鉄の弾
そして通常弾
砲弾の中の火薬が爆発
火薬
榴弾 内部の鉄球が爆発で四散する
火薬

火薬からＡＩ兵器まで

人類が組織的軍隊を持ってから約５０００年。前項では、そのうちの３５００年を扱いました。上図はその後の武器の歩みを俯瞰《ふかん》したものですが、この１５００年の間に、いかに人間の持つ兵器が急激に高度化していったかが、一目瞭然です。

戦争と武器の歴史に、大きな変化をもたらしたのは、中国人が唐の時代に発明した火薬でした。人類はこの火薬の爆発力を利用し、様々な武器のバリエーションを作り出します。それはロケットであり、大砲であり、それらを小型化した銃でした。

少なくとも12世紀までは、世界の中でオリエントが優位に立っていました。しかし、武器の技術と発想がヨーロッパに渡った途端、怒濤の高度化が展開します。鉄砲が手砲から火打ち式銃になるまでに４００年、それが現在のライフル銃になるまでに40年程度しか、かかっていません。

遅れていた貧しいヨーロッパが、先進の武器を持って大西洋とオリエントに進出したとき、歴史は再び大きく動き出しました。そのたどり着く先は、誰にも見えません。

そして、米・ソに
2人の天才が
登場する

ヴェルナー・フォン・ブラウン
（ドイツ）
ヒトラーの指示で
V2号を開発

アメリカに投降する

セルゲイ・コロリョフ
（ソ連）

液体ロケット
の開発に成功

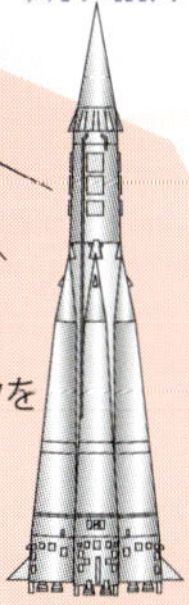

射程8,000kmの
ICBMを開発

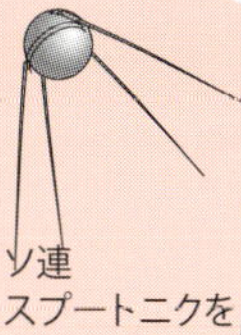

ソ連
スプートニクを
打ち上げた

ガガーリン

女性宇宙飛行士
テレシコワ

ソ連は人類初の
有人宇宙飛行を実現

ブラウン、
遅れてICBMを開発

アメリカ初のICBMタイタン

アポロ計画用巨大ロケットサターン

1969年

アポロ11号
有人月面着陸

ついに最大破壊力のロケット登場

R-36
25メガトン巨大ICBM

ミサイルは
米ソ対決から
米中対立

東風31A
飛距離14,000kmで
アメリカを射程に

そして戦いは
宇宙へ？

そして大砲からミサイルの時代へ

1883年　機関銃登場
マクシム機関銃

発明家マキシムは、
ヨーロッパ人が効率よく
殺しあえるように、機関銃を
開発したという。
1分間に600発発射できた

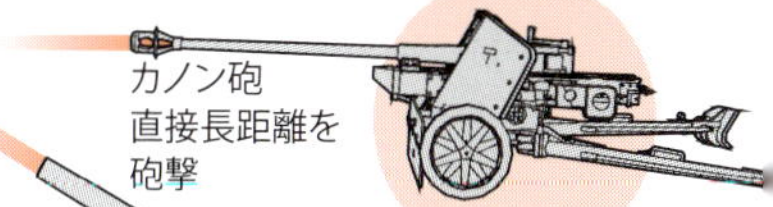

カノン砲
直接長距離を
砲撃

榴弾砲
目視できない
目標を砲撃

砲はこの
2種類で進化

1947年　ジェット戦闘機登場
MIG-1（ソ連）

敵地攻撃は巡行ミサイルで

ジェットエンジンで低空を飛行し、
GPSデータで目標をピンポイント爆撃が可能。
1991年の湾岸戦争で性能を実証

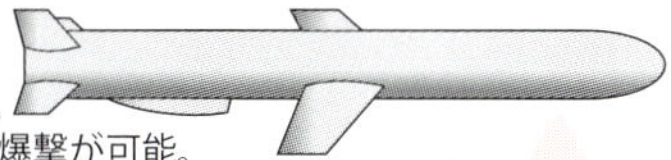

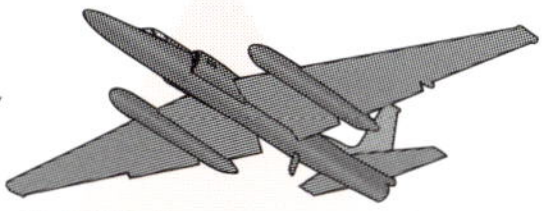

高射砲も
地対空
ミサイルに
置き換えられた

ソ連S-75
1960年、
アメリカ
U2を撃墜

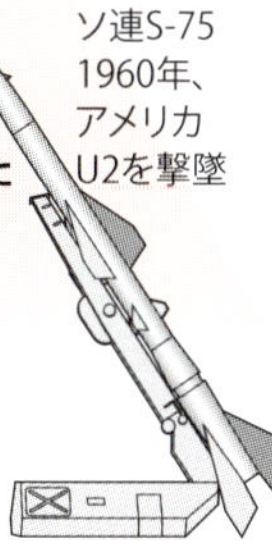

見えない戦闘機登場
F-35（アメリカ）

アメリカが開発した第5世代戦闘機。
ステルス性能が高く、次世代レーダで
視認距離外からの攻撃可能

1958年
台湾海峡危機で
F-86のミサイルが、
ミグを撃墜

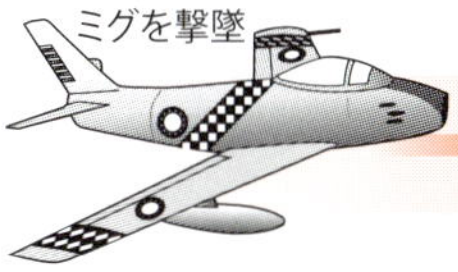

戦闘機にもミサイルが。
サイドワインダー

そして
無人戦闘機の時代へ

無人偵察・攻撃機
MQ-1プレデター（アメリカ）

無人戦闘機
X-47B（アメリカ）

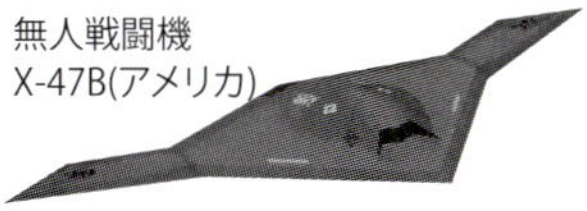

近未来は
AI戦闘の時代か

AI（人工知能）の
高度化により、
人間に替わる
ヒューマノイド
戦闘ロボットの
開発が進んで
いる

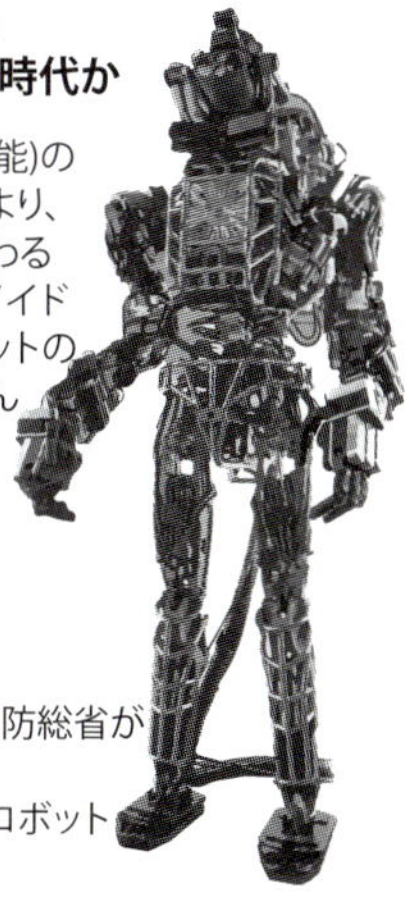

アメリカ国防総省が
開発する
アトラス・ロボット

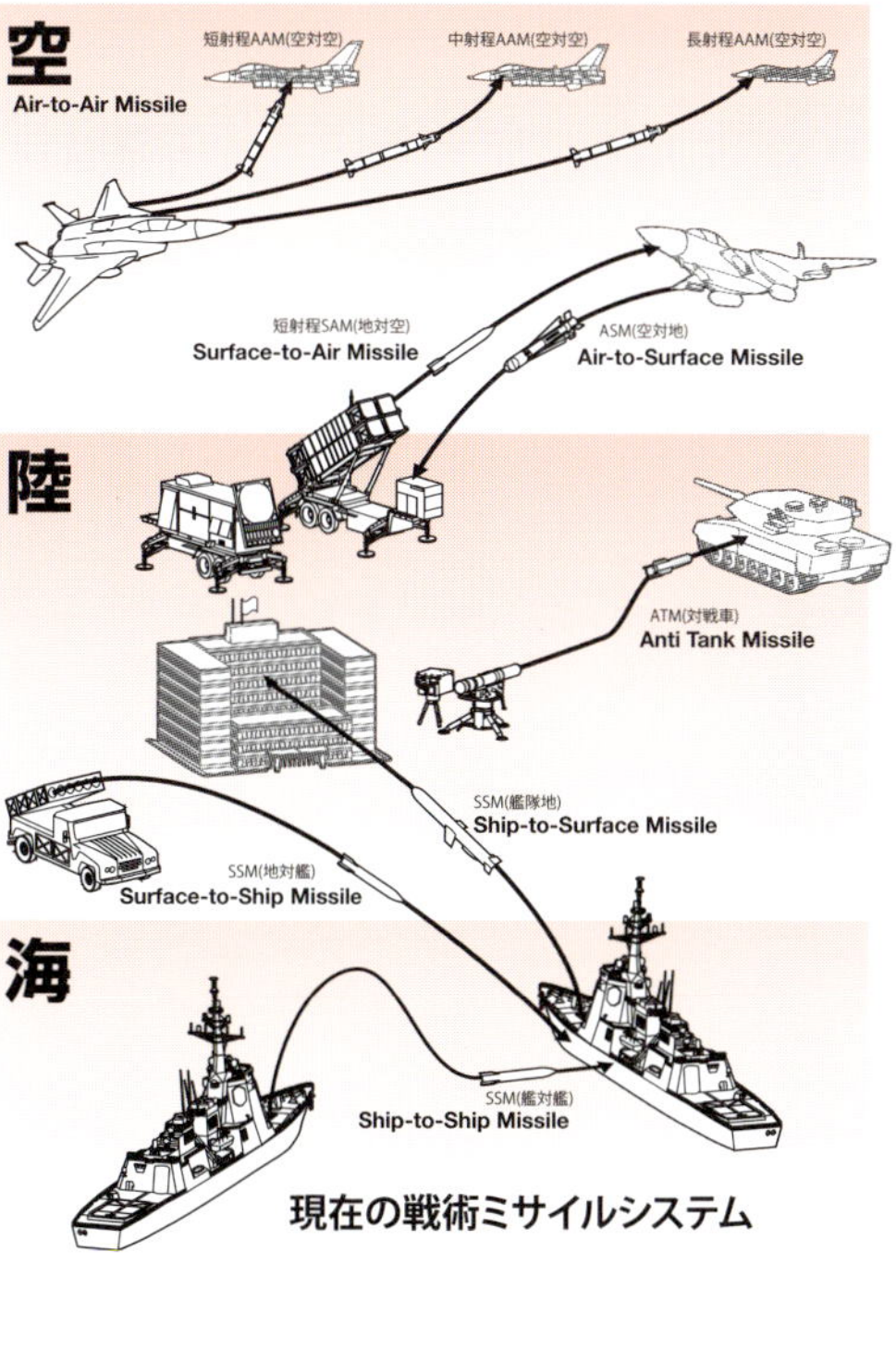

現在の戦術ミサイルシステム

アメリカは人類に対して2度核兵器を使用した

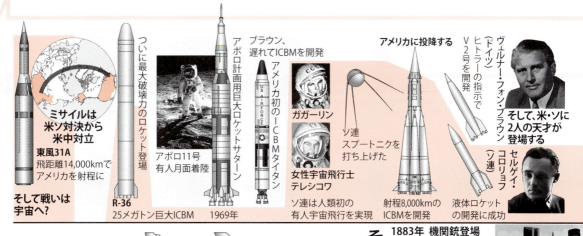

広島では約14万人の人々が死亡。
長崎では約7万人の人々が死亡し
膨大な人々が負傷し、長く放射能障
害に苦しんだ

もっと知る世界史 13

病と感染症の人類史

細菌との戦いは人類の勝利かと思われたが……

人類は多くの病気とこんな戦いを続けてきた

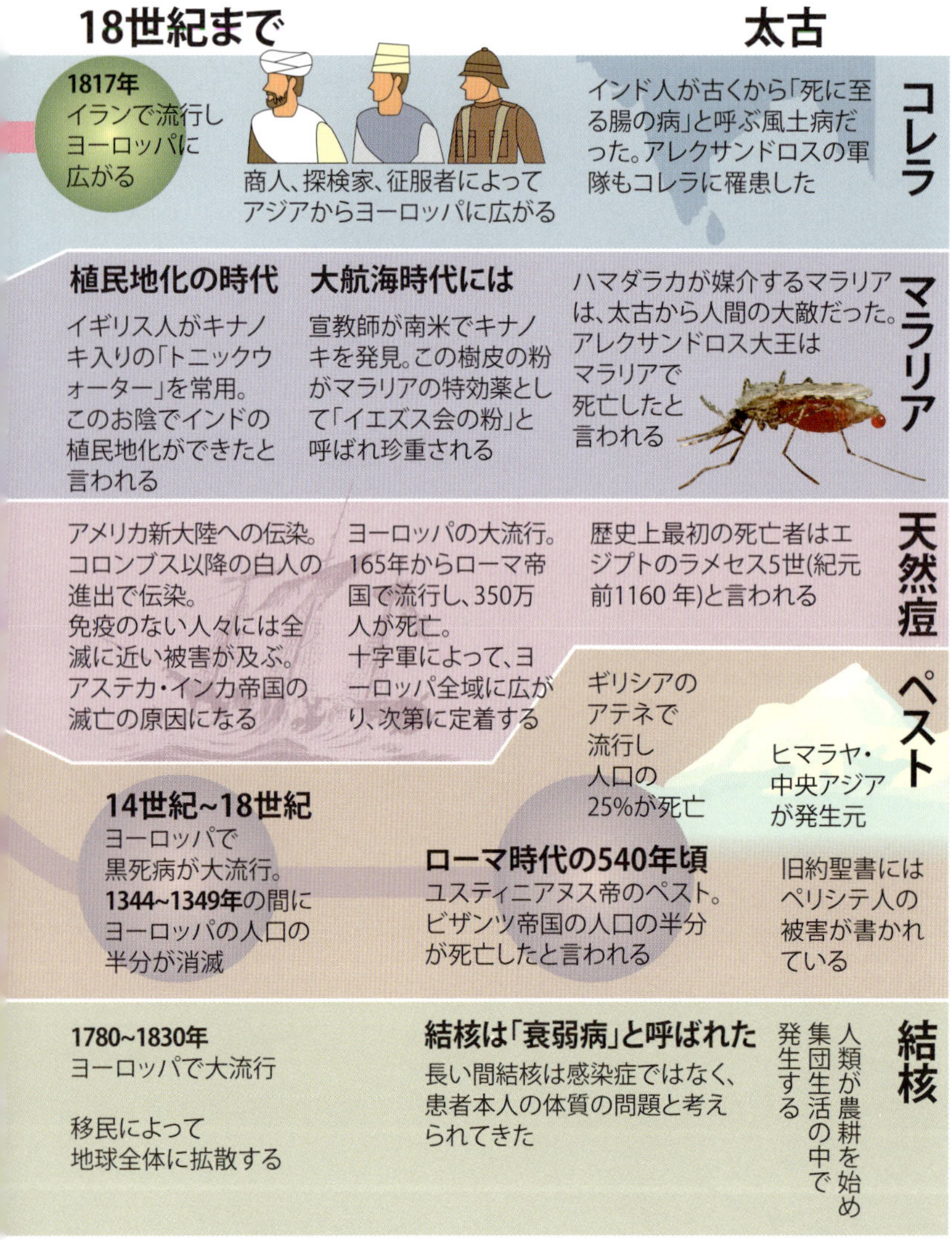

太古
18世紀まで
コレラ
インド人が古くから「死に至る腸の病」と呼ぶ風土病だった。アレクサンドロスの軍隊もコレラに罹患した
商人、探検家、征服者によってアジアからヨーロッパに広がる
1817年
イランで流行しヨーロッパに広がる
マラリア
ハマダラカが媒介するマラリアは、太古から人間の大敵だった。アレクサンドロス大王はマラリアで死亡したと言われる
大航海時代には
宣教師が南米でキナノキを発見。この樹皮の粉がマラリアの特効薬として「イエズス会の粉」と呼ばれ珍重される
植民地化の時代
イギリス人がキナノキ入りの「トニックウォーター」を常用。このお陰でインドの植民地化ができたと言われる
天然痘
歴史上最初の死亡者はエジプトのラメセス5世(紀元前1160 年)と言われる
ヨーロッパの大流行。165年からローマ帝国で流行し、350万人が死亡。十字軍によって、ヨーロッパ全域に広がり、次第に定着する
アメリカ新大陸への伝染。コロンブス以降の白人の進出で伝染。免疫のない人々には全滅に近い被害が及ぶ。アステカ・インカ帝国の滅亡の原因になる
ペスト
ヒマラヤ・中央アジアが発生元
旧約聖書にはペリシテ人の被害が書かれている
ギリシアのアテネで流行し人口の25%が死亡
ローマ時代の540年頃
ユスティニアヌス帝のペスト。ビザンツ帝国の人口の半分が死亡したと言われる
14世紀~18世紀
ヨーロッパで黒死病が大流行。1344~1349年の間にヨーロッパの人口の半分が消滅
結核
人類が農耕を始め集団生活の中で発生する
結核は「衰弱病」と呼ばれた
長い間結核は感染症ではなく、患者本人の体質の問題と考えられてきた
1780~1830年
ヨーロッパで大流行
移民によって地球全体に拡散する

新しい病気も次々に出現

これまで人類はコレラ、ペスト、マラリアなど多くの病気に苦しめられてきました。上図のように病原菌の発見、ワクチンや治療薬の開発などによって昔のような大流行がおさえられた病気もありますが、いっぽうで新しい病気が次々に出現しています。たとえば1976年にアフリカ東部のエボラ川付近出身の男性が未知のウイルスに感染して高熱と全身からの出血によって死亡しました。その後、感染者が増え、多くの人が治療法も見つからないうちに亡くなりました。エボラウイルスと名付けられたそのウイルスは、森の奥のサルかコウモリの体の中にいたようです。宿主の動物は長い間に、そのウイルスと共生する仕組みを体内につくっているのですが、新しく出会った人間には、その仕組みも免疫力《めんえきりょく》もありま

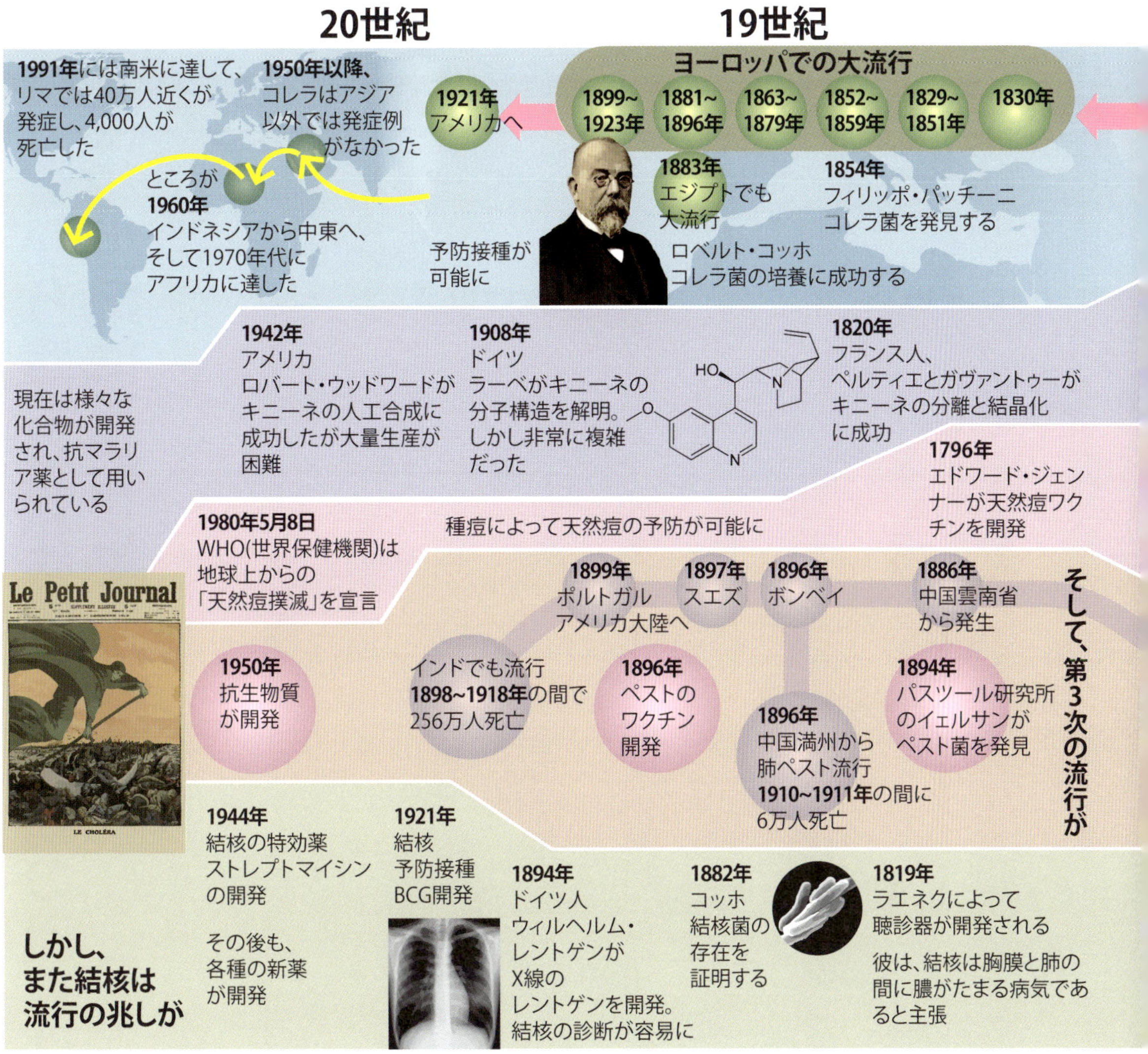
19世紀
20世紀
ヨーロッパでの大流行
1830年
1829~1851年
1852~1859年
1863~1879年
1881~1896年
1899~1923年
1921年 アメリカへ
1854年 フィリッポ・パッチーニ コレラ菌を発見する
1883年 エジプトでも大流行
ロベルト・コッホ コレラ菌の培養に成功する
予防接種が可能に
1950年以降、コレラはアジア以外では発症例がなかった
ところが1960年 インドネシアから中東へ、そして1970年代にアフリカに達した
1991年には南米に達して、リマでは40万人近くが発症し、4,000人が死亡した
1820年 フランス人、ペルティエとガヴァントゥーがキニーネの分離と結晶化に成功
HO
N
N
1908年 ドイツ ラーベがキニーネの分子構造を解明。しかし非常に複雑だった
1942年 アメリカ ロバート・ウッドワードがキニーネの人工合成に成功したが大量生産が困難
現在は様々な化合物が開発され、抗マラリア薬として用いられている
1796年 エドワード・ジェンナーが天然痘ワクチンを開発
種痘によって天然痘の予防が可能に
1980年5月8日 WHO(世界保健機関)は地球上からの「天然痘撲滅」を宣言
そして、第3次の流行が
1886年 中国雲南省から発生
1894年 パスツール研究所のイェルサンがペスト菌を発見
1896年 ボンベイ
1897年 スエズ
1899年 ポルトガル アメリカ大陸へ
1896年 中国満州から肺ペスト流行 1910~1911年の間に6万人死亡
1896年 ペストのワクチン開発
インドでも流行 1898~1918年の間で256万人死亡
1950年 抗生物質が開発
Le Petit Journal
LE CHOLÉRA
1819年 ラエネクによって聴診器が開発される
彼は、結核は胸膜と肺の間に膿がたまる病気であると主張
1882年 コッホ 結核菌の存在を証明する
1894年 ドイツ人 ウィルヘルム・レントゲンがX線のレントゲンを開発。結核の診断が容易に
1921年 結核 予防接種 BCG開発
1944年 結核の特効薬 ストレプトマイシンの開発
その後も、各種の新薬が開発
しかし、また結核は流行の兆しが

せん。そのため、死亡する人が多かったのです。人間が開発を進めて森の奥に入ったりすると、このような未知のウイルスや病原菌と遭遇《そうぐう》する危険があります。

現在、パンデミック（世界的大流行）の原因になるとして恐れられているのは鳥インフルエンザです。鳥に感染しているインフルエンザウイルスが突然変異で人に感染する形に変わると、この新しいウイルスへの免疫力を人はもっていません。実際、1918年から翌年にかけて爆発的に流行して4000万〜1億人が死亡したと推定されるスペイン風邪は、そうして流行したインフルエンザでした。現在、パンデミックの脅威は格段に増しています。交通機関の発達によって人の移動が盛んな今は、どこか1か所で流行が始まると、たちまち広まってしまう恐れがあるからです。

また、いったん克服されたはずの病気がふたたび流行し始めています。薬に抵抗して生き延びる耐性菌が生まれているからです。それに、ハエや蚊、寄生虫による病気が、いまだに猛威《もうい》をふるっている地域があり、特に子どもたちを苦しめています。その克服は人類の重要な課題です。

もっと知る世界史 14

交易の世界史
東から西に物が流れる交易の流れは18世紀に逆転した

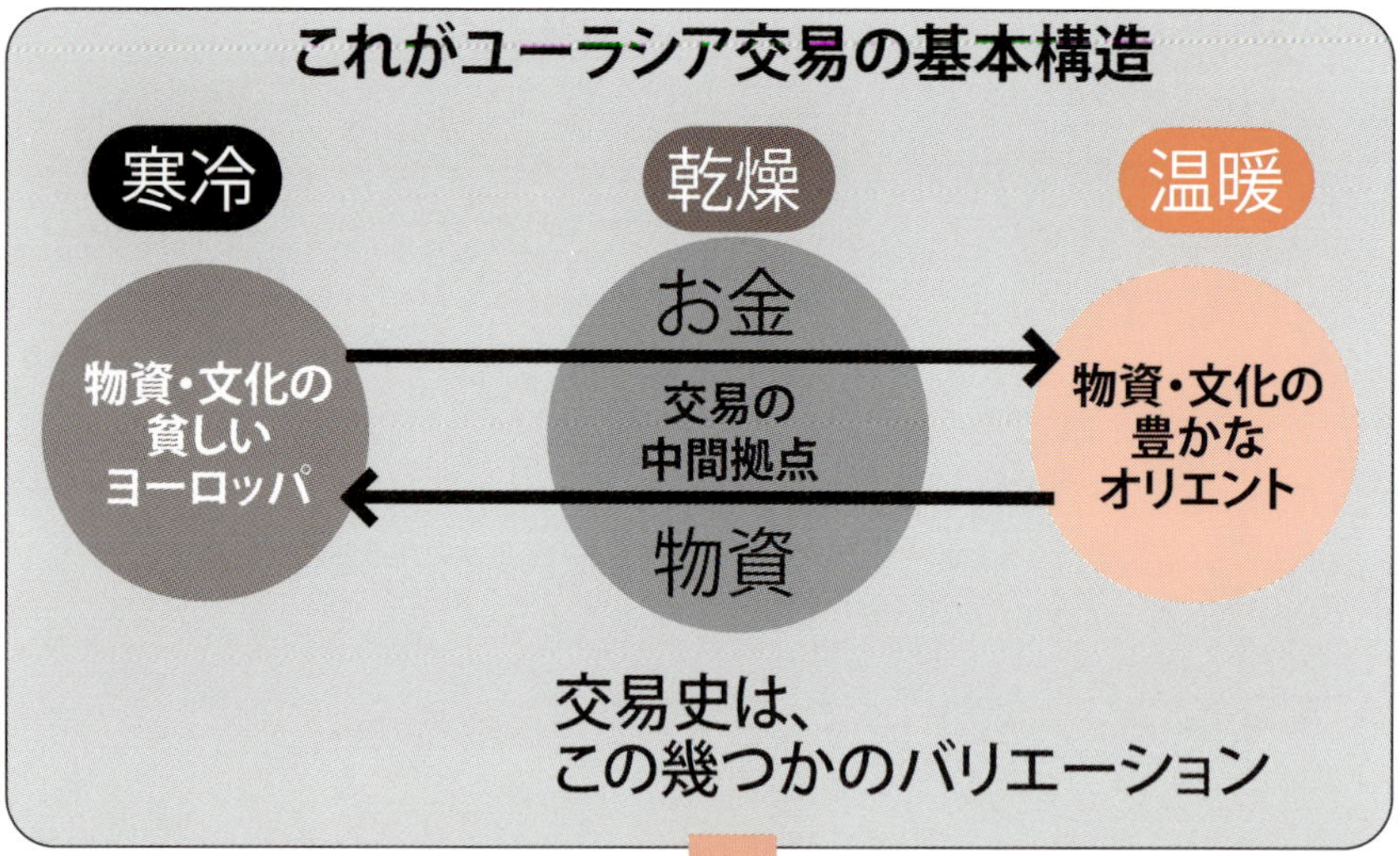

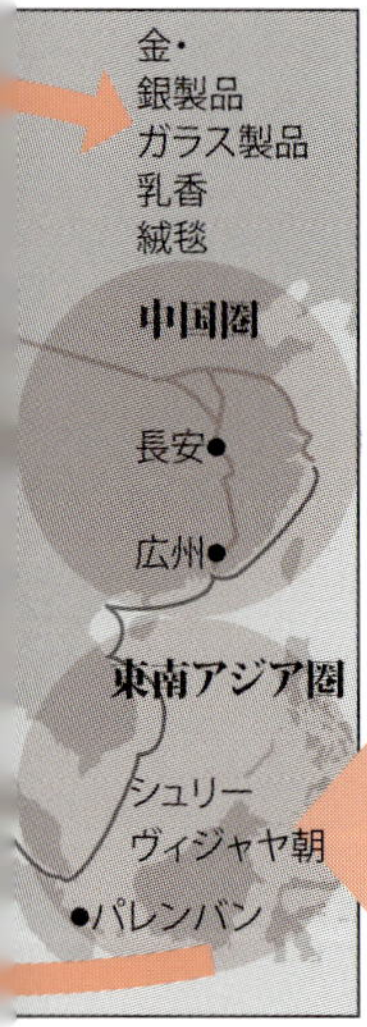

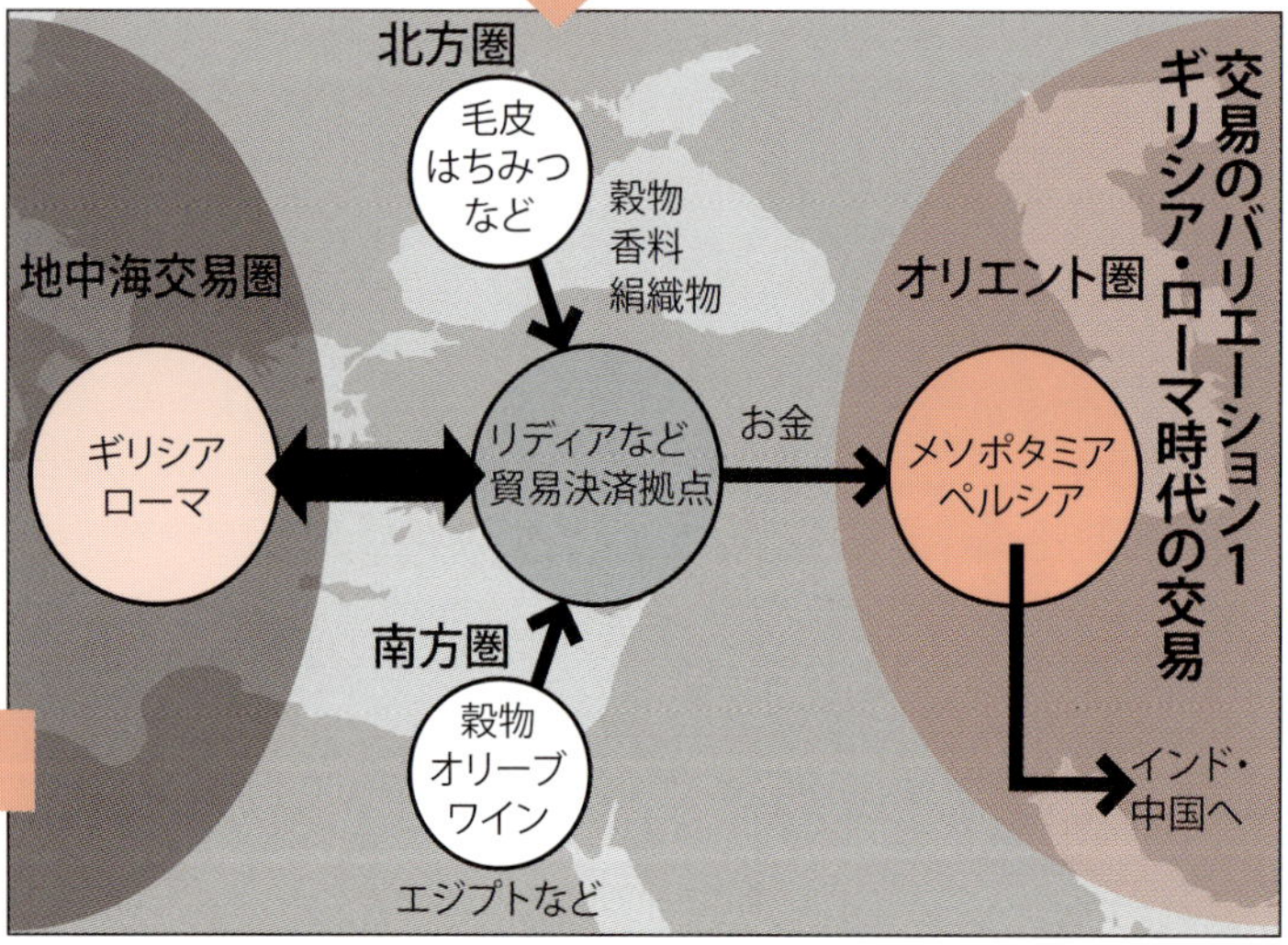

交易の相手にされなかった西洋

1498年にインド航路を開拓したヴァスコ・ダ・ガマがインドのカリカットに到着したとき、その地の王に謁見し、ポルトガル王の親書とともに、贈り物を渡しました。外套《がいとう》に帽子、バターに砂糖という、あまりにも貧しい贈り物を見て、王宮は笑いに包まれます。交易に来たはずなのに、交易する品さえないガマ一行は、イスラム商人の疑心をかい、トラブルの末に帰国します。寒冷で痩せた土地のヨーロッパの貧しさと、温暖で肥沃なオリエントとの、貧富の差を見せつけられる出来事でした。

この東高西低の両者を、その中間に広がる乾燥地帯の人々が中継する。これが長い間、交易の歴史の基本構造でした。

紀元前7世紀頃、小アジア（現在のトルコ領）西部に栄えた王国リディアで、世界

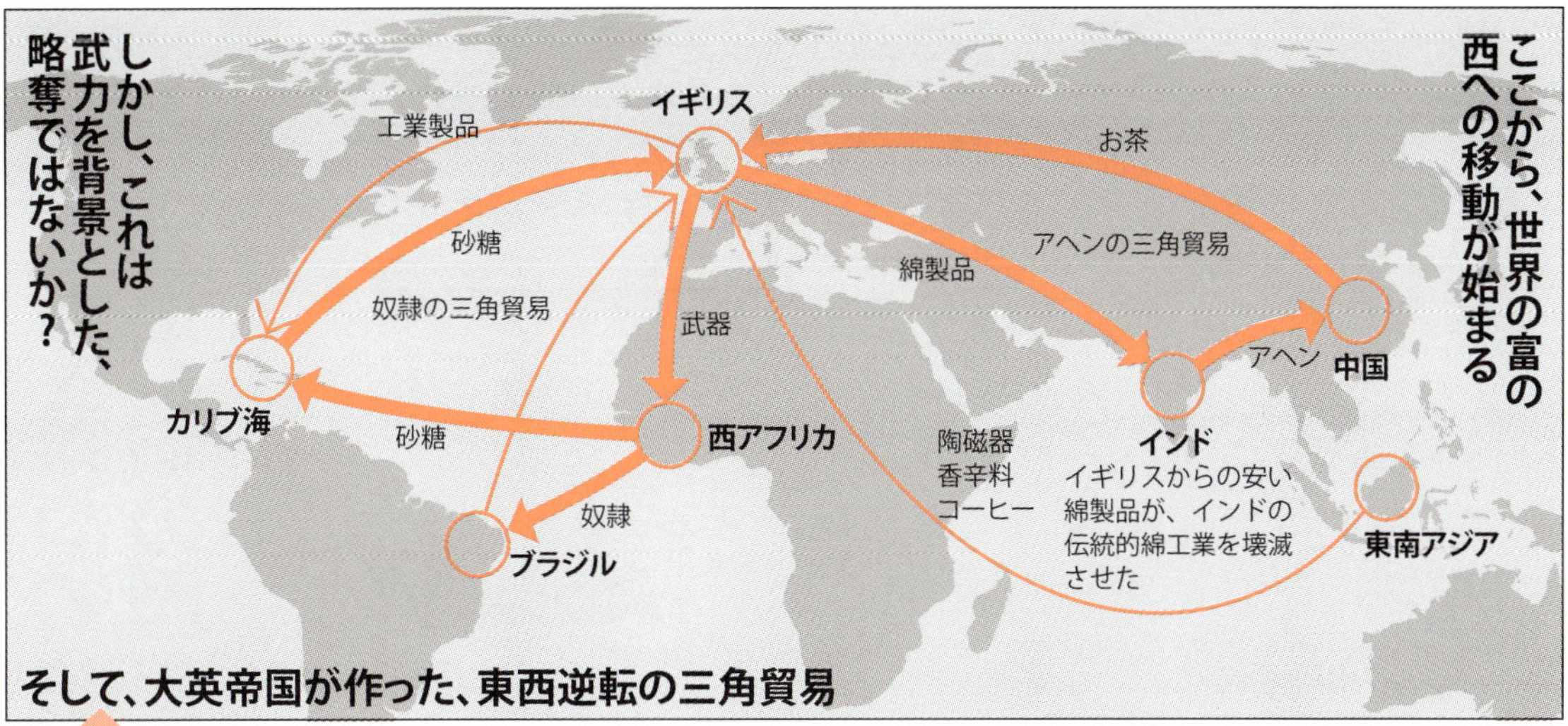

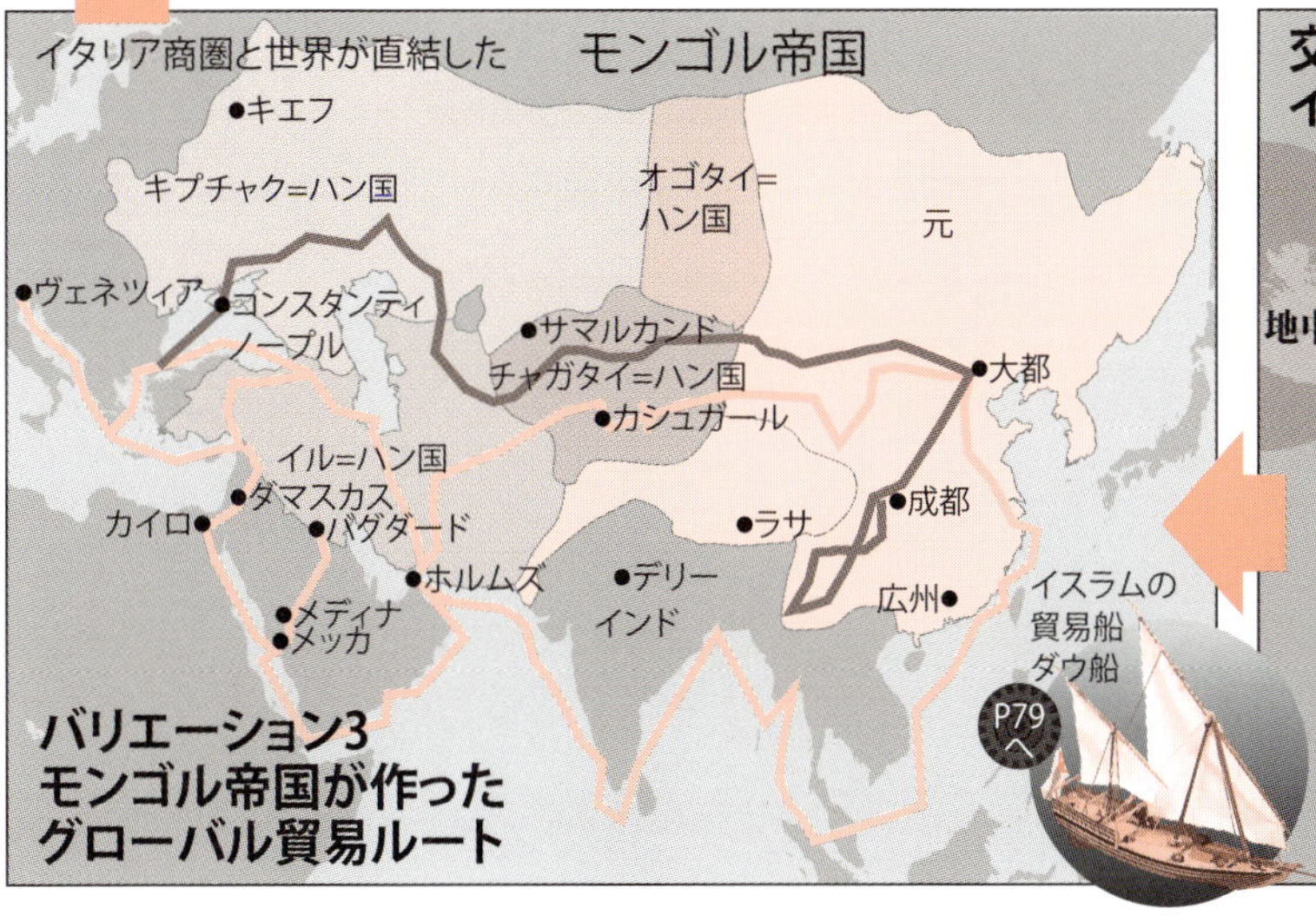

初のコイン（金属貨幣）が生まれたのも、リディアがオリエントと地中海沿岸地域の交易中継地だったからでした。

中東にイスラム教国が台頭したときは、交易の主役は、イスラム商人でした。彼らはペルシア湾からインド洋までの主要国とその港を、「ダウ」船と呼ばれる2本マストの帆船で結び、アッバース朝の都バグダードに繁栄をもたらしたのです。

こうした交易路が全ユーラシア的な広がりを持ったのは、モンゴル帝国の出現によります。小国に分立し、民族抗争もあったユーラシア大陸が、モンゴルという単一の政権によって整備され、この巨大な商圏にイタリアの商人が参加したことで、交易はグローバルに広がりました。

しかしオリエント主導だった交易は、大航海時代を経て、大英帝国の出現によって劇的に逆転します。この逆転は、豊かさの逆転ではなく、ヨーロッパが手にした武力、暴力によるものでした。アフリカから北米大陸へ黒人奴隷を、インドから中国へ麻薬の一種アヘンをもたらすことになった三角貿易がそれです。ここに、大英帝国の歴史の暗部があるのです。

船の歴史 風に乗って6000年、動力船の歴史はまだ200年

19世紀、やっと動力船が登場する
1807年 最初の蒸気機関船クラーモント
アメリカの発明家フルトンが、商業用として初の蒸気船を建造し運航した。ちなみに速度は4ノットだった
1912年 ついにディーゼル機関の船セランディアが誕生
世界最初の洋上航海用のディーゼル船。デンマークの貨客船として運航。一時は日本籍ともなった
1897年 最初の蒸気タービン船タービニア号
イギリスの蒸気タービン発明家、チャールズ・パーソンズ自ら開発した。スクリュー駆動で時速60km以上で航行
大西洋航路の豪華客船
1940年 クイーン・エリザベス1世
蒸気タービン船として、当時世界一の船だった
1836年特許のスクリューデザイン
1969年 クイーン・エリザベス2世
最後の大西洋横断定期航路専用客船として運航された
巨大タンカーの時代へ
オイル運搬タンカー、コンテナー用の巨大船が次々建造された
1961年 そして原子力空母へ
に計104門の砲を装備していた。これらの軍艦は戦列艦と呼ばれ、接近戦での砲撃を行った
1900年以降 戦艦は全鋼鉄製超弩級戦艦に
長距離大口径砲の旋回砲塔を持つ、鋼鉄で覆われた戦艦の時代に。イギリスのドレッドノートがその原型
原子力空母エンタープライズ
同艦は2012年に退役。現在は新造艦を建造中

技術革新によって大海を制覇

人類が船で外洋への航海を始めたのは、ポリネシアの人々が双胴の大型帆船カヌーで南太平洋へ船出した紀元前４０００頃と考えられています。以来、現在までの約６０００年間のうち大半を、人類は風の力と人力だけで海を渡ってきました。

船はこの歴史の中で、幾度かの技術的な革新を経験してきました。最初の革新は、紀元前７００年頃のフェニキアで起こります。人々は、木製の背（竜骨）と肋骨を組み、外側を木の板で覆う、組み立て造船法を確立します。これにより、大型で軽量の船を建造する道が開けました。

次の革新は、西暦１０００年頃、イスラム商人の乗る三角帆のダウ船の登場です。大きな三角帆は、逆風でも前に進むことを可能にし、自在な操船を実現しました。こ

古代の船　風の力で海を渡る　ずっと、帆船が航海の主役だった

紀元前700年
フェニキアの軍船

フェニキア人は、造船に初めて竜骨を用いた

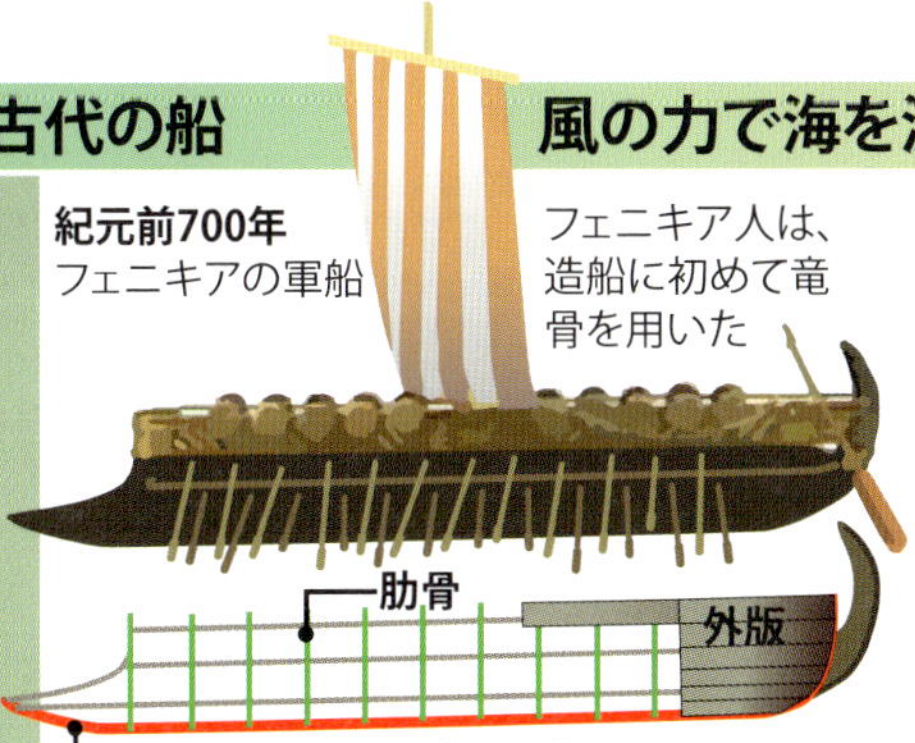

竜骨　この竜骨が船の背骨
この竜骨に肋骨を左右に配して、外版を貼る組み立て式の造船技術を確立した。この技術がギリシアに引き継がれ、より大型船を造った

800年頃
ヴァイキングのロングシップ

1492年コロンブス船出する

コロンブスの乗船サンタマリアは185トンのカラベル船だった

1690年代のガレオン船の砲艦の内部

当時の帆船の軍艦は、舷側に多数の大砲を備えていた。これはフランスの砲艦で三層

紀元前4000年頃、人類は大海原に船出した

太古の大航海
ポリネシアの双胴カヌー

ポリネシアの人々は、4万年ほど前にアジアから移り住み、造船と航海の技術を習得して、紀元前9000年頃から、太平洋の島々を渡っていったと考えられている

紀元前400年頃ギリシアの三段櫂の軍船

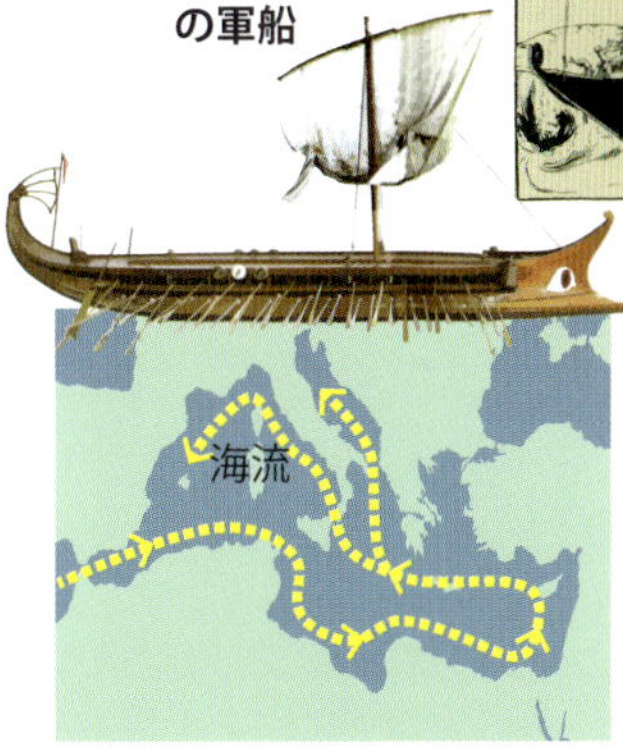

ジブラルタル海峡から大西洋の海水が流れ込み、反時計回りの海流の地中海。この海をフェニキア、ギリシアが交易の庭にした

1000年頃のアラブのダウ船
『千夜一夜物語』の船乗りシンドバッドの挿絵。ダウ船の三角帆の特徴がわかる

1405〜33年 中国船の大航海

中国明帝国の永楽帝の時代、イスラム教徒であった鄭和が大艦隊を率いて7回の大航海を行った。その船は宝船と呼ばれ、1,000人が乗り込む巨大船だった

の三角帆の登場が、本格的な帆船の外洋航海の扉を開けたのです。

　次の革新は、ヨーロッパで始まります。三角帆による航海技術はヨーロッパに渡り、15世紀初頭に三角帆と大きな横帆をもつ、堅牢なガレー船が登場します。コロンブスの船は、この小型版のカラベル船でした。さらに、ヨーロッパ列強海軍の立役者、3本マストの巨大ガレオン船が誕生します。ガレオン船は多数の大砲を搭載した軍船として、18世紀のヨーロッパとアジアの植民地戦争において、ヨーロッパを勝利に導く原動力となりました。

　1807年、産業革命で登場した蒸気機関が、船にも搭載されます。アメリカの発明家ロバート・フルトンが建造した「クラーモント号」です。1897年には、蒸気タービンとスクリューによる高速船「タービニア号」が登場しました。

　その後の船の歴史は、めまぐるしい革新の連続です。エンジンがディーゼルになり、鋼鉄製の船体建造が常識となり、豪華定期客船が大西洋を飾り、巨大戦艦が戦う2度の世界大戦をくぐり抜けたいま、人類と船は、次にどのような関係を築くのでしょう。

もっと知る世界史
16

鉄道の世界史
鉄道は巨大投資事業
野望と希望が結んだ鉄路のネットワーク

1825年(イギリス)
「機関車第1号」とストックトン＝ダーリントン鉄道
世界最初の公共輸送鉄道

ダーリントン出身の羊毛販売業者が、資金を用意し、スティーヴンソンに機関車製造を依頼した。「機関車第1号」は内陸の炭鉱と港町ストックトンを結び、産業革命のエネルギー「石炭」を運んだ

1869年(アメリカ)
セントラルパシフィック鉄道
アメリカ初の大陸横断鉄道

南北戦争の最中に着工し、10年と言われた工期を、わずか4年で開通させる。政府はこの工事のために、1マイル完成ごとに16,000ドルの補助金をつけたという

1885年(カナダ)
カナディアンパシフィック鉄道
カナダを統一した世界最長の鉄道

カナダ6番目の州「ブリティッシュ・コロンビア」がカナダ連邦に加わる条件が、ここまで鉄道を敷くことだった。マクドナルド首相は、9,000名の中国人労働者を導入。彼らの犠牲の上に鉄道は完成した

1902年(イタリア)
ヴァルテッリーナ鉄道
世界最初の電気機関車の登場

ハンガリー人の鉄道技師カンドー・カールマーンは三相交流システムを開発。同時に世界初の電気機関車による70km/hの速度を実現。この技術で世界初の電化鉄道を開通させた

1916年(ロシア)
シベリア鉄道
ロシア革命を乗せて走った鉄道

1891年にロシア皇帝アレクサンドルが建設を決定し、1916年に開通。このシベリア鉄道でレーニンが帰国。1918年、最後の皇帝ニコライ2世とその家族が、エカテリンブルク駅で殺害された

鉄道開発に熱狂した19世紀

鉄道の生みの親といえば、実用蒸気機関車の開発者スティーヴンソンの名が浮かびます。しかし、彼の前にエドワード・ピーズの名を挙げる必要があります。ダーリントンの産業資本家ピーズは、地元の炭鉱のために、ストックトンまでの鉄道開設を決意します。そして資金を用意し、機関車製造者としてスティーヴンソンを採用。彼のために機関車製作所まで作りました。

蒸気機関車という黎明《れいめい》期の技術の将来と、地域産業の発展を的確に予測し、投資したピーズの先見性と決断力が、世界最初の鉄道を誕生させたと言えるでしょう。

１８２５年９月、「機関車第１号」は石炭貨物車に６００人の乗客を乗せて走り、その後は石炭を満載して、48キロ先のストックトンの港へと走り続けました。イギ

1830年（アメリカ）

「親指トム号」と ボルティモア＝オハイオ鉄道

世界最初の旅客定期便

ボルティモアの起業家たちが、内陸の穀物をボルティモアの港まで運ぶ鉄道を計画。食肉処理業で財をなしたピーター・クーパーが自ら「親指トム号」を開発し、19.3kmの線路を走らせた

1842年（フランス）

パリ＝ルペック鉄道 世界初の鉄道大事故

パリと西部のルペックを結ぶ路線。銀行家ロスチャイルド家が出資した。鉄道は1873年に開通。1842年に機関車の車軸が断裂し脱線事故を起こし、55名が犠牲となる

1855年（イギリス）

グランドクリミア鉄道

クリミア戦争
勝利の軍需鉄道

クリミア半島のセヴァストポリ要塞に籠るロシア軍攻撃のため、イギリスが前線への軍需物資運搬用に総力をあげて敷設した。1855年9月、要塞は陥落

1863年（イギリス）

メトロポリタン鉄道

最初に地下を走った鉄道

人口が集中し交通渋滞に悩むロンドン市当局は、鉄道の地下化を計画。開業1年にしてのべ900万人の人々が、煙の充満する地下鉄道に殺到した

1933年（ドイツ）

ベルリン＝ハンブルグ鉄道

世界最初の
ディーゼル機関車登場

1897年にディーゼルエンジンが開発され、船の、そして鉄道の動力を変えた。最初の定期列車はドイツが走らせた「フリーゲンダー・ハンブルガー号」空飛ぶハンバーガー号だ

1964年（日本）

東海道新幹線

世界最速の高速鉄道を支えた
革新の安全システム

流線型の高速列車だけではなく、この路線は全線を中央で制御する画期的な安全システムが採用されていた。この技術で新幹線は平均時速170kmで東京・新大阪約550kmを4時間で結んだ

1981年（フランス）

パリ＝リヨン鉄道

列車のスピード記録を
更新し続けた

1981年、フランスTGVの列車が時速320kmで走った。その後も記録への挑戦は続き、2007年TGV No.4402号は時速574.8kmの鉄輪走行での世界記録を樹立した

2002年（中国）

上海トランスラピッド

世界初のリニア方式の
営業運転

中国がドイツから導入したリニア鉄道によって、空港から上海市内を結び、最高時速501kmで営業運転をしている

さて、次は日本のリニアの時代か？

リス産業革命のエネルギー源であった石炭を、安く大量に運べるようになったのです。この小さな鉄道の成功が、世界に巻き起こった鉄道熱狂時代の先駆けでもありました。

１８３０年には、スティーヴンソンの機関車が、リバプール＝マンチェスター鉄道を走り、同じ年にアメリカのボルティモア＝オハイオ鉄道が開通します。そのあとに続いたのは、地方の小さな投資家の野望による、小さな鉄道の乱立でした。規格の異なる線路が無秩序に拡大し、鉄道産業は過当競争による混乱の時代を迎えます。

そんな鉄道を、国家プロジェクトとして推進したのが、アメリカ大統領リンカーンでした。当時のアメリカは独立戦争を経て西部開拓の熱気に浮かされた北部と、奴隷による綿花産業で古くから繁栄していた南部との対立が、内戦へと発展した時です。内戦開始翌年の１８６２年、リンカーンは連邦議会で、太平洋鉄道法案を可決させます。彼は鉄道で大陸を一つにして、国家の分断を救おうとしたのです。リンカーンが希望を託した鉄道は、彼の死後の１８６９年に開通します。鉄道が国家統合のシンボルとして走る時代が始まりました。

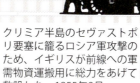

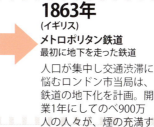

もっと知る世界史 17

石油産業の近代史
世界の巨大金融資本の原型が石油産業の誕生によって作られた

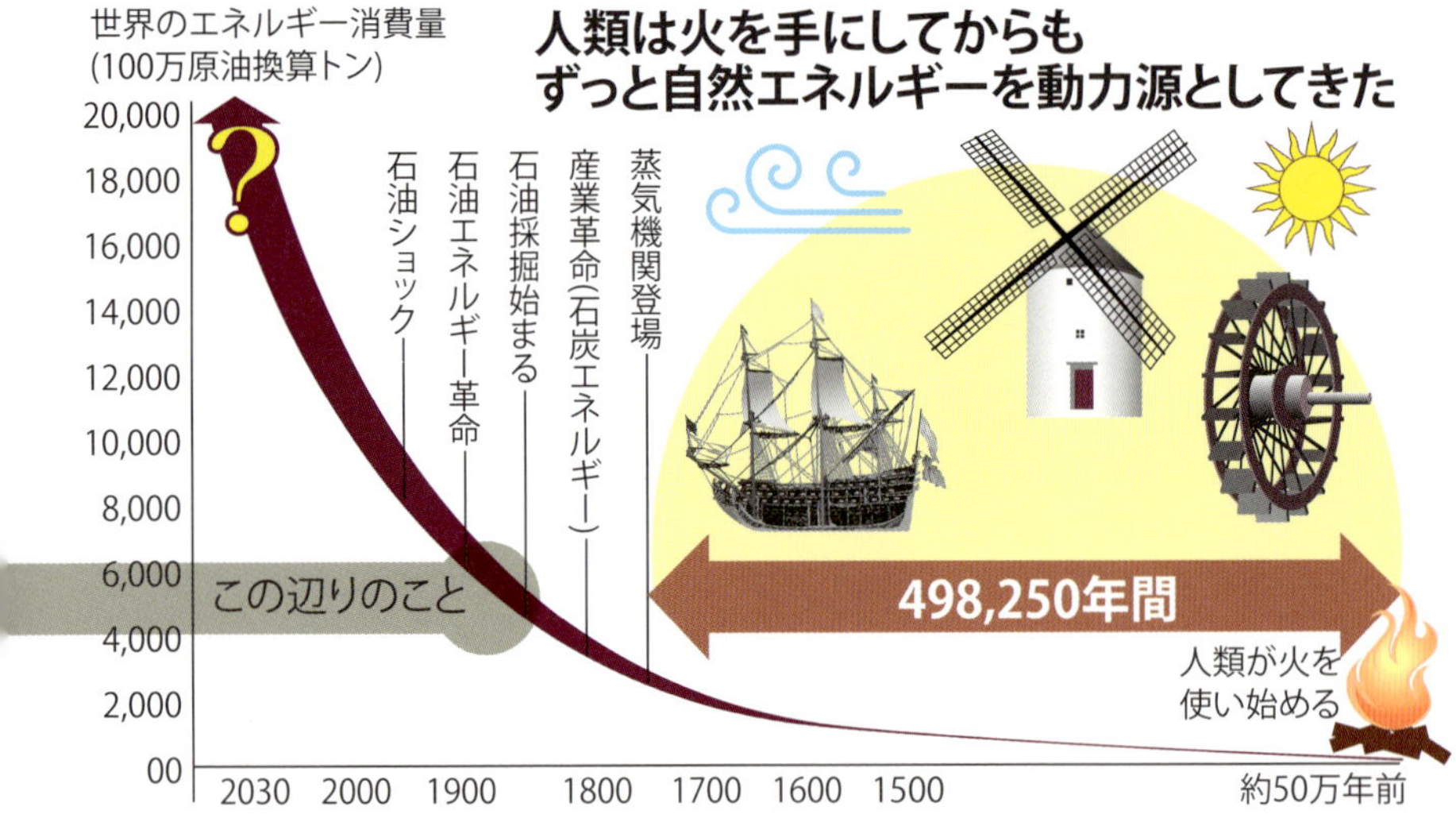

メジャー支配からOPECへ

1859年のペンシルベニアのタイタスビルの荒野で、エドウィン・ドレークが油田を掘り当てました。これまで地上に滲み出ていたロック・オイルを、岩塩採掘の技術で油層までボーリングし経済的に大量に噴出させたのです。

このドレークの油田を、巨大な石油産業に育てたのは、ジョン・D・ロックフェラーでした。彼は20歳で石油の卸売業を始めます。乱立のため過当競争に陥る石油業界を、石油精製から輸送・販売までを垂直統合し、1870年にスタンダード石油を設立。その12年後にはアメリカの石油の90％近くを扱う産業資本家へと成長します。

1873年、ロシアのバクーには、スウェーデンからノーベル兄弟が参入します。弟のアルフレッド・ノーベルが、後にノーベル賞を創設します。このバクー油田事業に、ヨーロッパ最大の金融資本ロスチャイルドも投資し、これをきっかけにロシア・ヨーロッパの石油事業を掌握します。

石油の産業化は、蒸気機関による産業革命を、新たなスピードで驀進《ばくしん》させる第二次産業革命に導きました。石油は、石油化学工業が生み出す産業素材によって、最大の基幹産業へと変貌し、世界の主要な産業資本家の活躍の場となります。

1908年に中東で原油が採掘された時は、利権をめぐり、イギリス、オランダ、フランス、アメリカがしのぎを削りました。

1950年代、世界の石油は石油メジャー・セブンシスターズと称されるアメリカ、イギリス、オランダ系の7社のカルテルに支配されました。1960年に、このような欧米資本の独占に対して中東の産油国が立ち上がります。OPECの誕生で

世界の石油産業は、この発明から始まる

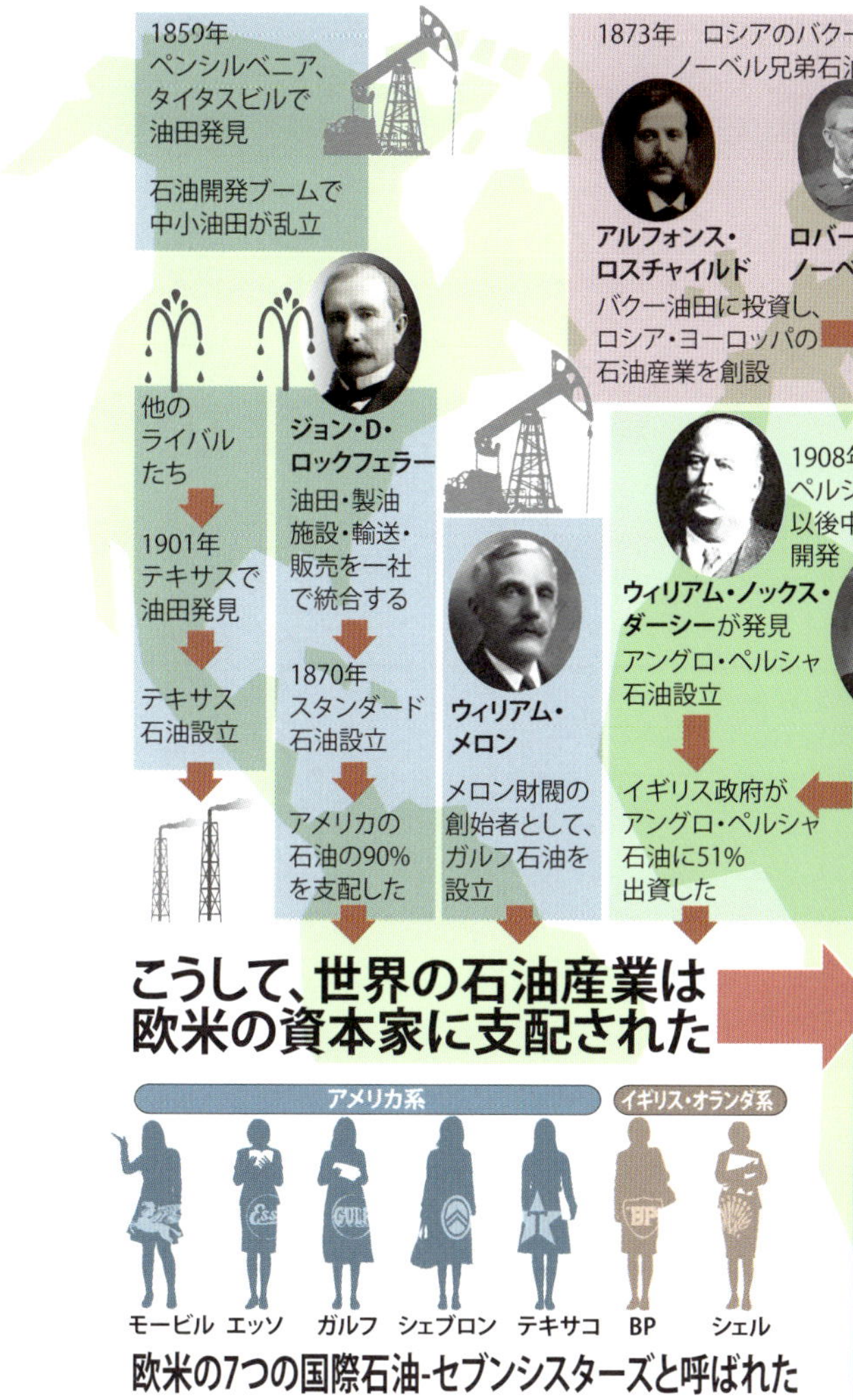
1873年　ロシアのバクーで油田発見。ノーベル兄弟石油事業始める
ロバート・ノーベル
アルフレッド・ノーベル
のちにダイナマイトを発明。ノーベル賞を創設
1886年
カスピ海・黒海石油会社設立
マーカス・サミュエル
ロスチャイルドの依頼で世界初のタンカーを建造し、アジアへ輸送。後に、インドネシアで油田を開発、日本へ輸出する
1908年
ペルシャで石油発見。以後中東の大油田が開発
ウインストン・チャーチル
海軍大臣チャーチルが、艦隊の石油燃料確保のため介入
イグナッィ・ウカシェヴィッチ（ポーランド 1822~1882）
世界の石油産業の創始者。1856年、原油から灯油への蒸留法を発見し、世界最初の油田・石油精製所を建設した
1897年
サミュエル、ボルネオで油田発見
シェル石油が誕生
1885年
スマトラ島でオランダが油田を発見
1890年
ロイヤル・ダッチ石油の前身設立

中東の石油もこんな具合だった

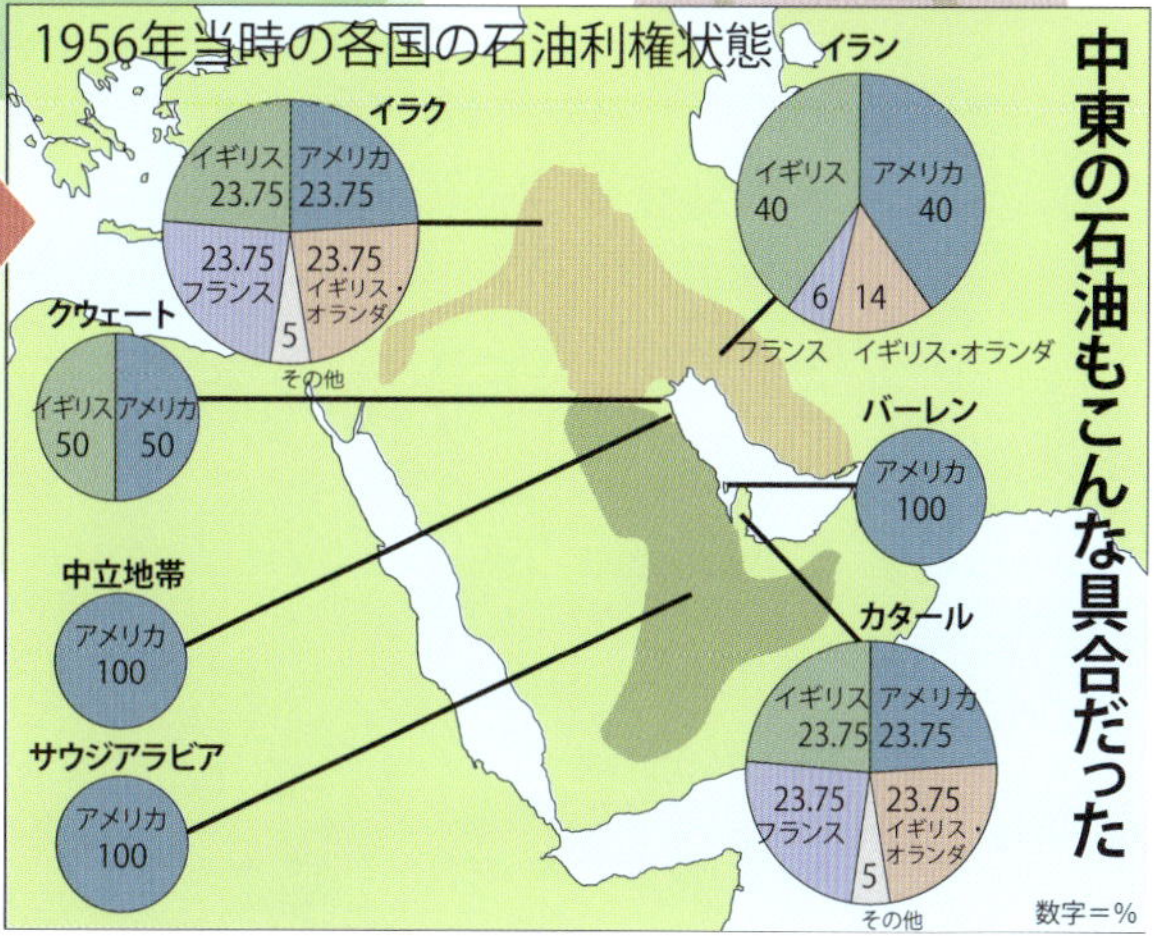

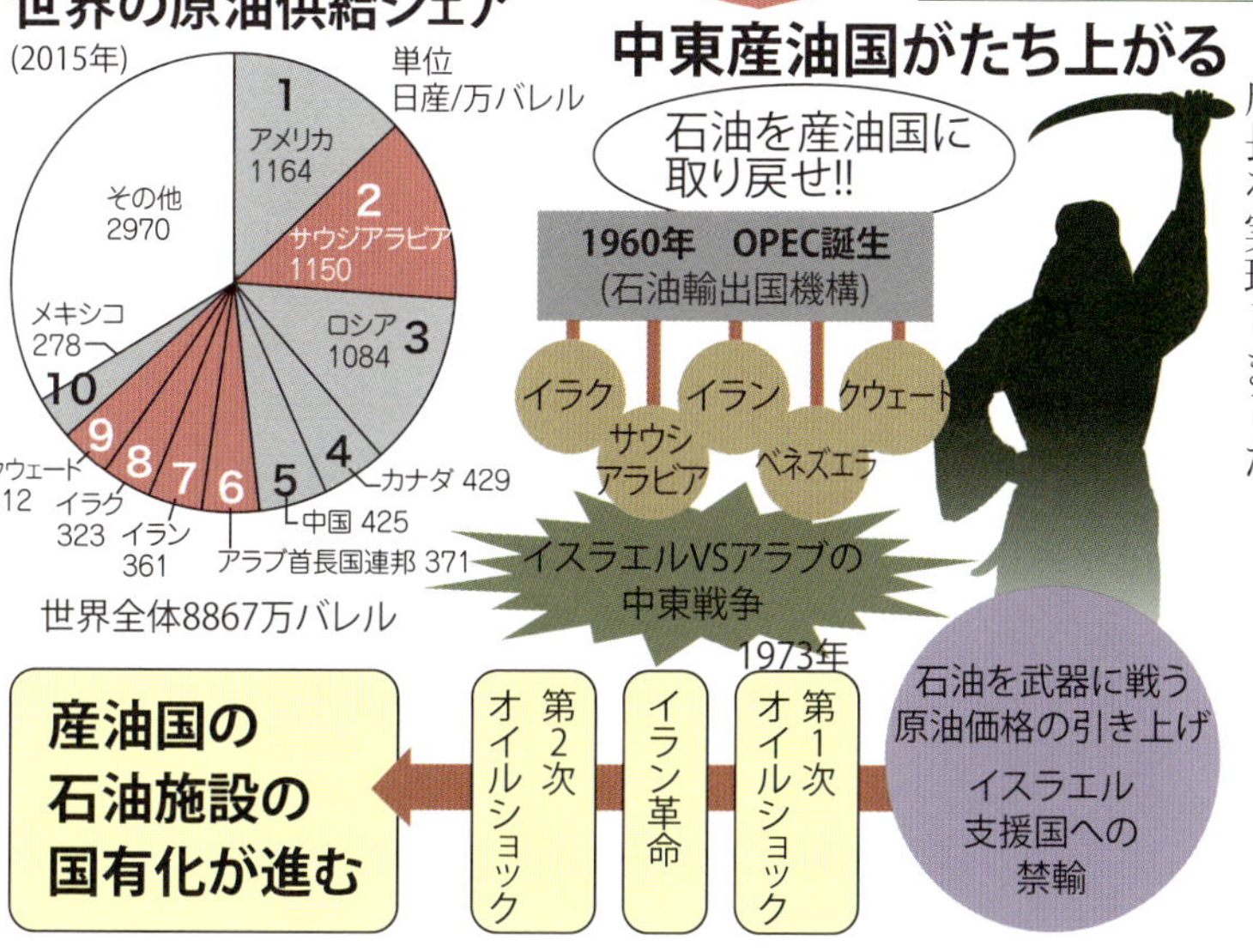
そして現在は
世界の原油供給シェア

す。石油メジャーに対して共同で石油価格を交渉し、中東戦争ではイスラエル支援国への禁輸など、石油を武器に欧米諸国と戦いました。そして1970年代に産油国は次々と石油施設を国有化します。1980年代を境に、膨大なオイルマネーが産油国に流れこみ、世界のイスラム社会の経済力を底上げし、特に湾岸産油国の驚異の経済成長を実現しました。

もっと知る世界史 18

お金の歴史
金貨から紙幣へ、そしてデジタルへ姿を変える

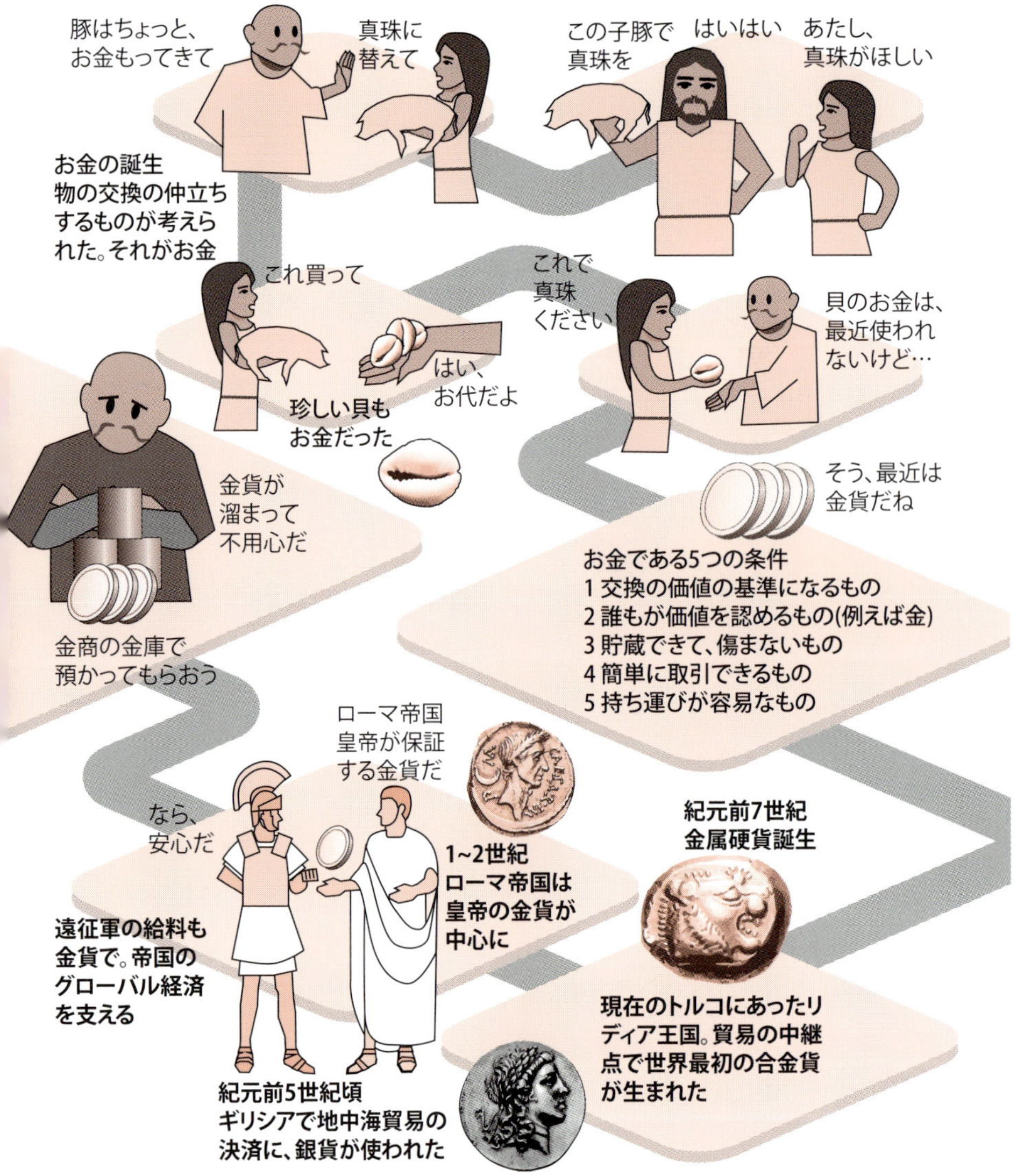

豚はちょっと、お金もってきて
真珠に替えて
この子豚で真珠を
はいはい
あたし、真珠がほしい
お金の誕生
物の交換の仲立ちするものが考えられた。それがお金
これ買って
これで真珠ください
はい、お代だよ
珍しい貝もお金だった
貝のお金は、最近使われないけど…
そう、最近は金貨だね
金貨が溜まって不用心だ
金商の金庫で預かってもらおう
お金である5つの条件
1 交換の価値の基準になるもの
2 誰もが価値を認めるもの(例えば金)
3 貯蔵できて、傷まないもの
4 簡単に取引できるもの
5 持ち運びが容易なもの
ローマ帝国皇帝が保証する金貨だ
なら、安心だ
1~2世紀
ローマ帝国は皇帝の金貨が中心に
遠征軍の給料も金貨で。帝国のグローバル経済を支える
紀元前7世紀
金属硬貨誕生
現在のトルコにあったリディア王国。貿易の中継点で世界最初の合金貨が生まれた
紀元前5世紀頃
ギリシアで地中海貿易の決済に、銀貨が使われた

時代に合わせて形を変える

お金とはなんだろう。この素朴な疑問に答えるとすれば、最も基本的なことは、みんなが共通の価値を認めるもので、その価値が、物の交換・取引に利用できるもの、と言えます。上の図解のように、真珠がほしい人が、自分の子豚と真珠を交換したくとも、うまくゆきません。子豚を一旦、共通の価値を認める貝殻と交換して、この貝殻で真珠を手に入れます。この時の貝殻がお金です。

人類の歴史の中で、最も長く支持された共通の価値は「金《きん》」です。金《きん》で作られた金貨が紀元前7世紀から19世紀まで、お金の価値の代表でした。

この「金《きん》」の価値は、最初は物体としての金《きん》そのものでした。この金《きん》の価値がバーチャルになった瞬間に、人類のお金は、大

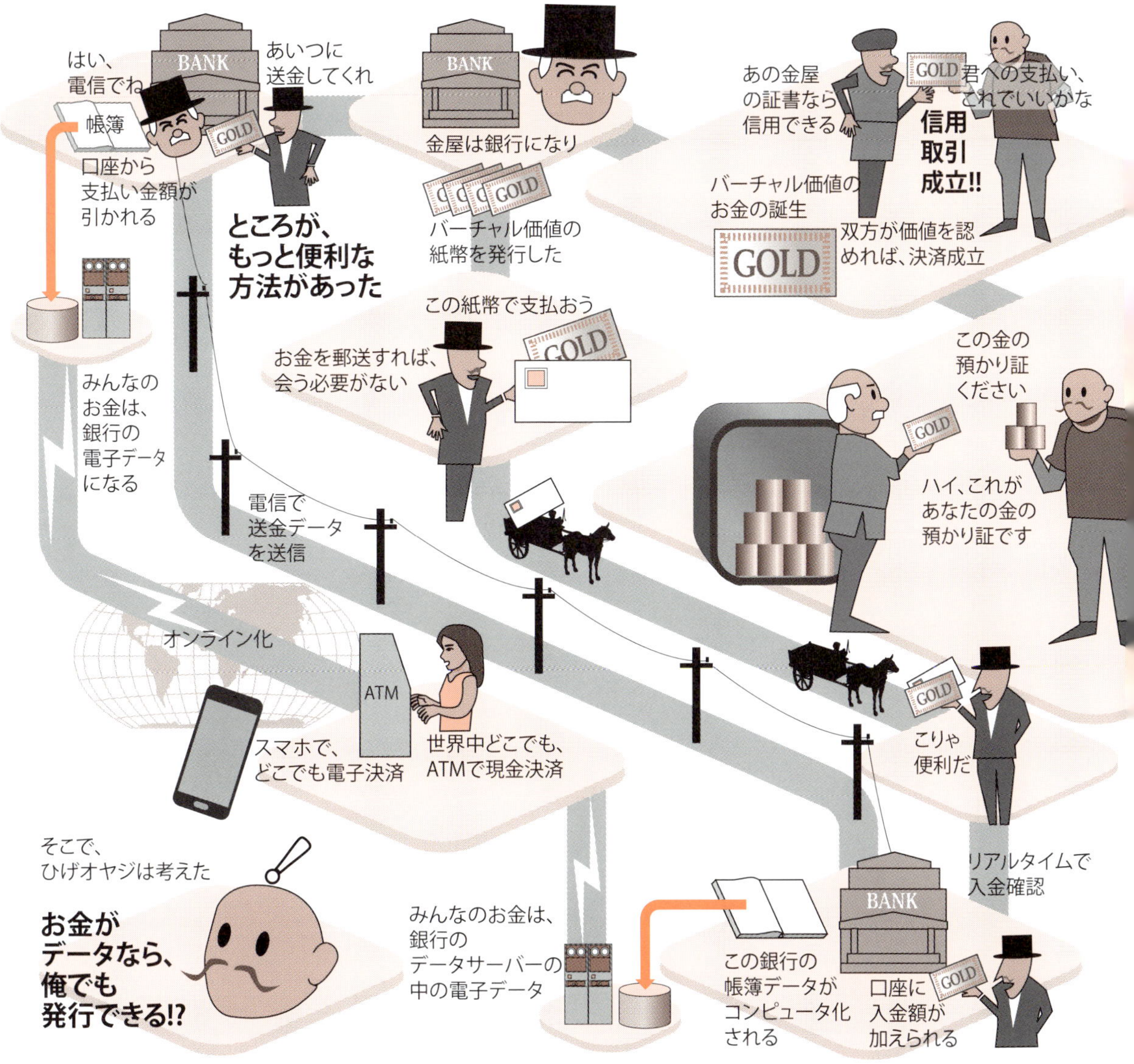

きく姿を変えていきます。

17世紀のイギリスにゴールドスミスという金《きん》商人がいました。彼はお客から預かった金《きん》の在庫証明書を発行しました。この証明書はゴールドスミスの信用によって、顧客の間では「金《きん》」と同じ価値を持つものとして、交換され始めたのです。

すると人々は気づきます。この紙があれば現物の金《きん》で取引することはない。ゴールドスミスも気づきます。この紙切れで、客から預かった金《きん》には手をつけず、必要な人に金《きん》を貸し出せる。ここから金融業が誕生しました。（詳しくは次のページ）

そして人々は、もっと便利な方法を発見します。金《きん》商が付けている帳簿です。ここには顧客からの金《きん》の預かり額、貸出額が正確に記録されています。新しい取引が発生したら、この帳簿の数字を変更すればいい。

20世紀になり、電信網が世界の銀行を結び、顧客たちの取引は一通の電信文の指示で終わりです。このとき、お金は銀行のデータベースに記録されるデータに姿を変えています。そしてまた人は気づきます。お金がデータなら、俺にも作れると。課題はそのデータの信用だけなのです。

もっと知る世界史 19

国際金融の歴史
中世ヨーロッパの両替商から始まり、銀行が戦争によって発展した

中世の両替商が国際金融家になるまで

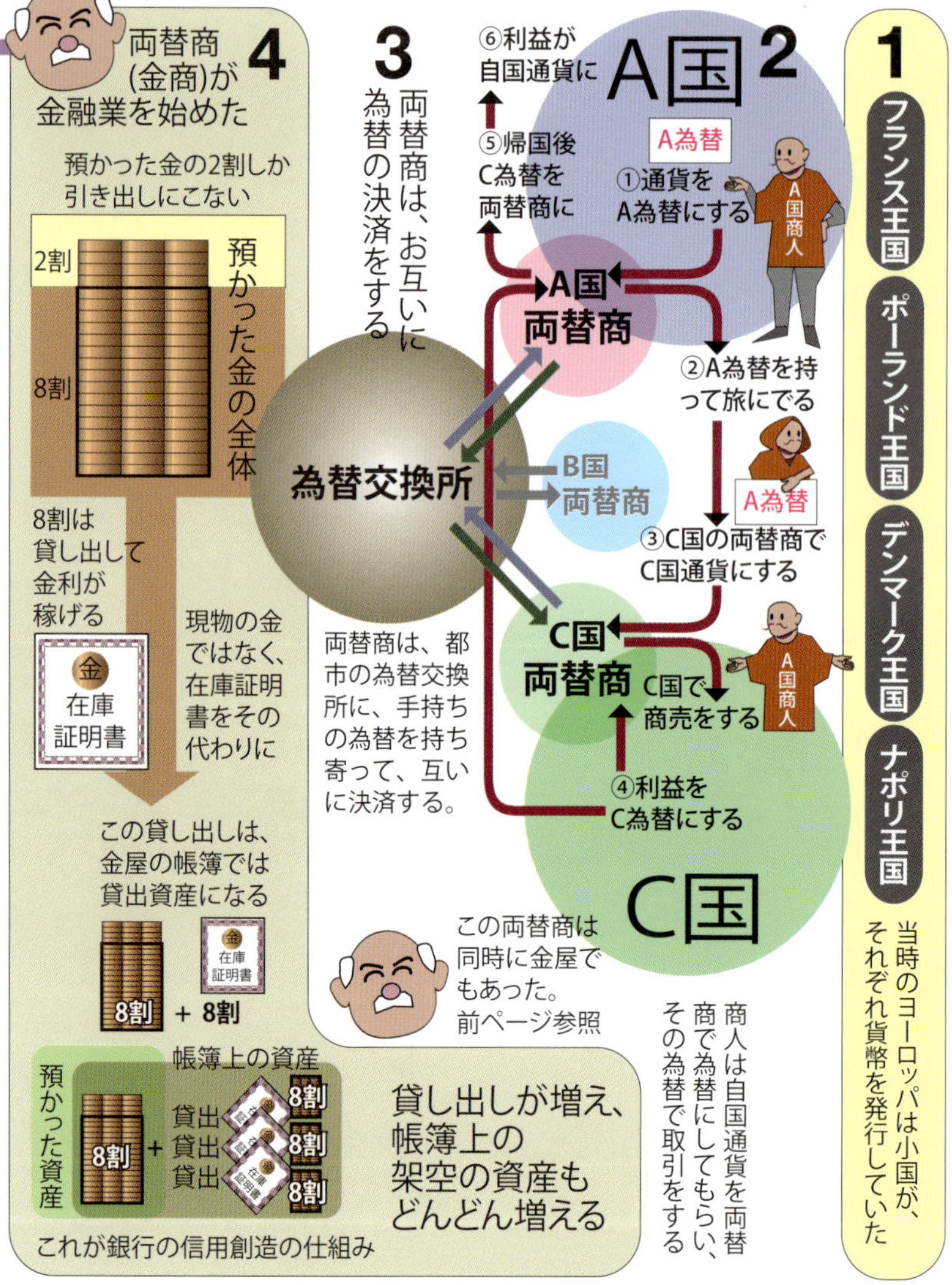

1
フランス王国
ポーランド王国
デンマーク王国
ナポリ王国
当時のヨーロッパは小国が、それぞれ貨幣を発行していた
商人は自国通貨を両替商で為替にしてもらい、その為替で取引をする
2
A国
A為替
①通貨をA為替にする
A国商人
A国両替商
②A為替を持って旅にでる
A為替
③C国の両替商でC国通貨にする
C国両替商
C国で商売をする
A国商人
④利益をC為替にする
⑤帰国後C為替を両替商に
⑥利益が自国通貨に
C国
B国両替商
為替交換所
3
両替商は、お互いに為替の決済をする
両替商は、都市の為替交換所に、手持ちの為替を持ち寄って、互いに決済する。
この両替商は同時に金屋でもあった。前ページ参照
4
両替商(金商)が金融業を始めた
預かった金の2割しか引き出しにこない
2割
8割
預かった金の全体
8割は貸し出して金利が稼げる
金
在庫証明書
現物の金ではなく、在庫証明書をその代わりに
この貸し出しは、金屋の帳簿では貸出資産になる
8割 + 8割
在庫証明書
帳簿上の資産
預かった資産
8割 +
貸出
貸出
貸出
8割
8割
8割
貸し出しが増え、帳簿上の架空の資産もどんどん増える
これが銀行の信用創造の仕組み

銀行の誕生

世界の経済活動に不可欠の国際金融サービスは、中世ヨーロッパで誕生しました。神聖ローマ帝国が消滅し、小王国が分立する時代のことです。それぞれの国の王は、独自の通貨を発行し国家財政を維持しようとしました。そんな環境の中で繁盛したのが両替商です。上図は、この両替商の国際金融サービスの構造です。人々が国境を超えて商売をするには、各国の通貨を為替にする両替商は不可欠の存在です。

この両替商たちは、交易の盛んな都市に設けられた為替交換所で、手持ちの為替を交換し、現金の決済を行いました。国際金融の歴史で必ず名前の出るロスチャイルドも、最初はフランクフルトの交換所に所属する小さな両替商でした。

両替商は前ページに登場した金屋でもあ

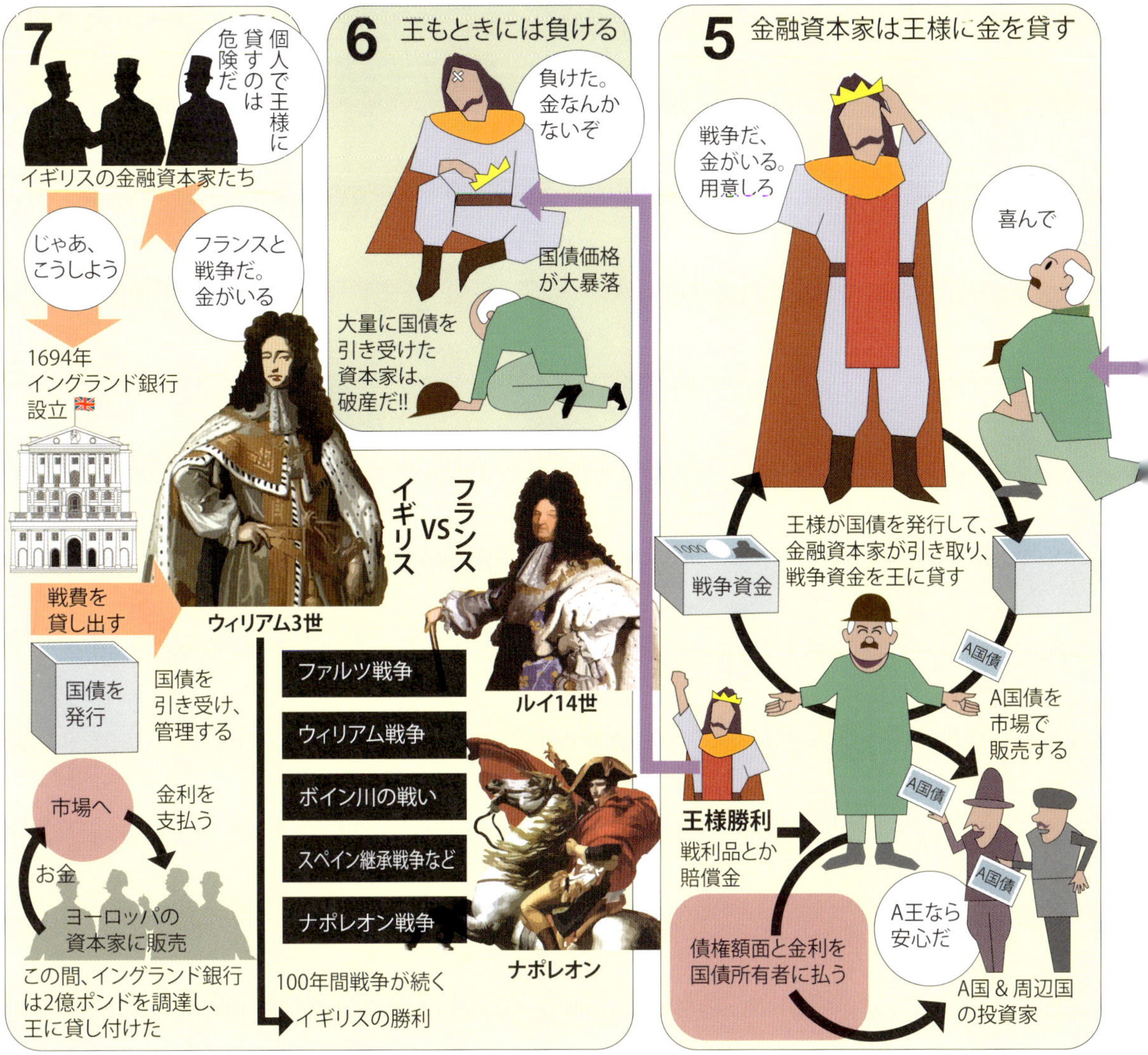

りました。彼らは金庫の中に預かった顧客の金の8割を、顧客に貸し出しました。在庫証明書という、バーチャルな価値媒体での貸付です。貸付は金利を生み出します。この貸し出しは金商の帳簿では貸し出し資産となり、その資産に金利が上乗せされて、金屋の資産は膨れ、また一層多くの貸し出しが可能になります。これが金融業の信用創造の仕組みです。

この信用創造によって中世の金融業者は、大きな資本力をもち、お金の必要な王様に膨大な貸付を行いました。その代わりに、王様は国債を発行します。国債は国の借金証書です。王様が戦争に勝って、借金が返済（償還）される時には、金利が上乗せされます。しかし、戦争も時の運、負けることもあります。王様が負ければ国債も紙切れです。国債を抱えた金融業者も共倒れです。この危険を回避するために、イギリスの金融業者は共同でイングランド銀行を設立しました。この銀行が国債を引き受け、ヨーロッパで販売し、その資金を戦争にあてたのです。この銀行のおかげで、イギリスはフランスとの長い戦争を戦い続け、勝利しました。

もっと知る世界史 20

科学・機械の世界史
人類はこの世界の仕組みを理解し、技術と道具を作り続けた

紀元前8000年頃　農業革命起こる P50へ

動物の家畜化 P52へ

前5000~4000年頃　メソポタミアで車輪が発明される

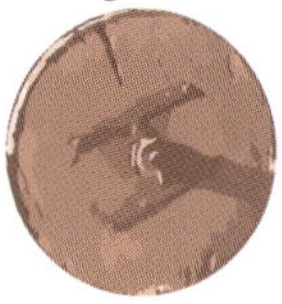

メソポタミアの先史文明のウバイド期の人々が発明した。ウバイド文明はメソポタミアの沖積平野に出現した最古の文明

この文明は車輪の誕生の条件を満たしていた

車輪が通れる平坦な道=
　可能にする土木技術
車輪を作る職人=
　専門の職能技術者の存在
荷馬車を引く家畜=
　動物の家畜化が必要

前4000~3000年　**ヒッタイト帝国で鉄の製造法が発見される**

当時の製鉄法 ボール炉と呼ばれる

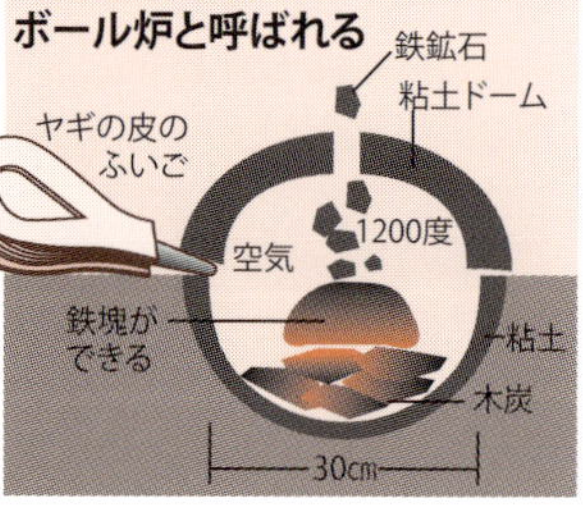
鉄鉱石
粘土ドーム
ヤギの皮のふいご
1200度
空気
鉄塊ができる
粘土
木炭
30cm

前500年頃　ギリシア科学の時代が来る
ピタゴラス　ギリシア数学の成立

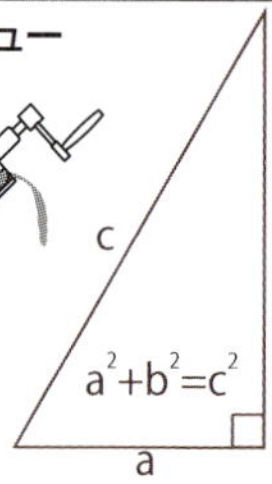
c
b
a
$a^2+b^2=c^2$

前400年頃　アリストテレス　ギリシアの自然学の成立

前250年頃　アルキメデスの原理発見

アルキメデスのスクリュー
円筒の中で螺旋状の羽根を回し、水を汲み上げた

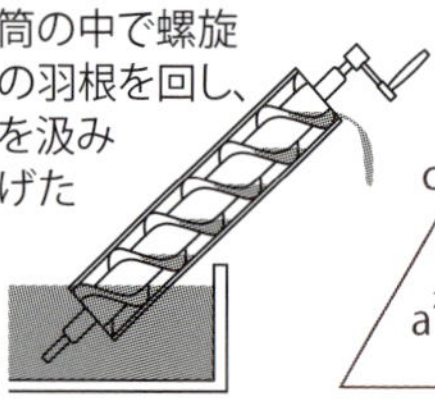

紀元　**世界初、ヘロンの蒸気機関**

ヘロンの蒸気機関の説明図

アレクサンドリアのヘロン
アレクサンドリアで活躍したギリシア人の数学・工学者。各種の蒸気圧を利用した仕組みを考案した。左図はヘロンが示した、最古の蒸気機関の仕組み。このアイデアが実現するまでに1700年以上かかった

45年　**ローマ時代土木工事の技術開発が飛躍的に発展**

ローマのコンクリートの謎

ローマ時代に建てられた建造物は、現在もまだ強度を保っている。これは使用されたコンクリートに秘密があった。海水で作られていたことが、最近の研究でわかった

農耕生活から始まる科学史1万年

いまから約1万年前、集団で農耕生活を始めるようになった人類は、知恵を出し合って助け合い、暮らしを向上させてきました。物を運ぶために車輪が生まれ、車輪が通りやすいように土木技術が発達する。川の氾濫によって度々領地が流されると、計量のために幾何学が生まれ、治水技術も発展する。こうやって人類は、必要に応じて技術を進化させてきました。

しかしこの進化のペースは、人類が歩んできた時間と必ずしも正比例するものではありませんでした。

上の図は、科学の歴史において特に重要なエピソードを、時系列に沿って示したもので、p88~91まで4ページにわたって続いています。これを見ると、1万年に及ぶ科学史のなかで、重要な発明や技術の実用

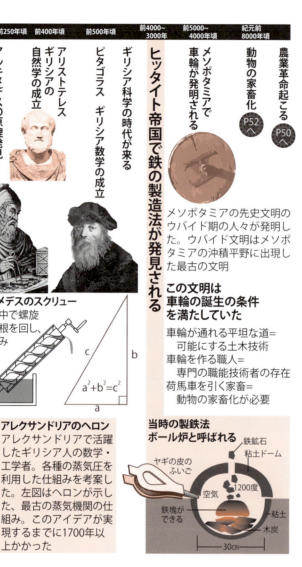

1765年	1687年	1450年	300~500年くらい	120年頃	105年頃

中国で紙の製造法が確立する P60へ

プトレマイオスの天動説

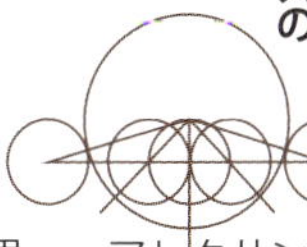

アレクサンドリアのギリシア人天文学、数学、地理学者。地球を宇宙の中心として、天体の動きを説明する精緻な天文理論を作った。この学説が長くカトリックに支持され、16世紀まで影響力をもつ

インドで0が発見された

キリスト教世界では、絶対に認められなかった「無」。インドでは数学の概念として「0」を発明した。
これにより世界の数学は飛躍的に進歩した

アラビア科学が開花した

イブン・シーナー

ペルシアの科学者、医者、哲学者。イスラム世界を代表する知性と称される。彼の著した『医学典範』は、イスラムの臨床医学の集大成として、ラテン語に翻訳されてヨーロッパにも大きな影響を与えた

グーテンベルグの活版印刷の発明 P60へ

ガリレオの多彩な業績

アイザック・ニュートン万有引力の法則を発見

ジェームズ・ワットの蒸気機関の発明

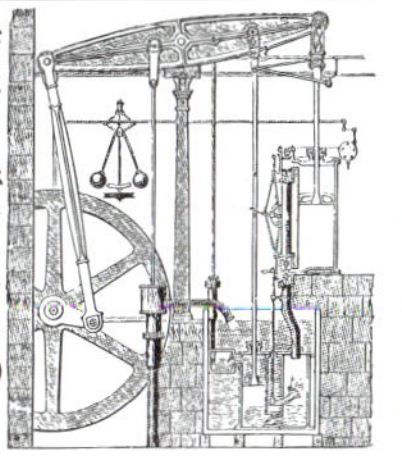

ヘロンのアイデアが、やっと実用化された。そして、ここから、人類は産業革命の怒涛の時代に突入する

プトレマイオス

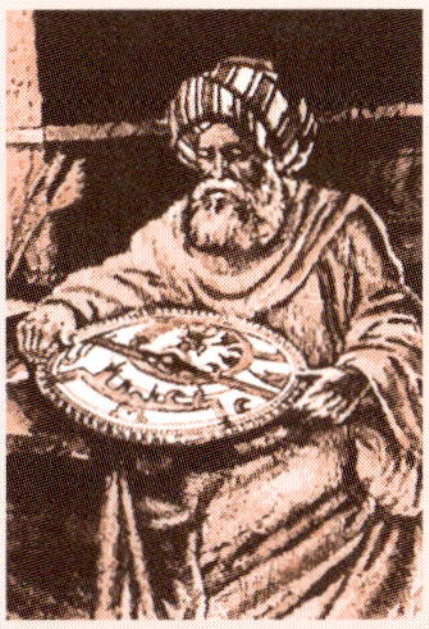

アル・バッターニー

アッバース朝時代、シリアで活躍した天文学者。その業績は多岐にわたり、三角法の定理を整理した。私設天文台で40年以上、球面三角法を用いて天体観測を行い、プトレマイオスの理論を訂正、補強した

イブン・アル・ハイサム

目からの光で物を見るという、プトレマイオスの光学理論を徹底的に批判した。
光源からの光が反射して目に入り、それが像を結ぶ、現代の理論を展開した

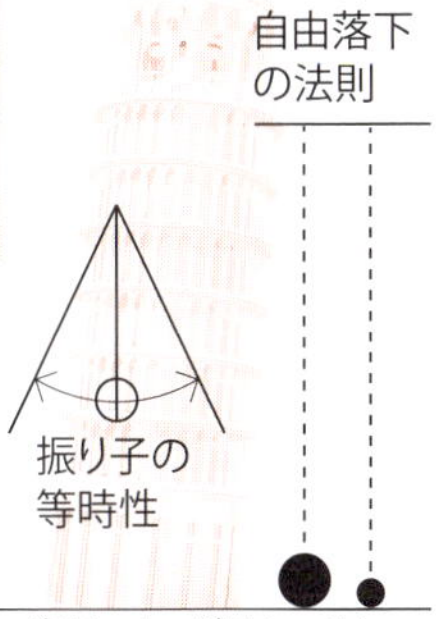

ガリレオ・ガリレイは自作の望遠鏡で天体観測を続け、木星の衛星を発見。地動説で告発され宗教裁判に

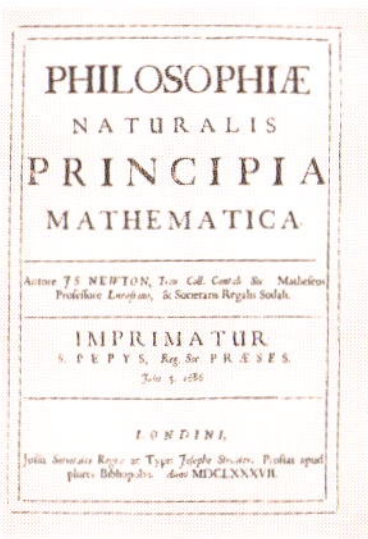

PHILOSOPHIÆ
NATURALIS
PRINCIPIA
MATHEMATICA.

IMPRIMATUR
S. PEPYS, Reg. Soc. PRÆSES.

LONDINI,

ニュートンの著書『プリンキピア』の表紙

ニュートンによって書かれた、古典力学の基本文献。全ての物体の運動が、慣性、加速度と質量、作用・反作用の3つの法則で説明された。近代科学の最重要な著作

化が矢継ぎ早に起こるのは、産業革命後のわずか約３００年間に集中していることがわかります。

何千年もかけてゆっくりと進化してきた科学技術が、近代になって急速に発展したのは、なぜなのでしょうか。

一つの象徴的な事例があります。人類に産業革命をもたらした蒸気機関のアイデアは、すでに紀元45年に、ギリシアのヘロンが提案しています。この画期的なアイデアを、英国のスティーヴンソンが蒸気機関車によって実用化するまで、人類は１７００年もの時間を必要としました。なぜ当時のアレキサンドリアの人々は、ヘロンの実験装置を作り、そのエネルギーの可能性に気づかなかったのでしょうか。

火薬を発明した中国人も同様です。p72に示した兵器の歴史にあるように、火薬は唐の時代にすでにありました。それが強力な大砲となって登場するまでに６００年の時が必要でした。もし唐代の人が大砲を作っていれば、世界征服も容易だったかもしれません。しかし、彼らは製鉄技術を持っていたにもかかわらず、そうしなかった。その理由を次のページで探ってみましょう。

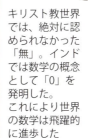

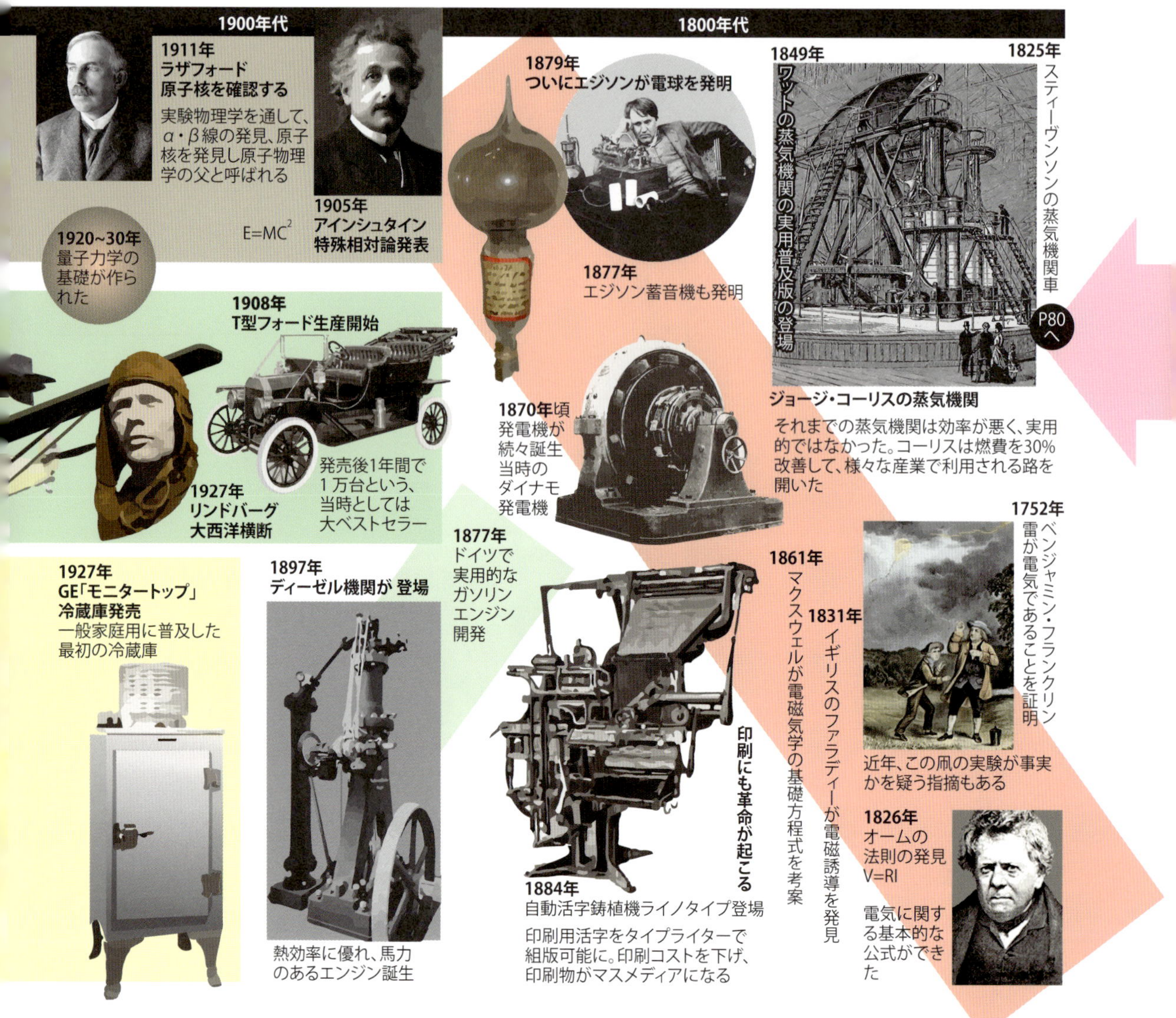
1900年代
1800年代
1911年
ラザフォード
原子核を確認する
実験物理学を通して、α・β線の発見、原子核を発見し原子物理学の父と呼ばれる
1905年
アインシュタイン
特殊相対論発表
E=MC²
1920~30年
量子力学の基礎が作られた
1879年
ついにエジソンが電球を発明
1877年
エジソン蓄音機も発明
1849年
ワットの蒸気機関の実用普及版の登場
1825年
スティーヴンソンの蒸気機関車
P80へ
ジョージ・コーリスの蒸気機関
それまでの蒸気機関は効率が悪く、実用的ではなかった。コーリスは燃費を30%改善して、様々な産業で利用される路を開いた
1908年
T型フォード生産開始
発売後1年間で1万台という、当時としては大ベストセラー
1927年
リンドバーグ
大西洋横断
1870年頃
発電機が続々誕生
当時のダイナモ発電機
1752年
ベンジャミン・フランクリン
雷が電気であることを証明
近年、この凧の実験が事実かを疑う指摘もある
1927年
GE「モニタートップ」冷蔵庫発売
一般家庭用に普及した最初の冷蔵庫
1897年
ディーゼル機関が 登場
熱効率に優れ、馬力のあるエンジン誕生
1877年
ドイツで実用的なガソリンエンジン開発
印刷にも革命が起こる
1884年
自動活字鋳植機ライノタイプ登場
印刷用活字をタイプライターで組版可能に。印刷コストを下げ、印刷物がマスメディアになる
1861年
マクスウェルが電磁気学の基礎方程式を考案
1831年
イギリスのファラディーが電磁誘導を発見
1826年
オームの法則の発見
V=RI
電気に関する基本的な公式ができた

無知なるヨーロッパの反動

科学の進歩が加速化したのは、16世紀のヨーロッパにおいてでした。この16世紀以前と以後を分けるものは何なのでしょう。

イスラエルの歴史学者ユヴァル・ノア・ハラリは、その著書『サピエンス全史』の中で、この隔たりは、当時のヨーロッパは無知の中にあり、人々がその無知に気づいたからだと述べています。

一方のオリエントは、知的充足の中にあった、と彼は言います。人類にとっての知識は、全て過去の聖典の中に記されていると考え、不明なことがあれば、人々は神や仏が残した聖典に答えを探しました。アラビアで科学的な発見があっても、それは全能の神が創造した世界の顕現でした。神は全てを知っている。ならば人間は、あえて知る必要がない、と考えたのです。

しかし、15世紀の大航海時代、コロンブスが手にした海図は空白だらけでした。遅れてきたヨーロッパは、この世界について何も知らない、ということをいやでも思い知らされたのです。

望遠鏡の中に未知の世界を見たイタリア

2011年

そして　2011年3月11日

東日本大震災による津波で、福島第一原発重大事故発生
その被害の実態と、収束の展望はまだ見えていない

1986年

ソ連(当時)チェルノブイリ原発事故発生
広範囲に長期的放射能被害が発生

1956年

イギリス
世界初マグノックス原子力発電所が稼働

1945年

アメリカ
広島・長崎に原子爆弾を投下する

1942年
フェルミ、初めて核分裂反応実験に成功

マンハッタン計画

原子核
陽子
中性子

1932年
中性子が発見される

ラザフォードの弟子ジェームズ・チャドウィックによって、中性子が発見された

1981年
最初のスペースシャトル・コロンビア打ち上げ

1986年
宇宙ステーション・ミール打ち上げ・運用が始まる

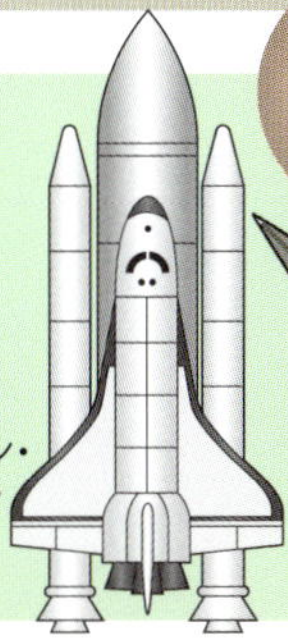

1946年
ガモフ
宇宙のビッグバン理論発表

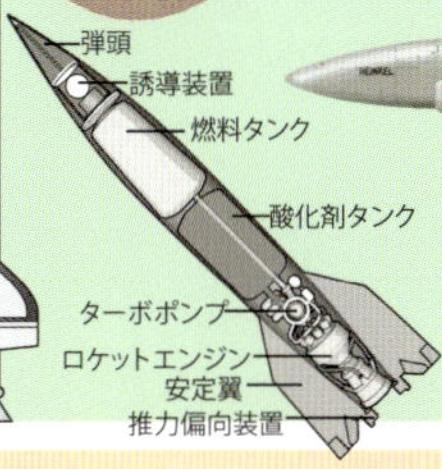
弾頭
誘導装置
燃料タンク
酸化剤タンク
ターボポンプ
ロケットエンジン
安定翼
推力偏向装置

1941年
ドイツ　世界最初のジェット戦闘機ハインケルHe280初飛行

GJ+CB

1944年
ドイツ
V-2ロケット発射

ロケットの構造はV-2で完成していた

1929年
ツェッペリン号世界一周
大空のマゼランと賞賛された

1953年
DNAの二重螺旋構造が解明された

ジェームズ・ワトソンとフランシス・クリックらによって提唱され、その後の研究で実証された

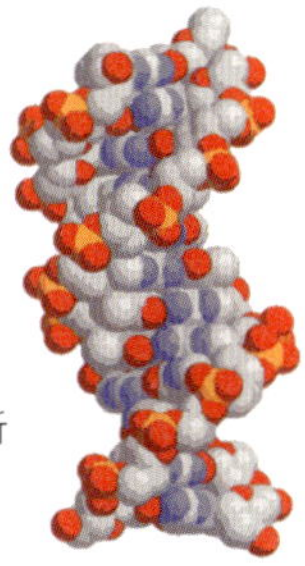

1975年
DNAの分析法の開発

1984年
DNA型の解析

2003年
ヒトゲノム解析計画の完成

2007年
ヒトiPS細胞作成

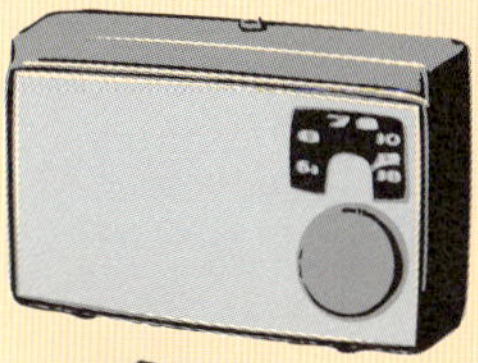

1955年
ソニー
小型トランジスタラジオ発売

1947年
トランジスタ発明される

ベル研究所のショックリーとその部下たちによって開発。電子機器の発展はここから

1959年
集積回路(IC)登場

テキサス・インスツルメンツ社勤務時代の、ジャック・キルビーが発明。

1946年
ENIAC登場

世界最初のコンピュータ。アメリカ、ペンシルベニア大学が開発。水爆実験に使用された

1948年
シーメンス
電子顕微鏡発売

シーメンスの技術者が電子顕微鏡として商品化

1925年
テレビジョン発明

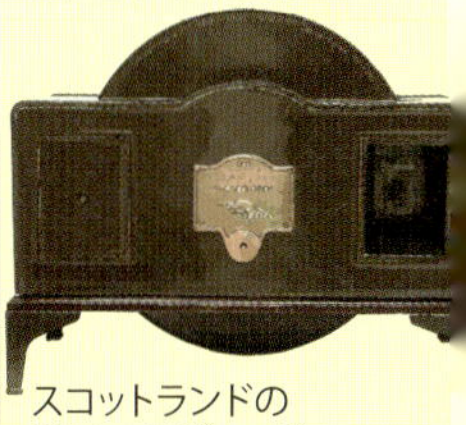

スコットランドのジョン・ロジー・ベアードが、初めて動く画像の遠隔放送に成功

1941年
アメリカ
白黒テレビの放送開始

1956年
AI(人工知能)の研究始まる

その中心のジョン・マッカーシー。
AI言語Lispを発表

1952年
IBM-701
世界初の汎用業務コンピュータ発売

2006年
AIのディープラーニングの進化

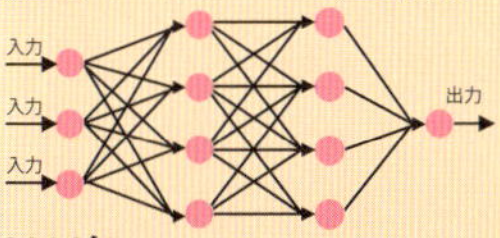
入力
入力
入力
出力

2014年
グーグルが車の自動運転に成功

1977年
アップル社が世界初のパーソナルコンピュータ「アップルII」を発売した

1952年
フロンティア電子論発表
福井謙一

2007年
ついにスマートフォンが登場した

電話・インターネット・音楽プレーヤー機能が一台で。世界での爆発的ヒットが現在に

1957年
半導体のトンネル効果論発表
江崎玲於奈

の科学者ガリレオは、聖書の物語ではなく、観測した事実を拠り所とし、自らの科学を構築します。英国の物理学者ニュートンが物体の動きの仕組みを簡単な数式で表したとき、近代科学は開眼します。この宇宙は数学で記述できる、と。それが、現在に至る、怒濤の技術革新の始まりでした。

おわりに　地球の限界は超えられるのか

大角　修

１９６８年に公開されたＳＦ映画の古典的名作『２００１年宇宙の旅』の冒頭「THE DAWN OF MAN（人類の夜明け）」は、とても印象的なシーンから始まります。まだ猿のような姿のヒトが大きな骨を手にして道具として使い始めます。その骨をポーンと空に投げると、シーンは一転、骨は地球を周回する宇宙船に変わります。道具を手にしてから数百万年の人類の歴史を一瞬に凝縮した演出で、道具の使用が人類を誕生させたというわけです。

道具は、自分の身体の機能を拡張するものです。たとえば、手では割れない固い木の実でも、石器で打てば簡単に割って中身を食べることができます。人類は石器や火を使い始めたころから、さまざまな道具を手にして、その生存の領域を広げてきました。

しかし今や「地球の限界」ということも考えなければならなくなりました。世界人口は２０１０年代に70億人を超えました。今後、１００億人を超えるかもしれません。この膨大な数の人間の衣食住を維持するのに要する物資やエネルギーを、この地球はまかなえるのだろうか。すでに限界を超えたという意見もあります。大きな問題のひとつは、人間のさまざまな活動によって増えてきた大気中の二酸化炭素がもつ温室効果によって地球温暖化が進み、気象災害が激甚化してきたとみられることです。

近年は、ＡＩによる情報と自動化の技術、ＤＮＡ操作などの生命科学関連の技術が急速に発達し、人類社会に急速な大変化をもたらしています。生活の利便さや豊かさ、医療などに大きな福利をもたらすことですが、人間ははたして、それらの技術をコントロールできるのだろうかという問題が出てきました。

じつはその問題は、人類が石器や火を手にしたときから始まっていたのです。たとえば、けんかをしても手でなぐりあっていたときは、めったに相手を殺すまでにはなりません。動物行動学から言えば、相手が泣きだしたりすれば、攻撃本能が抑制されます。相手が尻尾を巻くといった負けのサインを出せば攻撃を止める抑制力も大きいのです。肉食獣のように大きな攻撃力をもつ動物は、ところが人間は、動物として備わっていた抑制能力をはるかに超える攻撃力を手にしてしまいました。戦争の悲惨な歴史が、そのことを証明しています。

現在のＡＩや生命科学によってもたらされる技術も、はたして人間にコントロール可能なのでしょうか。『２００１年宇宙の旅』で人類に道具をもつ知恵を授けたのは、モノリスという黒い石板です。そして、映画の最後に木星付近でモノリスに触れた宇宙飛行士が赤ちゃんの姿になり、「新しい人類」として地球に帰還していきます。モノリスは謎の物体ですが、キリスト教文化圏ではすぐに「神」を思い浮かべるものです。今や神を超えたとさえ言われる技術を手にした人類は、自己の内に潜む攻撃本能や自分中心、自国第一の考え方などを克服して「新しい人類」に生まれ変わることができるでしょうか。もし、それができなければ、地球の限界をおかして滅亡に向かうことになるのかもしれません。

◉参考文献

『戦争の世界史　技術と軍隊と社会上・下』ウィリアム・H・マクニール著（中央公論新社刊）
『ホモ・デウス　テクノロジーとサピエンスの未来　上・下』ユヴァル・ノア・ハラリ著（河出書房新社刊）
『金融の世界史　バブルと戦争と株式市場』板谷敏彦著（新潮社刊）
『人はどのように鉄を作ってきたか』永田和宏著（講談社刊）
『疫病と世界史』ウィリアム・H・マクニール著（新潮社刊）
『世界史を変えた薬』佐藤健太郎著（講談社刊）
『航海の世界史』ヘルマン・シュライバー著（白水社刊）
『鉄道の世界史』小池滋・青木栄一・和久田康雄編（悠書館刊）
『「モノ」の世界史　刻み込まれた人類の歩み』高岡正勝著（原書房刊）
『図説世界史を変えた50の船』イアン・グラハム著（原書房刊）
『「お金」で読み解く世界史』関眞興著（SBクリエイティブ株式会社刊）
『図説世界史を変えた50の機械』エリック・シャリーン著（原書房刊）
『銃・病原菌・鉄　上・下』ジャレッド・ダイアモンド著（草思社刊）
『石油の世界史　ロックフェラーから湾岸戦争後の世界まで』エティエンヌ・ダルモン／ジャン・カリエ著（白水社刊）
『「民族」で読み解く世界史』宇山卓栄著（日本実業出版刊）
『気候文明史　世界を変えた8万年の攻防』田屋康著（日本経済新聞社刊）
『図説　古代の武器・防具・戦術百科』マーティン・J・ドアティ著（原書房刊）
『図説　馬の博物誌』末崎真澄編（河出書房新社刊）
『ビッグヒストリー　われわれはどこから来て、どこへ行くのか』
　デヴィッド・クリスチャン／シンシア・ストークス・ブラウン／クレイグ・ベンジャミン著（明石書店刊）
『遊牧民から見た世界史　民族も国境もこえて』杉山正明著（日本経済新聞社刊）
『紙の歴史　歴史に突き動かされた技術』マーク・カーランスキー著（徳間書店刊）
『馬の世界史』本村凌二著（中央公論新社刊）
『貨幣の「新」世界史　ハンムラビ法典からビットコインまで』カビール・セガール著（早川書房刊）
『人類の宗教の歴史　9大潮流の誕生・本質・将来』フレデリック・ルノアール著（トランスビュー刊）
『クロニック世界全史』樺山紘一他編（講談社刊）
『地球の限界』『続地球の限界』水谷広編（日科技連出版社刊）

ソクラテス　15
ソビエト（ソ連）　42，44
ゾロアスター教　14

た

第一次世界大戦　40
大英帝国　37
大航海時代　31
第二次世界大戦　44
太平洋戦争　45
タタール　28
タロイモ　10
地域紛争　55
知恵の館　26
地球温暖化　48
チベット　23
徴兵制　41
中世　24
チンギス　28
帝国　14
帝国主義　38
鉄道　80
ドイツ　42
唐　22
奴隷　32

な

ナポレオン　34
ナチス　43
西ローマ帝国　21，24
日露戦争　38
ニュートン　89
ネアンデルタール人　6，8
農業革命　51
農耕　10，48，50，52
ノルマン人　27

は

バグダード　26
バナナ　10
バビロニア　13
ハプスブルク家　33
パリ講和会議　42
バルカン半島　40
パルティア帝国　16
パレスチナ　14
ハン国　28
パンデミック　75
東インド会社　37
ピクトグラム（絵文字）56
ビザンツ帝国（東ローマ帝国）23
ピサロ　31
ピューリタン　34
ヒッタイト　13，70
ヒトラー　43
氷河時代　48
病気　74
ヒンドゥー教　63
武器（兵器）　70，72
仏教　14，62
船　78
プラトン　15
フランク王国　23
フランス　34
プランテーション　38
フン族　21
文明　11，12
ペット　52
ヘブライ人（ユダヤ人）64
ペルシア　17，23，69
ヘレニズム　15
法（法律）　58
封建制　25
暴力　54
北魏　20
ポトシ銀山　33
ホモサピエンス　6，8
ポルトガル　32

ま

マゼラン　30
マヤ文明　11
マリ王国　32
マルコ・ポーロ　30
ミサイル　73
ミトコンドリア・イブ　7
明　30
民族　8
ムガール朝　28
ムハンマド　23，66
名誉革命　34
メソポタミア　11，12
メッカ　66
綿花　32
毛沢東　43
文字　56
モンゴル帝国　28

や

遊牧民　68
ユダヤ教　14，64
預言者　66

ら

立憲君主制　34
ルネサンス　26
倫理　58
冷戦　46，55
レーニン　42
ローマ教皇　23，24
ローマ帝国　21，17，19，23，64，71
ローマ法　59
ロボット兵器　55